STUDIES ON VOLTAIRE
AND THE
EIGHTEENTH CENTURY

195

General editor

HAYDN MASON

School of European Studies
University of East Anglia
Norwich, England

JEAN MOHSEN FAHMY

VOLTAIRE
ET
PARIS

THE VOLTAIRE FOUNDATION

AT THE

TAYLOR INSTITUTION, OXFORD

1981

ISSN 0435-2866
ISBN 0 7294 0257 6

Printed in England by Cheney & Sons Ltd,
Banbury, Oxfordshire

à la mémoire de mon père
à ma mère

Table des matières

Sigles et abréviations   8

Introduction   9

I. Une trajectoire de la liberté   19
    1.   Parisien ou 'faune'?: 1694-1729   21
    2.   L'art d'être heureux: 1729-1734   32
    3.   Le paradis terrestre: 1734-1739   39
    4.   Le mondain et le philosophe: 1739-1750   47
    5.   Le besoin de liberté: 1750-1753   60
    6.   La dynamique du 'sauvage paisible': 1753-1755   64
    7.   Les Délices ne sont plus à Paris: 1755-1760   71
    8.   L'ermite cacochyme: 1760-1778   82
    9.   Dernier retour, dernier départ: 1778   105
    10. 'La patrie est partout où l'on se trouve bien'   110

II. Le mythe et la réalité   119
    11. L'urbanisme: Paris et son chant de pierre   121
    12. La mort de l'âge d'or, ou la cité aliénante   143
    13. La nature au service de l'homme   164
    14. Le zoo humain, ou l'enfance cruelle   186
    15. Gilles et Baron: le triomphe du mauvais goût   206
    16. Les Arlequins anthropophages ou le bûcher et le bal   218

Conclusion   231

Liste des ouvrages cités   247

Index   251

Sigles et abréviations

꧁꧂

Bénac	Voltaire, *Romans et contes*, éd. Henri Bénac (Paris 1960)
Best.D	Voltaire, *Correspondence and related documents*, definitive edition by Theodore Besterman, *Complete works of Voltaire* 85-135 (Genève, Banbury, Oxford 1968-1977)
DP	Voltaire, *Dictionnaire philosophique*, éd. Benda-Naves (Paris 1967)
EM	Voltaire, *Essai sur les mœurs*, éd. René Pomeau (Paris 1963)
Lanson	Voltaire, *Lettres philosophiques*, éd. Gustave Lanson, révision A.-M. Rousseau (Paris 1964)
M.	Voltaire, *Œuvres complètes*, éd. Louis Moland (Paris 1877-1883)
Mélanges	*Mélanges de Voltaire*, éd. Jacques Van Den Heuvel (Paris 1961)
Mondain	*L'Apologie du luxe au XVIIIème siècle et 'Le Mondain' de Voltaire*, éd. André Morize (Paris 1909)
NH	Jean-Jacques Rousseau, *Julie ou la nouvelle Héloïse*, éd. René Pomeau (Paris 1960)
Notebooks	Voltaire, *Notebooks*, éd. Th. Besterman, deuxième édition, *Complete works of Voltaire* 81-82 (Genève 1968)
Taylor	Voltaire, *La Henriade*, éd. O. R. Taylor, *Complete works of Voltaire* 2 (Genève 1970)

Introduction

‚ªÄ‚Ä¢‚Ä¢‚Ä¢

> Je vois avec plaisir que la vie frivole et turbulente de Paris
> vous déplaît, vous en sentez tout le vide, il est effrayant
> pour quiconque pense.
>
> Voltaire, août 1766

> Il trouvera dans Paris des soupers, des plaisanteries, des
> amis intimes d'un quart d'heure, des espérances trom-
> peuses, et du temps perdu.
>
> Voltaire, août 1777

CANDIDE est, comme chacun sait, grand voyageur. Sa surprenante destinée le mènera aux quatre coins du monde. Si le jeune Westphalien est la preuve vivante et ambulatoire du 'Tout est mal' que professe le philosophe Martin, il doit, de toute nécessité, nous en fournir la démonstration sous toutes les latitudes. Les calamités ne sont pas propres au petit coin de pays où se dresse le château de Thunder-ten-tronckh: elles ont pour décor l'univers entier. Fessé à Lisbonne, Candide n'eût pu y être également menacé de rôtir à la broche, volé, friponné, trompé: c'eût été trop pour un seul endroit – et peu convaincant. Aussi le voyons-nous partir de Westphalie, et se retrouver, à la fin de ses péré-grinations, dans sa célèbre métairie de la Propontide, après avoir visité la moitié de l'univers. Mais Candide n'est pas le seul à voyager. Tous ceux qui traversent sa vie font de grands détours avant de l'aider à cultiver son jardin. Passons sur les aventures de Cunégonde et de son frère le baron, sur les malheurs de Pangloss et de Martin; examinons le destin de la fille du pape qui devient la vieille à une fesse: il est verti-gineux; la vie de cette femme nous est contée en deux chapitres courts et ramassés, donnant la sensation d'une immense course haletante; la succession des villes où la malheureuse est tour à tour battue, violée, vendue, achetée, réduite en esclavage, atteinte de la lèpre, enfermée au harem, ressemble à une interminable nomenclature de la géographie méditerranéenne et européenne: Rome, Gaiète, le Maroc, Alger, Tunis, Tripoli, Alexandrie, Smyrne, Constantinople, Azof, Moscou, Riga, Rostock, Vismar, Leipsick, Cassel, Utrecht, Leyde, La Haye, Rotter-dam, et enfin Lisbonne d'où son destin, confondu dorénavant avec celui de Cunégonde, la ramènera à Constantinople après le détour par l'Argentine.

Ce mouvement perpétuel, ce chassé-croisé des personnages et des destins n'est pas sans rappeler les tourbillons de Descartes tant décriés par Voltaire; mais il n'est pas uniquement l'apanage de Candide et de ses compagnons. Les personnages de Voltaire sont volontiers des gens instables, précipités dans une fuite perpétuelle, incapables de s'arrêter, même pour faire le point; quand ils raisonnent, c'est en voyageant, comme Candide et Martin à bord du navire qui les mène de Surinam à Bordeaux. Micromégas et le Saturnien, avant d'arriver sur terre, font des détours fort instructifs par Jupiter et par Mars. D'ailleurs, Micromégas est, de tous les héros de Voltaire, celui qui a fait le plus long voyage, et le moins triste, car il l'entreprend, non pour fuir la guerre, les tremblements de terre, les fanatiques ou toute autre calamité, mais pour achever 'de se former l'esprit et le cœur' (*Micromégas*, Bénac, p.97). Voilà un motif plus réconfortant que ceux qui font courir Candide! Mais c'est un maigre contrepoids, car Micromégas est, dans les contes, une exception sous ce rapport.

Le canevas de la plupart des œuvres de fiction de Voltaire est le même, au décor et aux personnages près. Le héros quitte sa ville ou son village, un destin tranquille, une vie heureuse, pour s'engager sur les routes du monde, en un pèlerinage funambulesque; ses épreuves finissent par lui enseigner, plus et mieux que les coutumes et les traditions des pays qu'il visite, la sagesse et la modération. Ces départs peuvent avoir mille prétextes: un rêve, l'ordre d'un génie, les calamités de la nature ou de la guerre, ou l'aiguillon de la curiosité: peu importe. L'essentiel demeure que, pour Voltaire, l'accès à la sagesse n'est pas un enseignement oral et désincarné, mais une expérience dont la réalisation semble soumise à un seul impératif: le périple sous des cieux différents, dans des pays complètement opposés.[1]

Le destin de Zadig, comme ceux de Babouc, de Rustan ou de Formosante, obéit à cette loi. Le jeune patricien de Babylone, le plus humain des héros de Voltaire, doit faire son apprentissage en voyageant. Avant de faire régner dans l'empire 'la paix, [...] la gloire et [...] l'abondance'

---

[1] la géographie des contes voltairiens couvre la quasi-totalité des pays et des continents alors connus. Une lecture rapide d'un recueil des contes nous mène de l'Oxus au Nil et de la Vistule à l'Amazone, en nous faisant découvrir des villes aussi diverses que Surinam, Macao, Persépolis, Babylone, Carthage, Bénarès, Goa ou Le Cap, sans parler des grandes cités européennes.

(*Zadig*, Bénac, p.59), il doit quitter sa ville natale pour l'Egypte, puis pour l'Arabie; de là il visite Balzora, revient en Syrie avant de retourner pour de bon dans sa patrie. Zadig est un des héros des contes avec, par exemple, Micromégas, qui revient chez lui après un long voyage circulaire autour du centre (Babylone, Sirius); est-ce parce qu'il est un des rares qui croient qu'on peut être heureux, nonobstant la folie humaine? Toujours est-il que, dans tous les contes, 'le monde s'élargit et se découvre [...] les peuples et les civilisations, les pays lointains, les autres mondes, viennent témoigner du triomphal réveil de la raison humaine' (Bénac, p.xii).

Ce n'est pas seulement dans ses contes que Voltaire 'ne cesse d'errer autour du globe', grâce à son 'imagination voyageuse'.[2] Ses tragédies aussi ouvrent sur le grand large, font éclater le cadre étriqué de la Rome cornélienne ou racinienne, plantent sur le théâtre français des décors de pays étranges, exotiques ou lointains. Si *Tancrède*, *Adélaïde du Guesclin* montrent que l'imagination de l'écrivain peut trouver en France même une pâture suffisante pour l'allumer, tant d'autres pièces prouvent à l'évidence que Voltaire préfère encore le rêve exotique! Il éprouve une véritable fascination pour les espaces immenses, les steppes sauvages, les déserts peu ou pas explorés, les pays lointains, les noms rares, les décors barbares et grandioses. Son esprit saute allégrement d'Europe en Asie, d'Asie en Amérique. Les amis parisiens – m. et mme d'Argental, Pont-de-Veyle, Thieriot, Richelieu – ont à peine eu le temps de lire l'ébauche d'une pièce 'romaine' qu'un premier acte asiatique, américain ou français est déjà dans les malles du courrier qui, de Champagne ou de Suisse, galope vers Paris. Les spectateurs de Paris ont à peine eu le temps de s'extasier – ou de se scandaliser – au spectacle d'un héros déclamant des alexandrins français sur les bords du Jourdain, qu'on les émerveille ou les révolte encore plus par la peinture de touchantes amours péruviennes! On va ainsi de Palestine (*Zaïre*, *Saül et David*) en Assyrie (*Sémiramis*), de Navarre (*La Princesse de Navarre*) au Pérou (*Alzire*), d'Arabie (*Mahomet*) en Crète (*Les Lois de Minos*), enfin de Chine (*L'Orphelin de la Chine*) en Scythie (*Les Scythes*) et au pays des Guèbres (*Les Guèbres*). Tous les continents sont mis à contribution. De sa maison, Voltaire lance des regards passionnément curieux

[2] Jacques Van Den Heuvel, *Voltaire dans ses contes: de* Micromégas *à* L'Ingénu (Paris 1967), p.243.

sur les quatre coins du monde. La folle du logis est, chez lui, assoiffée de dépaysement.

Cette fascination du mouvant et de l'étrange ne se retrouve pas seulement dans les œuvres d'imagination. Déjà, les *Lettres anglaises*, premier écrit où Voltaire fait figure de 'philosophe', sont le fruit d'un voyage. Il a fallu quitter Paris et la Seine, voir Londres et la Tamise, pour que se cristallisent, brièvement mais déjà si complètement, les axes fondamentaux de la pensée et de l'œuvre. En même temps, à la suite du succès de *La Ligue*, se confirme une vocation d'historien. Et quel épisode choisit-il de traiter dans l'énorme masse de l'histoire? Quel héros choisit-il de camper? Charles XII, le plus rapide, le plus mobile des princes contemporains, un précurseur de la Blitzkrieg chère à Bonaparte et à Hitler, que son destin conduira de Suède en Pologne, en Ukraine et en Turquie, avant de le ramener mourir en Scandinavie. Plus tard, à partir de 1741, Voltaire commencera l'œuvre centrale de sa carrière d'historien, cet *Essai sur les mœurs* qu'il polira encore à la veille de sa mort. Voltaire aurait pu fondre ses admirables qualités de précision, de synthèse et de style dans le moule de ses médiocres prédécesseurs; il aurait pu nous conter l'histoire de France, et même d'Europe, autrement que les André Duchesne, les Mézeray, qui se contentent d'aligner inlassablement des portraits de souverains; il aurait pu également se contenter de prendre le contre-pied de Bossuet et démontrer, par et dans les faits historiques, comment 'trois choses influent sans cesse sur l'esprit des hommes: le climat, le gouvernement et la religion' (*EM*, ii.806), lézardant ainsi le majestueux échafaudage de l'apologiste catholique, qui estimait que hors de l'Occident il n'était point de salut et qui expliquait tout par un déterminisme divin. Or, quelle va être l'une des principales innovations de Voltaire? Il brise les cadres de l'univers hérités de la tradition judéo-chrétienne, il scrute les horizons de l'Inde, de la Chine, de la 'musulmanie', de l'Amérique. Il intègre ces pans entiers de l'humanité à une vision unifiée d'où se dégage un 'esprit de l'homme'. 'Vers ces peuples lointains, Voltaire appareille avec une curiosité aiguisée par l'exotisme [. . .] le monde hors d'Europe prend pour lui valeur et vie. Il l'explore, comme Montaigne voyageait [. . .] Il risque des incursions dans le monde primitif' (*EM*, i.XL). De Paris, de Colmar, de Berlin, des Délices, Voltaire est un visionnaire du passé et un voyant de l'espace. Si, comme il le dit dans le *Supplément du Siècle de Louis XIV*, il faut faire toujours 'disparaître l'auteur pour ne laisser voir que le héros, et ne mettre jamais son imagination à la place des réalités' (M.ix.124), force nous est pourtant de reconnaître que son imagination s'échauffe et s'appuie le mieux et le plus au contact de réalités lointaines – dans le temps et dans l'espace.

Vision ardente, colorée et exotique d'un monde qui change; fascination pour le mouvant, pour le voyage, pour le dépaysement, multiples œuvres où le décor, les mœurs (à défaut du langage) sont étrangers à 'la France du dix-huitième siècle, sinon étranges: on serait tenté de rechercher et de prime abord de trouver, dans la vie de Voltaire, un pendant à ce baroquisme constant que l'on peut assez facilement dégager de son œuvre. Car enfin, Voltaire était toujours sur les routes! En dépit des récentes éditions exhaustives de sa correspondance, il est souvent bien difficile de déterminer le lieu exact où se trouvait l'écrivain tel jour, ou même tel mois! Voltaire semble toujours en mouvement, entre Paris et la province, entre la France et l'Angleterre ou l'Allemagne, entre maison d'hiver et résidence d'été. Date-t-il sa lettre de Lille qu'il demande à son correspondant de lui répondre à une adresse à Bruxelles! Veut-on lui envoyer une seconde missive à Bruxelles? Mais non! Tâchez de le rejoindre, de le rattraper à l'étape qui le mène à Cirey. Voulez-vous un exemple? Ils foisonnent. Le moins curieux n'est pas celui de cette lettre de septembre 1722, adressée à Thieriot (Best.D121):

Je reçois jeudi matin onzième septembre une lettre dans la quelle vous me marquez m'avoir écrit à Bruxelles chez m^r de Morville. Je vous avois par inadvertence donné l'adresse de Bruxelles aulieu de Cambrai, et je viens tout à l'heure d'envoier à Cambrai chercher la lettre qui y sera peutêtre [. . .] Vous n'avez qu'à adresser le paquet à la Haye [. . .] J'y serai dans trois ou quatre jours [. . .] je compte revenir à Paris dans quinze jours, et aller ensuite à Sully.

Les recueils d'histoire littéraire, les monographies et même les biographies plus élaborées donnent constamment l'impression que Voltaire n'aspire qu'à quitter le lieu où il se trouve pour aller ailleurs. Ce court billet, adressé à mme de Bernières aux alentours du 8 octobre 1723, et que nous reproduisons au complet, donne le vertige (Best.D165):

Je partis de chez vous vendredi, j'arrivai à Maisons samedi matin, je viens d'en partir aujourd'huy lundi à quatre heures du matin, j'ai lu à dix heures Mariannes à nos seigneurs les comédiens du roy qui en ont été assez édifiez, je pars pour Villars après cette lecture, et je n'ai que le temps de vous assurer qu'il n'est pas possible d'aimer sa maitresse autant que je vous aime. Au retour de Villars je reviens chez vous pour n'en partir qu'avec vous.

Respect et tendresse à madame votre sœur, à m^r de Leseau, à m^r de Brezolle, etc.

Le vie du poète a toujours paru chatoyante, ondoyante même. De là à conclure que Voltaire appliquait dans sa vie ce qu'il rêvait ou imaginait dans son œuvre, il n'y a qu'un pas et la tentation est grande de le franchir allégrement. On peut déjà rêver devant cette évocation: Voltaire vivant sa nuit 'pascalienne' quand le carrosse qui l'emporte à Cirey par une nuit d'hiver glaciale verse dans le fossé et qu'il devise paisiblement d'astronomie newtonienne avec mme Du Châtelet, devant les étoiles; une sorte d'illumination au cours d'un voyage, sur la route: y a-t-il plus poétique illustration de ce qu'a été ce destin?

Il s'agit pourtant, en grande partie, d'une illusion – à tout le moins de conclusions excessives. Voltaire n'a effectivement entrepris de son plein gré que deux voyages importants: le voyage anglais et l'équipée berlinoise. Le voyage anglais n'était pas obligé car, à son élargissement de la Bastille, le décret de mise en liberté lui imposait simplement de s'éloigner à cinquante lieues de la capitale! Mais Voltaire, déjà conquis par le rêve anglais, en profite pour traverser la Manche. Pourtant, on a dit et répété qu'il avait été exilé en Angleterre. Son deuxième grand voyage, celui de Berlin, est la conséquence d'une passion aussi violente que celle qui le poussait dans sa jeunesse vers les rives de la liberté, confondues avec celles de la Tamise. Sur cet homme prompt à s'enthousiasmer, aucun mirage n'aura exercé la même fascination que celui que fait miroiter à ses yeux le Salomon du nord. D'où sa course sur les routes de Berlin . . .

Mais tous les autres voyages de Voltaire sont, à des degrés divers, forcés. Il est exilé: il doit fuir la capitale. Il craint des malheurs réels ou imaginaires: prise de corps, emprisonnement; le voilà quittant en hâte le logis du moment, courant sur les routes, criant qu'on l'égorge; l'amitié, l'amour commandent: il doit se rendre à Bruxelles soutenir les procès de mme Du Châtelet; mais partout, il cherche un autre logis, une autre retraite. Quand il la trouve et qu'il s'y sent en sécurité, vite, il s'y installe! Le roi d'Eldorado n'est-il pas le porte-parole d'un certain Voltaire quand il donne ce conseil à Candide et Cacambo, pressés de partir: 'Vous faites une sottise; je sais bien que mon pays est peu de chose; mais, quand on est passablement quelque part, il faut y rester' (*Candide*, Bénac, p.180)? Chaque fois qu'il le peut, Voltaire construit un décor fait pour durer: à Cirey, aux Délices, à Ferney. Il n'aspire qu'à s'arrêter. Quand cela est possible, il évite un déplacement, même s'il semble en avoir une extrême envie. Toute sa vie, il gémira de n'avoir pu visiter Rome, 'la première ville d'Europe'. A ses correspondants, à ses visiteurs, il répétera à satiété qu'il aurait aimé entreprendre le voyage; dans son *Commentaire historique sur les œuvres de l'auteur de la Henriade*, écrit en 1776, il déclare, parlant de lui à la troisième personne: 'Sa Sainteté Benoît xiv voulut l'attirer à Rome; et il ne s'est jamais consolé de n'avoir point vu cette ville, qu'il appelait la capitale de l'Europe' (M.i.82). Pourquoi ces regrets? Qui l'a empêché d'effectuer le voyage? Le pèlerinage italien est courant au dix-huitième siècle; les routes d'Italie étaient assurément plus fréquentées que celles d'Allemagne! Voltaire a si longtemps vécu au pied des Alpes qu'il aurait pu, plus facilement que d'autres, les traverser et se rendre à Rome.

Après le succès de sa lutte pour les Calas, il écrit à certains 'frères' de Toulouse qu'il se prépare incessamment à venir se rendre compte de visu des changements que sa campagne a accomplis dans les mentalités toulousaines, et à admirer les effets des 'lumières' sur un parlement hier encore fanatique et rétrograde. Il ne s'agit pas d'un vague souhait; il en parle à plusieurs reprises comme d'un projet très proche; pourtant, il ne se rendra jamais au sud de la Loire.

En 1766, excédé de la persécution contre les encyclopédistes, il bat le rappel de tous les fidèles; il veut que les philosophes français émigrent en territoire prussien. Prompt à s'enflammer, il rêve déjà d'une oasis tolérante, d'un hâvre des lumières et de la philosophie, loin des sorbonnards et autres fanatiques; mais le projet fait long feu, et Voltaire continue à mener à Ferney sa vie réglée comme un métronome. De même, il affirme à Catherine de Russie, nouvelle 'Sémiramis du nord', que son vœu le plus cher est d'aller lui payer le tribut de son admiration, mais il ne bouge guère: dans un élan de sincérité, il évoque quelquefois les hasards et les dangers de la route pour expliquer les perpétuelles remises de son départ pour Saint-Pétersbourg. Il se confesse d'ailleurs, sur un ton goguenard, à Casanova. Le Don Juan italien, en visite à Ferney, affirme à son hôte: 'je me plais à étudier l'homme en voyageant'. Et Voltaire de rétorquer: 'C'est le moyen de le connaître; mais le livre est trop grand. On y parvient plus facilement en lisant l'histoire.'[3]

Il faut bien l'admettre: Voltaire a souvent montré un tempérament casanier. Les dessins d'Huber qui le représentent à Ferney pantoufles aux pieds et bonnet sur la tête ont plus qu'un intérêt anecdotique. Ce célibataire est, profondément, l'homme d'un foyer. C'est lorsqu'il

---

[3] J. Casanova de Seingalt, *La Cour et la ville sous Louis XV, d'après les* Mémoires de Casanova, éd. Jean Hervez (Paris s.d.), p.230.

est au chaud dans son cabinet de travail qu'il évoque le mieux les tumultes de l'histoire, les couleurs de la géographie. Il a toujours cherché à s'ancrer. Contradiction entre le tempérament et l'imagination? Ou phénomène de compensation, l'agilité et la mobilité de l'esprit allant de pair avec un tempérament douillet? Peut-être. Mais il est bon de noter également que, de préférence à Charles XII, Pierre le Grand, Frédéric ou tout autre héros de l'action et du mouvement, le personnage historique que Voltaire a le plus admiré et étudié est Louis XIV. A l'opposé de ces héros des bivouacs, des camps d'un jour, des villes assiégées, conquises, quittées, Louis XIV représente peut-être cet autre pôle de ce qu'a voulu vivre Voltaire: la stabilité; le décor familier de Versailles, où le grand roi va se confiner de plus en plus, est le reflet de ces multiples décors dans lesquels Voltaire voudra vivre. Louis XIV se fixe au milieu de ses courtisans: Voltaire voudrait se fixer au milieu de ses livres et de quelques amis choisis.

De cette tension entre une imagination ardente et un goût bourgeois de la tranquillité, entre le désir de s'installer et la nécessité impérieuse de courir de résidence en résidence, sont nées certaines obsessions. Au centre même de celles-ci se trouve Paris. La sensibilité, le goût de Voltaire faisaient de la capitale un lieu où, à ses yeux, il devait faire bon vivre. Cela lui fut refusé souvent. D'où une exacerbation de son désir de revenir dans sa ville natale; il ne pouvait l'étaler ouvertement de peur d'être criblé de railleries par ses adversaires, toujours prompts à tirer parti de ses infortunes avec le pouvoir; mais que de fois il prend mille détours, que de fois sa phrase est tout entortillée pour dire ce désir! Un jour, par exemple, il adopte un ton mystérieux pour annoncer à ses intimes qu'un 'adolescent [lui-même, à 77 ans] pourrait alors prendre cette occasion [la présentation d'une de ses pièces] pour venir faire un petit tour en tapinois dans la capitale des Welches'.[4] Quand enfin ce retour lui était accordé, amère déception! Le foyer idéal s'éloignait à une allure vertigineuse des murs de Paris. Il en résulte une oscillation continuelle dans sa pensée, dans ses écrits et dans ses opinions, qui épousaient étroitement l'humeur du moment. 'On ne risque guère de surestimer la part de la biographie de Voltaire dans l'élaboration de ses idées: au gré des circonstances, sa pensée se ressent toujours de ses sautes d'humeur', peut ainsi affirmer un critique contemporain.[5]

[4] Best.D17005, à d'Argental; cf. également Best.D17007.
[5] Jean Ehrard, *L'Idée de nature en France dans la première moitié du XVIIIème siècle* (Paris 1963), ii.653.

Cette situation a fait de Paris un des thèmes qui reviennent le plus souvent dans ses écrits. Il l'évoque à chaque détour de sa plume. Quand la capitale est loin, elle devient une norme, en bien ou en mal. Voltaire fait le tour de la moitié de l'Europe, mais ses yeux sont toujours fixés sur Paris. Sa correspondance s'adresse le plus souvent à des Parisiens. Ses meilleurs amis, ses 'frères', ses disciples y demeurent. Quant il est loin de Paris, il est tenu au courant de tout ce qui s'y déroule plus minutieusement que s'il s'y trouvait. Paris devient une fascination, et aussi un microcosme de la France et de l'univers. Voltaire en parle toujours, rarement en de longs développements, mais le plus souvent en quelques sentences lapidaires, quelques explosions dues à un sentiment violent. Cette étude perpétuelle de la capitale observée de loin, commentée à quelque distance, n'est pas sans rappeler, comme le souligne Geoffrey Murray à propos de Rousseau s'habillant à l'arménienne, 'a peculiarly eighteenth-century problem of the spectator's relationship with his own society'.[6] Il s'agit là d'un autre de ces multiples exemples d'une mentalité, d'un tour d'esprit particulier que les *Lettres persanes*, au début du siècle, ont imprimé à toute la génération des Lumières.

Les lettres de Voltaire où l'on trouve une réflexion plus ou moins élaborée sur la capitale ou sur ses habitants sont fort nombreuses. Il s'agit de près de deux mille missives de longueur fort inégale et où Paris occupe aussi une place fort inégale. Mais si l'on y ajoute toutes les lettres où Voltaire discute du théâtre à Paris, du succès ou de l'échec de ses pièces dans la capitale, de l'accueil de ses autres écrits par le public parisien, ou encore de la stupidité ou de l'absence de sens civique et politique du parlement, leur nombre devient véritablement prodigieux. Quelque cinq mille lettres traiteraient alors, directement ou indirectement, lapidairement ou longuement, sérieusement ou ironiquement, de la capitale, ses mœurs, ses coutumes, ses habitants, leurs goûts, leurs travers.

Il ses évident que dans une telle masse, il y a bien des redites. Il est évident aussi que l'on peut en tirer un glossaire des contradictions. Nous avons dit que Voltaire réagissait souvent à son humeur du moment. Nous le verrons en l'espace de quelques jours faire un éloge dithyrambique de la capitale, puis la vilipender en termes furieux ou sarcastiques. Dans une correspondance qui s'étend (pour ce qui nous intéresse) sur plus de soixante ans, il est pourtant possible de repérer quelques thèmes

[6] *Voltaire's* Candide: *the protean gardener, 1755-1762*, Studies on Voltaire 69 (1970), p.352.

17

constants, quelques idées-force qui varieront peu. Ce n'est pourtant pas assez pour savoir ce que Voltaire pensait vraiment de la capitale, car il est souvent difficile de départager le sentiment profond de Voltaire de ce qui n'est que réflexion de circonstance, ou politesse à l'égard du correspondant. Il faut pourtant se résoudre à dégager de la correspondance quelques conclusions.

Il faut ensuite aller confronter celles-là avec le témoignage des autres œuvres de Voltaire. Car, et ceci est peut-être moins connu, les *Œuvres complètes* du philosophe abondent également en références et réflexions sur Paris. Voltaire nous entretient de la capitale dans de très nombreuses pièces mineures, en vers ou en prose: pamphlets, épîtres, poésies légères. On rencontre également, dans les ouvrages historiques, à côté des développements attendus sur l'histoire de la cité, maints commentaires sur le caractère des Parisiens. On découvre enfin, presque inconnus, trois courts écrits complètement destinés à discuter de l'urbanisme de la ville ou du financement de ses services. Pourtant, dans les œuvres, c'est le témoignage des *Contes* qui est central. Car, pour Voltaire, Paris n'est pas seulement Paris. Il s'appelle également Babylone, Memphis ou Persépolis, ses habitants sont des Assyriens ou des Cachemiriens, ses archevêques des desterhams ou des 'chefs des prêtres des étoiles'!

De cette confrontation entre l'œuvre et la correspondance se dégage une vision cohérente de Paris. Il s'agit d'une vision qui englobe plusieurs éléments: que pensait Voltaire de la vie à la ville, des questions d'urbanisme? Que pensait-il de la civilisation urbaine dont Paris était le prototype? Que pensait-il des Parisiens, ces 'Welches' très particuliers? Enfin, en contrepoint, comment voyait-il, comment sentait-il la vie à la campagne, par rapport à la vie à Paris?

Avant de tenter de répondre à ces questions, il faut préciser une fois pour toutes dans quelle mesure Voltaire a voulu vivre à Paris et en a été empêché. Il faut également se demander comment Voltaire vivait dans la capitale, s'il s'y sentait heureux et pourquoi il l'a quittée si souvent (quoique ici le témoignage de la correspondance soit beaucoup plus fragmentaire, puisque Voltaire écrivait beaucoup moins de lettres chaque fois qu'il se trouvait à Paris). Nous pourrions ainsi jeter quelque éclairage sur l'homme Voltaire et sur cet aspect de sa personnalité qu'à la suite de Ridgway il faut bien appeler sa sensibilité.

I
Une trajectoire de la liberté

I

Parisien ou 'faune'?: 1694-1729

DEPUIS sa naissance et jusqu'à son départ à La Haye en 1713, comme
secrétaire de l'ambassadeur de France, Voltaire a vécu à Paris. Ce fut
son plus long séjour dans la capitale et certainement celui qui a exercé sur
lui la plus forte influence – qui lui a chevillé à l'âme cette fascination pour
la ville dont tant de manifestations jalonnent son existence. Les témoignages sur cette époque sont rares; il n'est pourtant pas sans intérêt de
savoir que, déjà, il faisait des séjours à la campagne, comme il nous
l'apprend en écrivant à son ami de collège Fyot de La Marche en mai
1711 (Best.D1), et qu'il craint la solitude! Et de quel ton déjà inimitable
cet adolescent de dix-sept ans persifle et badine tout à la fois sur cette
réclusion de huit jours qui lui est imposée à l'occasion d'une retraite au
collège des Jésuites: 'Car enfin, lorsqu'on est seul, outre qu'on est
souvent en danger de trouver la compagnie ennuyeuse, il faut du moins
avoir quelqu'un à qui on puisse dire que la solitude est agréable' (Best.
D3). L'idéal que se fait Voltaire d'une vie heureuse se dégage nettement
de sa correspondance avec son premier amour, Olympe Du Noyer. De
retour à Paris, à la fin de 1713, après sa tentative ratée d'enlever la jeune
fille, il lui demande de revenir en France le rejoindre au plus vite: 'je me
représente ces moments heureux, comme la fin de tous nos chagrins, &
comme le commencement d'une vie douce & aimable, telle que vous
devez la mener à Paris' (Best.D20). Pour le jeune Arouet, il va donc de
soi qu'une vie 'douce et aimable' s'écoule à Paris. Mais pas à n'importe
quelle condition! Il précise dans une lettre écrite un mois plus tard à
Olympe: 'me voilà fixé à Paris pour longtemps: est il possible que j'y serai
sans vous! [. . .] Une vie douce & tranquille à Paris n'est elle pas préférable à la compagnie de madame votre mère, & des biens considérables
dans une belle ville, ne valent ils pas mieux que la pauvreté à la Haye?'
(Best.D22). Tant d'ingénuité est presque désarmante: voilà exposé un
programme de vie que Voltaire mettra un extraordinaire acharnement
à réaliser pendant les soixante-cinq ans qu'il lui reste à vivre. Il réussira

au-delà de toute mesure à atteindre le premier objectif, celui de l'acquisition de 'biens considérables'! Quant au second, la vie dans une 'belle ville', il sera soumis à maintes fluctuations. Voltaire, sans jamais l'abandonner complètement, apprendra à le mesurer à sa vraie valeur.

On aurait tort d'ailleurs d'imaginer la vie de Voltaire, sous ce rapport, comme obéissant à une linéarité parfaite: une existence de mondain et de courtisan, qui, rassasié, assagi par l'âge, accepte à la fin de sa vie une retraite dorée à Ferney. Nous l'avons vu, en 1713-1714, ébaucher prosaïquement les grandes lignes d'un bonheur tout bourgeois à Paris. Deux ans plus tard, autre son de cloche; il se trouve à la campagne, et il affirme (Best.D84):

> Avec l'abbé Courtin je vis ici tranquille
> Sans aucun regret pour la ville.

S'agit-il d'une conversion soudaine aux charmes bucoliques de la nature? Non, car dans la même lettre, qui commente les débuts à Paris du système de Law, Voltaire précise: 'Il est beau, mon cher ami, de venir à la campagne tandis que Plutus tourne toutes les têtes à la ville. Etes vous réellement devenus tous fous à Paris? Je n'entends parler que de millions.' S'éloigner de Paris c'est donc, déjà, s'éloigner des tracas et des ennuis de Paris. D'ailleurs, cette année 1716 est exemplaire, car elle est comme un raccourci de ce que répétera inlassablement plus tard la correspondance, chaque fois que l'évocation de la capitale viendra sous la plume du philosophe.

Il est bon de rappeler, tout d'abord, que Voltaire est alors exilé, à la suite d'impertinences qu'on le soupçonne d'avoir écrites contre le régent. Exilé, interdit de séjour à Paris, ou, plus subtilement encore, non désiré dans la capitale, voilà une situation que Voltaire vivra maintes fois. L'exil, à Sully-sur-Loire, est peut-être doré, mais Voltaire le perçoit d'abord comme une atteinte à sa vanité, une satisfaction donnée à ses adversaires prêts à se réjouir de ses mésaventures: 'Il y a peut-être quelques gens qui s'imaginent que je suis exilé, mais la vérité est que m. le régent m'a donné ordre d'aller passer quelques mois dans une campagne délicieuse' (Best.D42). Drôle de 'vérité'! Nous verrons néanmoins combien souvent Voltaire s'acharnera à prouver que son exil n'en est pas un.

Toujours est-il que Voltaire est conscient des séductions qu'il abandonne en s'éloignant de Paris: 'Jouissez mon cher monsieur des plaisirs de Paris' (Best.D42), écrit-il à un correspondant anonyme. Et au poète Jean-François de La Faye qui lui avoue être tenté par la carrière diplomatique (Best.D39):

> Non cette brillante folie
> N'a point enchaîné vos esprits,
> Vous connaissez trop bien le prix
> Des douceurs de l'aimable vie
> Qu'on vous voit mener à Paris
> En assez bonne compagnie.

L'envers de cette 'aimable vie' et de cette 'bonne compagnie', c'est l'ennui que l'on peut éprouver loin de la capitale. Dans la même lettre, il confesse:

Je commence à m'ennuyer beaucoup ici. Or il faut que je vous dise ce que c'est que l'ennui [. . .]

> C'est un gros dieu lourd et pesant,
> D'un entretien froid et glaçant,
> Qui ne rit jamais, toujours bâille.

Ou encore, il confie, toujours en vers, et toujours sur un ton badin, à un correspondant anonyme (Best.D42):

> Mais la tranquillité que j'éprouve aujourd'hui,
> Le bien pur et parfait où je n'osais prétendre
> Est parfois, entre nous, si semblable à l'ennui,
> Que l'on pourrait bien s'y méprendre.

La double équation semble donc très claire. Paris égale la vie douce et les plaisirs. L'exil signifie le 'gros dieu lourd' de l'ennui. Voltaire se dirige-t-il tout droit vers une impasse? Va-t-il, bougon, se réfugier dans des imprécations de misanthrope? Il choisit la seule solution qui puisse répondre à son naturel optimiste et heureux. Il affronte gaîment l'exil, il essaie d'en savourer les moindres bons moments, il transforme ce qui pourrait être une pénible épreuve en une expérience bénéfique (Best. D42):

> Sous les ombrages toujours cois,
> De Sully, ce séjour tranquille,
> Je suis plus heureux mille fois
> Que le grand prince qui m'exile
> Ne l'est près du trône des rois [. . .]
> L'exil assez souvent nous donne
> Le repos, le loisir, ce bonheur précieux

Qu'à bien peu de mortels ont accordé les dieux,
Et qui n'est connu de personne
Dans le séjour tumultueux
De la ville que j'abandonne.

Il s'agit là d'une dialectique du bonheur. Voltaire le cherchera partout; à Paris, bien entendu, mais il le poursuivra aussi résolument hors de la capitale, quand on le force à la quitter. Cette attitude durera quelque vingt ans, quand Voltaire commencera à se rendre compte qu'être dans ou hors la capitale n'est pas indifférent au genre de bonheur qu'il recherche, et au rôle qu'il veut jouer dans la société. En attendant, une réflexion qui échappe à sa plume jette un éclairage étonnant sur sa vie à venir, et notamment sur les sentiments ambivalents qu'il entretiendra à l'égard de Paris: 'Il serait délicieux pour moi de rester à Sully s'il m'était permis d'en sortir' (Best.D40). On peut sûrement inverser la proposition et affirmer qu'il lui serait délicieux, ou du moins indifférent de rester hors de Paris, s'il lui était permis d'y rentrer librement. Par ailleurs, cette vue pénétrante qu'il a de son moi intime, ne pourrait-on pas la mettre en exergue à son aventure de Berlin?

Ce désir de se sentir libre, et surtout libre de ses déplacements, qui est un trait fondamental du caractère de Voltaire, sera illustré de manière éclatante en 1718. L'année précédente, Voltaire, accusé d'être l'auteur d'un écrit infâme contre le régent, le *puero regnante,* est arrêté, mis à la Bastille. Libéré en mai 1718, il est exilé à Châtenay. Il commence immédiatement une impressionnante série de missives aux personnages importants à Paris, et surtout au marquis de La Vrillière, pour demander son retour dans la capitale. Il supplie, mais ne s'abaisse pas: il affirme qu'il est innocent, et que c'est seulement fort de son bon droit qu'il demande de revenir; mais un cri du cœur lui échappe: 'Vous concevez bien ce que c'est que le supplice d'un homme qui voit Paris de sa maison de campagne et qui n'a pas la liberté d'y aller.' En une série de courts billets, La Vrillière lui permet de revenir à Paris pour '24 heures seulement', puis pour '8 jours', puis pour 'un mois seulement' et enfin, le 12 octobre: 'Permission au S. Arrouët de Voltaire de venir à Paris quand bon luy semblera.'[1]

Le 18 novembre, à peine un mois après son retour, c'est le triomphe d'*Œdipe*. Voltaire, du coup, sort du cercle étroit de ses amis haut placés; c'est, en quelques jours, la célébrité. Libre, de plus en plus riche, heureux

---

[1] sur ces lettres de Voltaire aux responsables de Paris, et sur cet échange avec le marquis de La Vrillière, consulter Best.D59, D60, D61, D63, D64, D65, D66 et D67.

en amour, il a tout pour jouir enfin de cette vie 'douce et aimable' à Paris. Et pourtant...

Et pourtant, sa correspondance, de 1718 à 1726, au moment de son départ en Angleterre, inaugure une série de thèmes que Voltaire ne cessera de ressasser toute sa vie quand il parlera de Paris. Les termes qu'il utilise alors pourront changer, mais déjà quelques idées-force sont perçues, quelques mots-clés sont forgés. Avant de les examiner, une parenthèse s'impose ici sur la sincérité (ou le degré exact de sincérité) de Voltaire dans ses lettres.

On sait comment le philosophe savait couler sa pensée et son expression dans le moule qui plaisait le plus à son correspondant et flattait sa vanité. Or nous ignorons souvent le dessous des choses, en ce qui concerne le tissu affectif réel entre Voltaire et ses amis, ses collègues, ses maîtresses. Bien des allusions ne nous sont pas claires, et telle phrase qui est un clin d'œil amusé à son correspondant risque de nous lancer sur une fausse piste. Plus tard, quand Voltaire sera devenu un personnage important, dont le courrier sera systématiquement espionné, il aura recours avec ses amis à un code absolument déroutant pour qui n'en possède pas la clef; l'interprétation de ses lettres n'en sera que plus difficile.[2] Pour ne prendre qu'un exemple dans la période qui nous occupe, il est certain que les lettres à mme de Bernières doivent être utilisées avec précaution; sûrement avec plus de précautions que les missives à Thieriot. Avec sa maîtresse, Voltaire doit prendre des gants; quand elle est à sa maison de campagne, qu'elle presse son amant de la rejoindre et que celui-ci se récuse tout en prétendant qu'il reste à Paris parce que ses affaires l'y forcent, on peut se demander à juste titre dans quelle mesure les soucis de la vie dans la capitale ne font pas les frais d'une dérobade sentimentale. Avec Thieriot, le factotum-homme d'affaires, les choses sont certainement plus claires: Voltaire n'a pas de raison qui nous soit connue pour déguiser ses sentiments à celui qui était alors son meilleur ami.

Qu'est-ce à dire? Nous sera-t-il impossible, en ce domaine, de savoir ce que pensait exactement Voltaire? Il faut simplement scruter attentivement toute la correspondance, juger chaque lettre, chaque phrase, en fonction de l'humeur de Voltaire au moment où il l'écrit, en fonction également de son correspondant. En ce domaine plus qu'en tout autre, nous ne pourrons cerner le vrai que par approximations successives,

[2] Theodore Besterman l'a abondamment illustré dans 'Le vrai Voltaire par ses lettres'. Cet essai, d'abord paru dans *Studies on Voltaire* 10 (1959), pp.9-48, a ensuite été repris dans *Voltaire essays and another* (London, Toronto, New-York 1962).

la marge possible d'erreur se rétrécissant au fur et à mesure que les documents augmentent.

De 1719 jusqu'à son aventure avec Rohan, Voltaire vivra à Paris, tout en faisant de nombreux séjours à la campagne, dans une infinité de châteaux plus séduisants les uns que les autres: Saint-Ange, Sceaux, La Rivière-Bourdet, Bruel, Maisons, etc. C'est de l'une de ces résidences que coup sur coup, en 1721, il écrit à deux reprises à Thieriot pour lui affirmer qu'il 'brûle de revenir à Paris' et qu'il n'attend 'qu'une de [ses] lettres pour retourner à Paris' (Best.D99, D100). Rien de bien étonnant à cela: nous savons que, à cette époque, au moment où *La Ligue* est déjà terminée en manuscrit, Voltaire, malgré l'affabilité de ses hôtes de campagne, n'en continue pas moins à savourer délicieusement les succès personnels et les triomphes littéraires qu'il accumule dans la capitale. Pourtant, c'est seulement quelques mois après ces déclarations impétueuses que Voltaire fait, pour la première fois, une réflexion qui deviendra un leitmotiv de sa correspondance. Il avait quitté Paris pour faire un long voyage qui le mènera à La Haye. De Cambrai où il s'arrête quelque temps, il affirme qu'il est mieux accueilli, plus apprécié dans les pays étrangers et en province qu'à Paris: 'Je suis dans le moment à Cambrai où je suis reçu baucoup mieux que je ne l'ai jamais été à Paris. Si cela continue j'abandonerai ma patrie assurément' (Best.D118); rien de bien grave; un badinage léger, puisqu'il poursuit, avec cet art de la caresse qu'il possédait à un degré suprême: 'à moins que vous ne me promettiez de m'aimer toujours'. Il faut pourtant retenir ce premier indice, si tôt paru, d'une des obsessions de Voltaire: celle d'être surtout persécuté à Paris. Mais six mois plus tard, voilà qui est plus net, sûrement plus grave, en tout cas étonnant de la part d'un homme jeune, en pleine gloire. Le 15 janvier 1723, il écrit à mme de Bernières:

Vous n'êtes pas encor assez détachée de Paris pour avoir le courage de passer l'hiver à la campagne; [...] voici bientôt le temps où vous reviendrez à Paris. Je ne sai si vous m'y reverrez sitost; le goust de l'étude et de la retraitte ne me laissent plus aucune envie d'y revenir. Je n'ai jamais vécu si heureux que depuis que je suis loing de tous les mauvais discours, des tracasseries et des noirceurs que j'ai essuiées.[3]

[3] Best.D146. On peut rapprocher cette lettre de ce que Voltaire écrivait à Thieriot en septembre 1724. Sa maladie le cloue à Paris et l'empêche de rejoindre son ami chez les Bernières, à La Rivière-Bourdet, mais 'J'y mène une vie plus solitaire qu'à la campagne, et je vous assure que je n'y pers pas mon temps si pourtant c'est ne le pas perdre que de l'emploier sérieusement à faire des vers et d'autres ouvrages aussi frivoles' (Best.D206). On peut sourire devant cette maladie qui le retient à Paris: beaucoup trop de maladies de

Même en faisant la part des choses, en tenant compte des contrariétés qu'il essuyait avec la publication de son poème épique, la vie à la campagne, ou plus précisément loin de Paris, est déjà liée pour lui à la notion de l'étude: expérience fondamentale, que Voltaire approfondira constamment; de même, nous voyons apparaître pour la première fois un mot familier de la correspondance, celui de 'retraitte'. Nous verrons plus loin que Voltaire usera volontiers de termes religieux ou tirés du vocabulaire ecclésiastique pour marquer ses sentiments à l'égard de ses différentes demeures. Il est certain que c'est le cas ici. Voltaire n'est pas si loin de l'époque où, à Louis-le-Grand, il faisait chaque année de nombreuses et régulières retraites. C'était, dans la tradition jésuite, un temps de réflexion, d'approfondissement; Voltaire, chaque fois qu'il se réfugie dans une 'retraitte' loin de la capitale, en sort plus fort pour poursuivre son combat ou continuer son œuvre. Cela, bien sûr, c'est pour plus tard, après Cirey, surtout après Berlin; mais déjà le poète de trente ans en a une vague prescience. A la même mme de Bernières, il écrit, en mai 1725: 'Aiez la bonté de me mander si vous êtes aussi philosophe que moi. J'ai bien peur que vous ne soiez devenue très mondaine' (Best.D230). Le philosophe face au mondain; déjà l'opposition entre un style de vie et un message à livrer: Voltaire qui, quelques années plus tard, fera allégrement un sort à ce sombre monsieur Pascal, semble cette fois-ci, curieusement, du même bord que l'ascète de Port-Royal devant l'inanité 'mondaine'.

C'est également à partir de 1723 que Voltaire aura des mots très durs pour désigner Paris: 'une ville que je déteste' (Best.D153), 'Je crois être en enfer Lorsque je suis dans la mauditte ville de Paris' (Best.D156), 'me voici replongé avec douleur dans ce maudit goufre de Paris, acablé d'afaires et de fatigues' (Best.D200). Il est évident que ces imprécations ne doivent pas être prises à la lettre. Nous ne le redirons jamais assez: Voltaire s'exalte facilement. Le passage suivant, à mme de Bernières, éclaire peut-être mieux que toutes les gloses certains des motifs de ces cris: 'Vous croiez bien que ce n'est pas mon plaisir qui me retient à Paris. Mes malheureuses affaires sont cause que je ne pourai retourner chez vous de plus de 15 jours. Je vous assure que ce retardement est le plus grand de mes chagrins' (Best.D157). Ce billet au ton mesuré, aux termes sûrement pesés avec soin, est certainement, en partie du moins,

---

Voltaire seront là, au moment propice, pour le justifier. Il est néanmoins intéressant de relever que, même à Paris, quand il veut écrire, composer, il se perçoit menant une 'vie plus solitaire qu'à la campagne'.

une dérobade: Voltaire semble ici embarrassé, ne sait comment esquiver une invitation ou une relance de sa maîtresse, et on peut même le soupçonner de trouver quelque plaisir à rester à Paris. Mais à moins de l'accuser d'une duplicité continue et calculée, d'un mensonge si froidement élaboré qu'il prend génialement l'apparence du cri du cœur, on ne peut s'empêcher d'estimer qu'il y a sûrement du vrai, du vécu et du senti dans ses cris contre Paris. D'ailleurs Versailles n'est pas non plus épargné: en mai 1725, il est en 'retraitte à Versailles' (Best.D230); de toutes manières, 'Il n'y a que trois jours [qu'il est] à Versailles et [il voudrait] déjà en être dehors. La Riviere Bourdet [lui] plaira plus que Trianon et Marly' (Best.D233). Et, à Cideville, Voltaire fait une confidence qui lui permet déjà de tenir le rôle de cet ethnographe curieux et détaché qu'il affectionnera tant qu'il en fera, dans ses *Contes*, un procédé courant de composition: 'Je vous écris d'un pays bien étranger pour moy, c'est Versailles, dont les habitans ne conoissent ny la prose ny les vers' (Best.D236).

Résumons. Pendant ces huit années qui suivent le succès d'*Œdipe* et précèdent le départ pour l'Angleterre, Voltaire partage sa vie entre Paris et de confortables, sinon luxueuses résidences à la campagne. Il est certainement heureux de la vie mondaine à Paris, des vapeurs capiteuses du succès, des portes que son urbanité et son esprit lui ouvrent partout; l'avocat Mathieu Marais ne s'y trompe pas quand il écrit, en novembre 1725, à Bouhier: 'Voltaire vient d'obtenir une pension de 1 500 Fr sur la cassette de la Reine. Il suit la cour et en mange les chapons';[4] il n'étale pas souvent ses succès ou son bonheur dans la correspondance pour une raison évidente, c'est qu'il serait déplacé, écrivant de Paris, de dire à des amis qui demeurent à la campagne ou en province (comme Cideville à Rouen) tout le plaisir que l'on trouve au sein d'une société dont ils sont, momentanément ou de manière permanente, privés. On ne prétend pas aussi souvent que l'a fait Voltaire être dans l'incapacité de quitter la capitale pour cause de maladie ou d'affaires absorbantes sans que l'on ne trouve dans la vie mondaine de substantielles délices. Mais ces délices sont souvent empoisonnées. Voltaire rêve d'un bonheur sans partage, et s'exaspère de constater qu'à Paris ce n'est pas le cas. Trop de tracas, trop de 'noirceurs' viennent tremper d'amertume les triomphes sentimentaux ou littéraires: 'J'étois né pour être faune ou silvain, je ne suis

---

[4] *Journal et mémoires*, éd. M. de Lescure (Paris 1863-1868), iii.376.

point fait pour habiter dans une ville' (Best.D155). Et puis, Voltaire se rend graduellement compte qu'il écrit difficilement à Paris. Ce sera, de plus en plus, la pierre de touche de son expérience parisienne et des jugements qu'il porte sur la capitale. L'histoire littéraire confirme d'ailleurs ce sentiment du poète: *La Henriade* est commencée au château de Villecerf, poursuivie à la Bastille; à l'exception de deux tragédies, *Artémire* et *Mariamne*, et d'une comédie, *L'Indiscret* (probablement rédigées pendant les longs séjours à Sully ou ailleurs), cette période ne donne naissance qu'à des œuvres mineures: *Epître à Julie*, *Epître à Uranie* et l'*Essai sur les guerres civiles*. Enfin, Voltaire conceptualise pendant ces années quelques-uns des thèmes qu'il brandira continuellement plus tard: celui de la retraite, celui de l'étranger perdu à Paris ou à Versailles, celui des dégoûts dont il est abreuvé dans sa 'patrie', en face des triomphes que lui réservent les étrangers: ce sentiment, justifié ou non, sera à l'origine de l'européanisme' de Voltaire.

Aux alentours du premier février 1726, Voltaire est battu par les valets d'un aristocratique avorton, le chevalier de Rohan; tous ses amis se récusent, quand il sollicite leur aide pour se venger. Il quitte Paris, annonçant qu'il part pour Londres, mais il ne s'éloigne pas trop; le 23 mars, il est de nouveau à Paris, plein de fureur, décidé à rendre au noble et lâche chevalier la monnaie de sa pièce; il se démène comme un beau diable, fait un court séjour à Versailles, puis retourne à Paris, plus hérissé que jamais; le 18 avril, le clan Rohan le fait embastiller. Il part pour Calais quinze jours plus tard, puis pour Londres; le douze août, une longue lettre à Thieriot nous apprend qu'il est venu en secret en juillet à Paris, toujours tenaillé par sa soif de vengeance, mais que, comprenant l'inanité de ses efforts, il a rejoint à nouveau le lieu de son exil. Il y restera plus de deux ans et ne sera de retour en France qu'en novembre 1728.

Pendant son séjour à Londres, Voltaire parle peu de Paris dans sa correspondance. Il est vrai qu'il demande en avril 1727 au ministre Maurepas la permission de revenir trois mois à Paris, alléguant le 'mauvais état de [sa] santé et de [sa] fortune' (Best.D312). L'autorisation fut accordée seulement le 29 juin 1727 (Best.D312, note). Mais Voltaire ne s'en prévalut pas. Ceci nous semble plus que curieux. Voici un homme qui aime Paris, qui demande la permission d'y revenir, l'obtient, et qui s'en abstient; on a souvent écrit que Voltaire, tout au long de sa vie, au cours de ses multiples exils plus ou moins imposés, se désespérait de ne pas pouvoir revenir à Paris. Nous verrons qu'en plus d'une occasion il agira comme il l'a fait en 1727: libre de revenir dans la capitale, il n'en profite pas immédiatement. Quelle pouvait être, en ce premier printemps passé à Londres, la raison qui l'en empêcha? Aucune indication ferme là-dessus, mais une conjecture nous semble plausible: Voltaire devait bien se rendre compte qu'à Londres il engrangeait énormément d'idées nouvelles, d'observations curieuses, qui serviraient à l'œuvre qu'il sentait sourdre peu à peu en lui, et qui germera très vite sous la forme des *Lettres philosophiques*. Le futur chef de file des Lumières devait réaliser plus ou moins clairement que ce séjour anglais méritait bien, pour son œuvre future, de se priver d'un retour prématuré à Paris. Quoi qu'il en soit, il garde en réserve cette permission, et il en usera au besoin quand il voudra rentrer dans la capitale en mars 1729: 'J had two years ago snatch'd from y^r court a short leave to come to Paris for 3 months. Jf j am smoked out this bout j'll play that former leave for my excuse, tho it is perhaps good for nothing', écrit-il à Thieriot (Best. D344).

Si Paris occupe peu de place dans la correspondance de ces années d'exil, il n'est pas néanmoins absent de la pensée de Voltaire. Dans un *Projet d'une lettre sur les Anglais,* qui devait être la première des futures *Lettres philosophiques*, et qui ne fut jamais publié du vivant de l'auteur, Voltaire raconte qu'il constate un jour que tous ses amis anglais le boudent: 'Je m'examinai, & je tâchai de me souvenir si je n'avais pas donné la préférence aux étoffes de Lyon sur les leurs, ou si je n'avais pas dit que les cuisiniers français l'emportaient sur les Anglais, que Paris était une ville plus agréable que Londres, qu'on passait le temps plus agréablement à Versailles qu'à Saint-James, ou quelqu'autre énormité pareille' (Lanson, ii.261). Cette 'énormité' est, on le voit, quelque peu ironique. Elle veut dire exactement le contraire de ce qu'elle implique: Paris, au moment de la rédaction de ce passage (que Lanson situe entre mai et novembre 1728), est plus agréable que Londres et Versailles que Saint-James. La nostalgie affleure sous la badinerie. D'ailleurs, Paris ou Londres, la ville, la grande ville, servira d'argument contre 'M. Pascal'; en réfutant les vues pessimistes du solitaire de Port-Royal, le jeune auteur prend un ton triomphaliste; dans la pensée VI, il proclame, tranquille: 'Pour moi quand je regarde Paris ou Londres, je ne vois aucune raison pour entrer dans ce désespoir dont parle M. Pascal; je vois une ville qui ne ressemble en rien à une île déserte; mais peuplée, opulente, policée, et où les hommes sont heureux autant que la nature humaine le comporte' (Lanson, ii.193). Eloigné depuis assez longtemps des 'tracas' de Paris pour les avoir oubliés, le souvenir de l'ignoble Rohan s'estompant, Voltaire donne libre cours, à nouveau, à l'attachement, à la fascination qu'il éprouve pour sa ville natale. En 1728, il a certainement hâte d'y retourner. D'une part, parce qu'il a en réserve une belle œuvre qu'il veut publier en France, *Charles XII, Brutus,* les *Lettres anglaises*; et d'autre part parce qu'il commence à se forger un idéal qui est dans le droit prolongement de ses rêves de jeunesse, mais en plus raffiné, l'idéal du 'mondain' plongé dans une ville 'peuplée, opulente, policée, et où les hommes sont heureux'. La 'retraitte' a assez duré, Voltaire veut à nouveau se replonger dans Paris, sa vie 'douce' mais surtout, ô combien 'aimable'.

2

L'art d'être heureux: 1729-1734

~~~~~~

DURANT tout le début de l'année 1729, Voltaire est à Saint-Germain. Il fait un bref séjour secret dans la capitale vers le premier avril, puis, le 7, cédant aux 'remontrances' de ses amis Thieriot et le maréchal de Richelieu, il demande au 'visir Maurepas' le droit de revenir dans sa ville natale, droit qui lui est accordé officiellement le 9 (mais la cour lui est alors toujours interdite). Le 14 ou le 15, après deux ans d'absence, Voltaire revient enfin à Paris, prend logis 'rue Traversine', chez un 'conseiller clerc nommé Mr de Mayenville', et se hâte de convoquer Thieriot pour 'causer'.

Et pourtant, dès le mois suivant, Voltaire fait un rapide séjour à la cour de Lorraine. Mais il revient à Paris, en repart à nouveau en juillet pour prendre les eaux à Plombières, en Lorraine, se trouve de nouveau à Paris en août, mais à Nancy en septembre, puis dans la capitale en novembre et décembre. Ce rythme étourdissant sera maintenu pendant les cinq années suivantes, jusqu'à son installation à Cirey, de sorte que l'on ne sait jamais parfaitement les raisons complètes qui motivent tel départ ou tel retour; en effet, Voltaire met peut-être à profit une cure à Plombières pour terminer heureusement une spéculation financière à Nancy, le tout ne l'empêchant pas de trouver dans ce déplacement une excellente occasion pour faire une cour assidue à son 'héros' Richelieu, qui prend les eaux régulièrement dans la petite ville.

Voltaire montrera durant cette période, dans la correspondance, la même alternance d'attraction et de répugnance à l'égard de Paris. Mais l'on peut affirmer qu'au moins au début, les séductions de la capitale l'emportent largement dans son esprit sur ses inconvénients. Tout d'abord, il affirme souvent qu'il s'ennuie quand il en est éloigné; à Plombières, 'l'ennuy foisone' (Best.D364); en Normandie (Best. D420a):

dans quel état on doit se trouver lorsqu'on [. . .] retombe dans la langueur de la société des provinces!

J'ai deux ressources dans ma vie,
Le sommeil & l'oisiveté [. . .]
L'ennuyeuse uniformité
Que de Paris on a bannie,
En ces climats s'est établie,
& sa rivale si jolie,
La piquante diversité,
Jamais dans notre Normandie,
N'apporta sa légèreté.
Sous les loix de son ennemie,
On y prend pour solidité
Ce qu'ailleurs avec vérité
L'on nomme froideur de génie.

Ce dur jugement, où l'on sent percer le mépris facile du Parisien pour le provincial, est partagé par Formont, l'ami de Voltaire, qui ne voit 'des hommes' qu'à Paris, car 'partout ailleurs ce ne sont que des Barbares, qui ne sont solides que pour les choses ennuyeuses et mauvais plaisans pour les agréables' (Best.D465). Cideville, le Normand Cideville, renchérit. Où que Voltaire aille, 'Point de ville comme Paris' (Best. D785).

Cideville prêchait alors un converti. Voltaire recevait souvent des invitations d'une infinité de gens pour se rendre quelques jours ou quelques semaines à la campagne. Il essaie de décliner souvent ces amicales objurgations, en arguant de l'arme par excellence qu'il brandira soixante ans durant: sa mort imminente. Ayant toujours un pied dans la tombe, explique-t-il avec un art consommé, ce serait précipiter le dénouement que de quitter Paris. Sa fortune se trouve d'ailleurs à Paris, souligne-t-il aussi. Ou encore, à Cideville qui doit demeurer, malgré ses préférences, quelques mois par année à Rouen et qui supplie le poète de l'y rejoindre, Voltaire écrit sans rire qu'il le fera de bon cœur . . . quelques semaines plus tard, car 'il faut que j'acoutume un peu le monde à mon absense. Si on me voioit disparoître tout d'un coup on croiroit que je vais faire imprimer les livres de l'antechrist' (Best.D606).

Voltaire ne 'disparaît' donc pas et mène à Paris, le plus longtemps qu'il peut, une vie dont nous pouvons avoir une idée assez précise grâce à un grand nombre de billets qu'il adresse à des amis pour prendre rendez-vous, rappeler une rencontre, préparer une activité, établir le programme du lendemain ou demander un menu service. C'est, on l'imagine, une vie trépidante: invitations à dîner et à souper pleuvent

33

continuellement et Voltaire s'y prête de bonne grâce; mais il doit également poursuivre la publication de ses œuvres, surveiller de près les répétitions de ses pièces, répéter lui-même quand il veut jouer ses tragédies sur des théâtres particuliers, etc. Voltaire, à trente-cinq ans, en pleine possession de ses moyens, savoure intensément tous ces plaisirs. Dans la lettre de juillet/août 1731 dans laquelle il se gausse de la lourdeur normande, il croque allégrement – en contrepoint – un croquis des plaisirs de la ville. En vers, il rappelle à sa correspondante les bons moments passés à Paris (Best.D420a):

> Avec vous, le plaisir arrive:
> A table, à vos côtés, cet aimable convive
> Ne manque guère de s'asseoir.
> Il verse avec le vin cette gaîté naïve,
> Qui brille en mots plaisants, sans jamais les prévoir;
> Donne, aux traits du bon sens, une pointe plus vive,
> & rend, en unissant les grâces au savoir,
> La science agréable & la joie instructive.
> Sur la lyre d'Anacréon,
> Ainsi s'expliquoit la sagesse.

On voit là, cinq ans à l'avance, l'esquisse des joies du *Mondain*, et souvent dans les mêmes termes: 'plaisir', 'à table', 'avec le vin cette gaîté naïve'.

Et pourtant, tout n'est pas rose, à Paris, en cette période. Voltaire reprend, tout d'abord, un grief qu'il avait déjà nourri contre la ville: elle l'empêche de travailler, d'écrire. Il rédige *La Mort de Jules César* et, d'une retraite où il se trouve à Rouen, il écrit à Thieriot (Best.D417):

'le moyen de croire que j'aye fait Cesar et Eriphile, et achevé Charles douze en trois mois! Je n'aurois pas fait pareille besogne à Paris en trois ans. Mais vous savez bien quelle prodigieuse différence il y a entre un esprit receuilly dans la retraite, et un esprit dissipé dans le monde.

Carmina secessum scribentis et otia quærunt.

On voit donc apparaître le thème de la retraite, comme organiquement lié au travail productif; d'ailleurs, même quand il est à Paris, Voltaire, pour écrire, crée autour de lui un climat de retraite, semblable à celui qu'il retrouve hors de la ville: 'J never go out of doors, j see no body but at home. J hope to employ such a studious leisure with Eriphile, the english letters, and the age of Lewis the 14th' (Best.D488). Car si l'agitation de Paris est bien agréable, elle empêche, à la longue, de penser. Autre constatation qui deviendra vite importante pour Voltaire, et qu'il redit à nombre de correspondants (cf., par exemple, Best.D654).

Il s'agit là d'expériences que Voltaire a vécues avant le voyage en Angleterre, et qu'il redécouvre avec agacement, une fois un peu calmée l'euphorie du retour à Paris. Mais ces années 1730-1734 lui feront voir pour la première fois, ou du moins pour la première fois avec intensité, deux caractéristiques qui deviendront, dans le vif de sa sensibilité, indélébilement liées à l'image qu'il se fait de Paris: le fanatisme, et la sottise haineuse des gens de lettres.

Le fanatisme: Voltaire, effaré, le découvre à la mort d'Adrienne Lecouvreur; cette femme admirable, tragédienne de génie, et qui donna dans sa vie maints exemples de l'élévation de son caractère, avait été, un bref moment, la maîtresse de Voltaire; elle l'avait même soigné, quand il avait été atteint, en 1723, de la petite vérole; elle avait surtout inspiré une remarquable passion à celui qui était déjà, plus et mieux que le fade et ambigu Thieriot, le meilleur ami du poète, le comte d'Argental. Protégée, cajolée, adulée par les grands de ce monde, Adrienne, lors de sa dernière maladie, se verra refuser l'extrême-onction, et sa dépouille sera honteusement et ignominieusement ensevelie sur les berges de la Seine. Voltaire compose alors en 1730 la belle *Ode sur la mort d'Adrienne Lecouvreur* (M.ix.369-71). Ce douloureux cri d'indignation est dû, en partie, à la crainte que Voltaire a toujours nourrie de voir ses restes subir le même sort; nous verrons plus tard avec quelle épouvante le poète envisageait une telle éventualité; cette peur de la fosse publique sera, avec quelques autres obsessions (comme le souvenir de la Saint-Barthélemy), un de ces sentiments sur lesquels Voltaire n'avait absolument aucun contrôle, et qui le plongeaient dans des angoisses ou des fureurs abyssales. Ses regrets et ses craintes ne devaient guère être calmés au souvenir de la boutade qu'il avait un jour lancée à Adrienne; la jeune femme lui demandait s'il croyait à l'amour. Et lui de répondre alors qu'il y croyait tellement qu'il mettait dans son testament le suprême désir d'être enterré à côté d'elle pour que leurs cendres demeurent à jamais confondues.[1] Boutade qui se révélera une prophétie, si l'on songe au sort qui sera celui des deux dépouilles! Toujours est-il que, des dizaines d'années plus tard, Voltaire rappellera à ses correspondants l'indignité de ce traitement, et que, toujours, il le liera au fanatisme des Parisiens!

---

[1] Cécile Sorel, *Vie amoureuse d'Adrienne Lecouvreur* (Paris 1925), p.46.

Il profite d'ailleurs de son *Ode* pour faire l'un des innombrables parallèles qui viennent sous sa plume entre Paris et Londres. S'adressant à une jeune actrice, mlle Sallé, il l'apostrophe ainsi:

> Quiconque a des talents à Londre est un grand homme [. . .]
> O toi jeune Sallé, fille de Terpsicore,
> Qu'on insulte à Paris, mais que tout Londre honore.[2]

Cette explosion de Voltaire ne s'explique d'ailleurs pas seulement par son chagrin devant le traitement réservé à l'actrice morte, mais également par le sort qui lui fut bel et bien réservé à lui; son *Ode*, où il osait critiquer les usages ecclésiastiques, attira sur lui les foudres de l'autorité et 'fut le sujet d'une persécution sérieuse qui l'obligea de quitter la capitale';[3] essayant de faire accroire qu'il se trouvait à Londres, il se réfugia en réalité à Rouen, jusqu'à ce que les remous se fussent quelque peu calmés.

La seconde hydre dont Voltaire découvre alors toute l'horreur, ce sera la haine et l'envie des écrivains de Paris à son égard. 'Dès que j'eus l'air d'un homme heureux, tous mes confrères les beaux esprits de Paris se déchaînèrent contre moi', écrit-il trente ans plus tard.[4] Les prémisses de sa querelle avec Desfontaines apparaissent depuis de nombreuses années; l'abbé, qui pourtant devait la vie et la liberté à Voltaire qui l'avait tiré du bourbier où une histoire de sodomie l'avait enfoncé, décochait contre le poète traits sur traits, tous empoisonnés. La publication, en 1733, du *Temple du goût*, dut également déchaîner contre l'auteur la troupe des écrivaillons qui se voyaient écarter du moderne Parnasse. C'est alors que Voltaire écrit son *Epître à madame la marquise Du Châtelet sur la calomnie*, qui pourtant ne sera publiée qu'en 1736. Le poète fait le portrait peu flatté de la société parisienne, et surtout des hommes de lettres qui l'avilissent; ce sera l'un des premiers d'une série qui ira se multipliant et s'élargissant jusqu'à prendre l'allure d'une véritable épopée de la sottise et de l'envie à Paris: évoquant la Calomnie, Voltaire affirme (M.x.284):

---

[2] il s'agit de l'édition originale de l'*Ode*, reproduite en variante in M.ix.371. On peut également rappeler cette condamnation passionnée: il faut, écrit Voltaire, 'faire un peu sentir la différence qu'il y a [. . .] entre l'encouragement que les arts reçoivent à Londres, et l'oppression honteuse sous la quelle ils languissent à Paris' (Best.D407).

[3] Antoine de Caritat, marquis de Condorcet, *Vie de Voltaire*, in M.i.204.

[4] *Mémoires pour servir à la vie de m. de Voltaire, écrits par lui-même* (M.i.34).

> la terre est son empire;
> Mais, croyez-moi, son trône est à Paris.
> Là, tous les soirs, la troupe vagabonde
> D'un peuple oisif, appelé le beau monde,
> Va promener de réduit en réduit
> L'inquiétude et l'ennui qui la suit; [. . .]
> Si, par hasard, quelque personne honnête,
> D'un sens plus droit et d'un goût plus heureux,
> Des bons écrits ayant meublé sa tête,
> Leur fait l'affront de penser à leurs yeux,
> Tout aussitôt leur brillante cohue,
> D'étonnement et de colère émue,
> Bruyant essaim de frelons envieux,
> Pique et poursuit cette abeille charmante,
> Qui leur apporte, hélas! trop imprudente,
> Ce miel si pur et si peu fait pour eux.

Cette 'abeille charmante', on l'a deviné, c'est Voltaire en personne. Les piqûres des 'frelons' seront dans sa vie bien nombreuses!

A l'égard de Paris, les sentiments de Voltaire subiront donc, pendant ces cinq ans, une courbe qui deviendra familière, tant elle se répétera. A la suite d'une absence plus ou moins prolongée, Voltaire revient dans la capitale. Il est ébloui par ses grâces, par les succès qu'il y rencontre, par les flatteries dont on l'accable de partout. Il se plonge avec délices dans ses plaisirs: il mène une vie de mondain raffiné; il épuise toutes les joies de la grande ville, il se laisse aller à l'art d'être heureux et de jouir de la société dont, plus que quiconque, il a l'inimitable secret. Paris est alors la ville par excellence, le centre de l'univers.

Mais parallèlement, et progressivement, Voltaire retrouve des problèmes et des difficultés qu'il avait déjà connus, mais qu'il avait plus ou moins oubliés pendant son exil, volontaire ou non. C'est l'envie qui partout le suit et le harcèle, et qui prendra différents visages: Desfontaines, Fréron, La Beaumelle, Clément, selon les époques de sa vie. C'est la censure, omniprésente, tâtillonne, soupçonneuse, éveillée, bornée: censure civile des officiers du roi et des parlementaires, censure ecclésiastique de la Sorbonne. C'est l'épuisement nerveux qui accable bientôt cet hypersensible, cet 'impétueux', pour reprendre le mot de Delattre. C'est l'absence de pensée, l'impossibilité de penser, qu'entraîne le tourbillon mécanique et frivole du monde. Incapacité de penser, incapacité également d'écrire. Ces années en donnent, pour la deuxième fois, la démonstration: les grandes œuvres publiées alors ont été rédigées en grande partie pendant l'intermède anglais, ou immédiatement à sa suite. Voltaire, littéralement, se vide.

Au début, le poète réagit avec agacement à ces contretemps; puis il s'exaspère, crie, rue dans les brancards dorés de la vie parisienne, s'essouffle, évoque de plus en plus la 'retraite', la bienheureuse retraite qui va lui permettre de se détacher de ce monde brillant, fascinant et épuisant qu'est Paris. Il n'ose pas – n'a pas le courage, ne veut pas – rompre le premier, larguer les amarres, partir. Mais le destin se charge de faire le nécessaire. Le destin? On peut épiloguer sans fin sur ces causes qui viennent, à point nommé, 'l'obliger' à partir. Soyons clairs: causes bien réelles, menaces bien précises: une lettre de cachet, ou son imminence, n'est pas un vain fantôme, le poète l'avait appris à ses dépens dans sa jeunesse. On peut seulement, dans une perspective freudienne, rêver quelque peu devant l'art avec lequel Voltaire s'attire régulièrement les exclusives du pouvoir, qui l'obligent à partir précipitamment, à se réfugier dans une retraite.

Le destin, de toute façon, prit cette fois la forme d'une condamnation des *Lettres philosophiques* au pilori et au feu. D'où lettre de cachet contre l'auteur. Voltaire, en compagnie d'une adorable jeune femme qui était devenue sa maîtresse un an plus tôt, se réfugie à Cirey.

3

Le paradis terrestre: 1734-1739

CIREY est devenu, de plus en plus, pour la critique récente, le grand tournant dans la vie de Voltaire. Par réaction contre la vie agitée qu'il avait pleinement vécue pendant les cinq années précédentes – qu'il avait acceptée avec plaisir, d'ailleurs, comme nous avons tenté de le démontrer, il va se plonger cinq ans durant, avec la même ardeur dévorante, dans l'étude et la réflexion. Ira O. Wade a montré l'étendue de la moisson que l'esprit du poète a alors engrangée.[1] Tout le combat ultérieur contre le fanatisme, et plus tard contre l'infâme, a été préparé à Cirey. L'étude encyclopédique que Voltaire et madame Du Châtelet font de la Bible et de ses commentateurs (l'ineffable Calmet en tête) est le point de départ du *Dictionnaire philosophique*, des *Questions sur l'Encyclopédie*, de *La Bible enfin expliquée*, du *Dîner du comte de Boulainvilliers*, des innombrables *Sermons* et *Catéchismes* qui pleuvront dru comme grêle sur les bien-pensants. Vraiment Cirey fut une 'retraite' fructueuse.

C'est également en 1739, à l'issue du séjour en Champagne, que Voltaire rédige cette *Relation du voyage de M. le baron de Gangan*, 'fadaise philosophique', qui semble bien être la première version de *Micromégas*, et la toute première apparition du conte dans l'œuvre du philosophe. Il n'est pas indifférent de constater que ce Gangan, 'voyageur céleste', réduisait à sa 'juste valeur ce que les hommes ont coutume d'appeler grand' (Best.D2042), ethnographe tranquille de l'univers, comme Voltaire a été pendant cinq ans, 'retraité' à Cirey, l'ethnographe lointain de Paris. L'éloignement remet les choses dans leur juste perspective. C'est cette réévaluation de Paris par Voltaire, si l'on ose dire, qu'il nous faut maintenant examiner.

Il quitte la capitale en hâte – et absolument écœuré:

---

[1] *Voltaire and mme Du Châtelet at Cirey: an essay on the intellectual activity at Cirey* (Princeton 1941).

J'étais las de la vie oisive et turbulente de Paris, de la foule des petits-maîtres, des mauvais livres imprimés avec approbation et privilège du roi, des cabales des gens de lettres, des bassesses et du brigandage des misérables qui dés-honoraient la littérature. Je trouvai, en 1733, une jeune dame qui pensait à peu près comme moi, et qui prit la résolution d'aller passer plusieurs années à la campagne pour y cultiver son esprit, loin du tumulte du monde: c'était Mme la marquise du Châtelet.[2]

Voltaire ne choisit pas au hasard ses adjectifs: vie 'oisive' et 'turbulente' sont bien alors, comme plus tard, deux de ses principaux griefs contre la capitale. Oisive parce qu'on n'y pense pas, turbulente parce qu'on s'y 'énerve', c'est-à-dire, selon le sens du mot au dix-huitième siècle, qu'on s'épuise. Ce n'est pas tout, hélas!

> Allez mes vers aux rivages de Seine,
> N'arrêtez point dans les murs de Paris.
> Gardez vous en; les arts y sont proscrits:
> Des gens dévots la sottise et la haine
> Y font la guerre à tous les bons écrits.
> Vers indiscrets, enfans de la nature, [...]
> Fuyez Paris, n'allez point à la cour
> Si vous n'avez onguent pour la brûlure. [3]

Le temps cicatrise pourtant toutes les blessures. A peine a-t-il fui le danger, à peine est-il en sécurité, que Voltaire oublie ses mésaventures; la période de Cirey est un des moments les plus heureux dans la vie de Voltaire. Entouré de l'affection d'une des femmes les plus intelligentes du siècle, voyant poindre à l'horizon l'astre brillant de Frédéric qui l'appelle 'mon ami' et le traite avec la déférence d'un disciple, stimulé intel-lectuellement par l'esprit incisif et le savoir d'Emilie, n'ayant pas encore – loin de là – rejeté par le sarcasme l'optimisme de Leibniz, l'anti-Pascal se forge alors une philosophie du bonheur dans l'élaboration de laquelle la démonstration abstraite et raisonneuse cède le pas à la plénitude du vécu, aux satisfactions des sens, du cœur et de l'esprit, et à l'euphorie où le plonge le magnifique décor qu'il a su créer autour de lui. 'A Cirey s'harmonisèrent pour quelques années ces deux exigences contraires qui sont le fond du tempérament de Voltaire: goût de la curiosité, et besoin de sécurité. Ce qu'il avait compris au cours de sa vie "mondaine", c'est que la curiosité est éminemment dangereuse [...]. Or Cirey est large-

[2] *Mémoires pour servir à la vie de m. de Voltaire, écrits par lui-même*, M.i.8.
[3] Best.D841. Ces vers sont adressés à Cideville, à Rouen, d'où l'allusion aux 'rivages de Seine'.

ment ouvert sur un aspect du monde [. . .] Mais Cirey est aussi un asile sûr.'[4] Dans cette ambiance irisée de bonheur, Paris perd ses aspérités. D'ailleurs, l'orage déclenché par les *Lettres philosophiques* s'apaise, et le lieutenant de police Hénault annonce à Voltaire, le 2 mars 1735, que les autorités lui permettent de revenir dans la capitale, '[à] condition que vous vous occuperés icy d'objets qui ne donneront plus aucun sujet de former contre vous les mêmes plaintes que par le passé' (Best.D848).

Voltaire peu à peu se crée par l'esprit un Paris conforme à ses vœux, à l'idéal qu'il se fait. Curieuse alchimie que celle qui se produit alors! En dépit des Desfontaines, des Jorre et des Josse,[5] il magnifie la vie de la capitale et, d'un adjectif, il crée un type, le Mondain, qui est encore aujourd'hui le synonyme parfait d'une volupté un peu païenne, d'un épicurisme raffiné, le symbole même d'une façon de vivre que l'on a toujours liée à la vie parisienne.

Déjà, dès juin 1735, à un jeune écrivain de province, Voltaire affirme: 'Je vous aimerais mieux [. . .] à Paris, qu'à Rennes. Il faut de grands théâtres pour de grands talents, & la capitale est le séjour des gens de lettres' (Best.D888). Curieuse réflexion sous la plume de celui qui n'a cessé de vitupérer contre les gens de lettres de la capitale. En janvier 1736, *Alzire*, sa tragédie 'amériquaine', est un véritable triomphe. Voltaire fait quelques mois plus tard un séjour à Paris qui est assez bref pour ne pas réveiller les fantômes familiers, mais assez long pour lui permettre de savourer le succès, toujours renouvelé, de sa pièce. La correspondance livre alors un curieux document qui permet de mieux saisir une certaine propension de Voltaire à la jérémiade et de mieux comprendre ce que sa rhétorique peut avoir de circonstanciel. Le 6 mai, il écrit à Cideville: 'Mon cher amy je suis accablé d'affaires, de maladies, et de chagrins. Je suis à Paris depuis douze jours comme dans un exil, et je m'en retourne bien vite'; et pourtant, la veille, le 5 mai, mme Du Châtelet écrivait à Algarotti: 'Voltaire est toujours dans cette grande vilaine ville à jouir de son triomphe; on est fou de lui. Je serais bien

---

[4] Van Den Heuvel, *Voltaire dans ses contes*, p.109.

[5] ses multiples démêlés avec la valetaille des lettres ou avec les censeurs de tout bord arrachent encore à Voltaire, à l'occasion, des imprécations que leur véhémence ne nous permet pas d'ignorer: 'Je suis très mécontent & n'ai nulle envie de revenir à Paris' (Best. D1181). 'Il n'y a pas d'apparence que je revienne jamais à Paris, m'exposer encor aux fureurs de la superstition et de l'envie. Je vivray à Cirey, ou dans un pays libre. Je vous l'ay toujours dit. Si mon père, mon frère ou mon fils étoient premiers ministres dans un état despotique j'en sortirois demain, jugez ce que je dois éprouver de répugnance en m'y trouvant aujourdhuy' (Best.D1291). Et enfin cette formule lapidaire: 'Les heureux n'ont pas besoin de Paris: nous n'irons point' (Best.D1382).

fâchée que les honneurs changeassent les mœurs' (Best.D1071, D1072). La jalousie possible de la jeune femme, qui appréhende l'éloignement de Voltaire, n'explique pas uniquement ce ton sentencieux. Le témoignage des autres lettres de cette époque montre un Voltaire qui dissimule avec peine son bonheur et son exubérance.

Le *Mondain*, qui est de 1736, s'élabore donc tranquillement pendant les deux années qui précèdent sa parution, à la suite de la conjonction de plusieurs facteurs: le bonheur dont Voltaire jouissait alors avec la 'divine Emilie', l'idéalisation inconsciente de Paris, et la lecture de certains ouvrages qui lui révèlent les thèses des mercantilistes anglais, et surtout de Mandeville. Voltaire a peut-être lu l'*Essai historique et philosophique sur le goût*, de Cartaud de La Villate, qui, au même moment, érige en théorie articulée ce que Voltaire ne traitera qu'en poète.[6] Il a surtout beaucoup réfléchi sur l'*Essai politique sur le commerce* (1734), de Melon, qui reprend la thèse centrale du père de la *Fable of the bees*.

Au début de sa fable, Mandeville affirme que la ruche, comme la société humaine, est bâtie sur l'égoïsme, l'orgueil, l'ambition; et pourtant, la ruche est prospère.

> Millions endeavouring to supply
> Each other's Lust and Vanity.[7]

Les 'dévots' de la ruche s'élèvent contre ces 'vices' utiles. Jupiter les exauce, et fait régner parmi les abeilles l'ordre moral. Catastrophe! (i.13, 21):

> What Consternation
> How vast and sudden was th'Alteration! [. . .]
> As Pride and Luxury decrease,
> So by degrees they leave the Seas [. . .]
> All Crafts and Arts neglected lie.

On comprend que la morale de la fable ait fait bondir les autorités de tous bords, partout en Europe (i.23-24):

> Then leave Complaints: Fools only strive
> To make a great and Honest Hive.
> T'enjoy the World's Conveniences,

---

[6] cf. Hans Kortum, 'Frugalité et luxe à travers la querelle des anciens et des modernes', *Studies on Voltaire* 56 (1967), pp.765-75.

[7] *Fable of the bees*, i.3, citée in F.B. Kaye, 'The influence of Bernard Mandeville', *Studies in philology* 19 (1922), pp.83-108.

Be fam'd in War, yet live in Ease,
Without great Vices, is a vain
Eutopia seated in the brain.
Fraud, Luxury, and Pride must live,
While we the Benefits receive [. . .]
So Vice is beneficial found
When it's by Justice lopt and bound.

La filiation entre cette œuvre et le *Mondain* est directe. Voltaire, dans son poème (distribué en manuscrit en septembre 1736), se gausse tout d'abord du 'bon vieux temps' et de 'l'âge d'or' tout en louant 'ce siècle de fer'. Notre bon père Adam, aux ongles longs et crasseux, à l'aspect sale et repoussant, ne peut avoir fait 'l'amour' avec 'madame Eve, ma mère', guère plus flattée, puisqu'il s'agissait, dans ces conditions, d'un 'besoin honteux'. En comparaison, quel est le train de vie d'un 'honnête homme/ Soit à Paris, soit dans Londres ou dans Rome'? Sa maison est le refuge des beaux-arts, elle regorge des ouvrages du Corrège, de Poussin, de Bouchardon, de Germain. Son jardin, également, est une œuvre d'art. A son service, des dizaines d'artistes travaillent et gagnent leur vie. Dans ce décor brillant, l'amour avec 'Camargo, [. . .] Gaussin, [. . .] Julie' est 'tendre', le souper est un chef-d'œuvre où les ragoûts offerts dans de brillants services, arrosés de vins fins, sont un enchantement. La pièce se termine sur une chiquenaude aux champions de l'apologétique biblique, Huet, Calmet, et par le vers fameux: 'Le Paradis terrestre est où je suis' (*Mondain*, p.139). Ce dernier vers a une histoire, et une signification. Dans les manuscrits, ainsi que dans la première édition, on lisait: 'Le Paradis terrestre est à Paris.' Et c'était bien ainsi qu'au début Voltaire voulait livrer son message: le bonheur du Mondain ne pouvait être vécu qu'à Paris, centre des arts, de la beauté et du goût, puisqu'on y applaudissait si fort *Alzire*. Mais l'autre Paris ne tarde pas à se manifester à notre philosophe: la diffusion accidentelle du *Mondain* déchaîne contre lui une telle levée de boucliers,[8] des menaces si précises

---

[8] en voici un spécimen: Piron publie en 1738, à La Haye, un recueil de plusieurs pièces, dont un *Anti-Mondain*, où il apostrophe Voltaire:

Or, maintenant, notre ami du bel air,
Qui vous moquez impunément du monde,
Vantez-nous bien votre siècle de fer,
Vantez-nous bien votre cœur très immonde, [. . .]
Vous, dis-je enfin, qui, pour dernier exemple,
Venez de faire assemblage nouveau,
Et, comme on dit, une galimaffrée,
D'Eve, d'Adam, de Saturne et de Rhée,

que Voltaire quitte précipitamment Cirey, se réfugie deux mois hors de la France, et rédige sa féroce *Défense du Mondain* où il malmène le 'maître cafard' qui, tout en vantant la vertu, n'en jouit pas moins des douceurs de la vie. Cette persécution réveille Voltaire, le secoue. Le Paradis terrestre est dorénavant où il est, c'est-à-dire partout où il saura le façonner de ses mains; le Paradis terrestre sera à la conjonction de ces deux idéaux que Voltaire essaie de concilier depuis longtemps: les douceurs de Paris, et la liberté dont Paris semble être la négation continuelle. Le Paradis terrestre est, pour le moment en tout cas, à Cirey, comme il le dit en toutes lettres à Formont et à Richelieu (Best.D1410, D1766), et comme le fait finement remarquer André Morize, qui a établi un parallèle très suggestif entre le décor où vit le Mondain et celui de Cirey, tel que nous le connaissons en détail par une lettre de mme de Graffigny du 6 décembre 1738 (*Mondain*, pp.31-33).

Ce Paradis terrestre est aussi, nous l'avons vu, une retraite. Or, la retraite est synonyme de travail: Voltaire le répète de manière plus catégorique dans ses *Discours en vers sur l'homme*, qui datent de décembre 1737-janvier 1738. Le quatrième Discours, *De la modération en tout*, est porteur d'une mâle philosophie de l'étude, qui aurait suffi à faire taire ceux qui prétendaient voir dans le *Mondain* et sa *Défense* une invitation au sybaritisme, à la paresse, à la gloutonnerie, bref, à une forme de veulerie (*Mélanges*, pp.226-27):

> Le travail est souvent le père du plaisir [. . .]
> Un dieu qui prit pitié de la nature humaine
> Mit auprès du Plaisir le Travail et la Peine.

Le cinquième Discours, *Sur la nature du plaisir*, va beaucoup plus loin. On y sent les accents d'une certaine sagesse un peu lasse du monde; Voltaire y révèle une mentalité de 'retraité', actif mais néanmoins amoureux d'une certaine solitude, ce qui n'est plus pour nous étonner (*Mélanges*, p.230):

> Dieu des êtres pensants, Dieu des cœurs fortunés,
> Conservez les désirs que vous m'avez donnés,

> Assortiment digne d'un tel cerveau,
> Plaçant le bien de la nature humaine
> Dans un bouchon qui frappe au soliveau,
> Ou bien à voir une tête de veau
> Qui dans un char mollement se promène.

Cité in Morize, *L'Apologie du luxe au XVIIIème siècle et 'Le Mondain' de Voltaire*, pp.173-74.

Ce goût de l'amitié, cette ardeur pour l'étude,
Cet amour des beaux-arts et de la solitude:
Voilà mes passions; mon âme en tous les temps
Goûta de leurs attraits les plaisirs consolants.

Enfin le sixième discours, *Sur la nature de l'homme*, amène le balancier à l'extrémité de son oscillation: la 'sagesse', proclame un Voltaire qui semble légèrement désabusé, est de vivre 'loin des cités' (*Mélanges*, p.235). Ces quelques exemples amènent une parenthèse: Voltaire le papillonnant, Voltaire 'l'extroverti' se livre bien plus souvent à nous dans ses œuvres qu'on ne le croyait jusqu'à maintenant. Comme Van Den Heuvel l'a montré brillamment en étudiant les contes, Voltaire volontiers se confie. Il suffit de dater précisément une œuvre, de la confronter avec le témoignage de la correspondance pour la même époque, pour voir que l'une conforte, renforce l'autre. Il s'agit là, pour la connaissance de l'écrivain, d'un filon que l'on exploite de plus en plus, et qui se révèle, comme nous venons de le voir, d'un grand secours.

Voltaire, en 1734, avait quitté sa ville natale inquiet et rageur; mais il s'était vite réconcilié avec son souvenir; le succès d'*Alzire*, un penchant naturel pour Paris qu'aucune persécution ne venait plus contrarier à Cirey, la jubilation à peine contenue qui semble être le fond du tempérament du poète en cette période heureuse, culminent dans la rédaction du *Mondain*: Paris est la civilisation, proclame l'amant rassasié d''Emilie-Neuton'. Mais Cirey a aussi des charmes puissants: Voltaire se laisse prendre à eux à un point tel qu'il y voit son 'Eden', comme il l'écrit une fois à Thieriot. En 1738, les *Discours en vers sur l'homme* traduisent l'apogée de cette tendance: la retraite, la solitude, l'étude, voilà les mots-clés de cette époque. Mais le balancier était allé trop loin; il devait reprendre son oscillation.

Il le fait en 1739, avec une force étonnante. Voltaire semble alors saturé de Calmet, de Huet, du Pentateuque, comme de Newton et de la gravitation. Reposé, remonté, ayant la pleine maîtrise de ses ressources mentales, psychiques, nerveuses et intellectuelles, son appétit pour Paris revient avec une brutalité déconcertante. Le 10 janvier, mme Du Châtelet attache le grelot. Elle sent confusément que Voltaire ne lui appartient totalement qu'à Cirey. A Paris, il va lui échapper. Or, il veut aller à Paris. Elle supplie d'Argental, 'l'Ange' gardien', de l'en dissuader: 'Il vouloit aller à Paris, i'ay paré le coup ou plutost ie l'ay suspendu. Mandés lui combien il feroit mal de quitter Cirey et de se montrer dans ces circonstances [l'affaire Desfontaines]' (Best.D1763). Le 12 janvier, elle revient à la charge: 'Oposés v̄s surtout au voyage de Paris' (Best.D1767). Une semaine plus tard, le ton devient véritablement pathétique: 'Ie passe ma journée à essuier des combats sur le voyage de Paris, dont il meurt d'enuie. Ie v̄s demande à genoux de lui mander qu'il feroit très mal' (Best.D1800). Voltaire lui-même, avec le goût de l'exagération qu'on lui a déjà vu, annonce à Lefranc de Pompignan, qui n'est pas encore la cible des *Quand* et autres *Pour, Que* et *Qui*, qu'il espère 'aller dans quelques années à Paris' (Best.D1977). Il est plus précis quand il écrit à Frédéric: 'il y a apparence qu'au retour des Pays-Bas [où il se trouvait avec Emilie depuis quelques jours] nous songerons à nous fixer à Paris' (Best.D1978). Ce retour ne se fait pas assez vite à son goût, et Voltaire devient nostalgique: 'Continuez, mon cher ami, à m'écrire de très longues lettres qui me dédommagent de tout ce que je ne vois pas à Paris' (Best.D2038), dit-il à Berger. Le moment si désiré approche. Voltaire, immédiatement, presque instinctivement, se mue en ethnologue: 'Enfin nous partons pour Paris. Nous sommes des étrangers qui venons voir ce que c'est que cette ville dont on disait autrefois tant de bien' (Best.D2065). C'est Voltaire-Usbek, Voltaire-Riga, Voltaire-Babouc, Voltaire-l'Asiatique[9] qui s'approche de cette fascinante Persépolis, dont le procès, toujours recommencé, n'est jamais clos, Voltaire le perpétuel 'étranger', qui ne cesse de sonder les reins et les cœurs de cette statue de boue et de pierres précieuses. C'est le Voltaire héritier d'une tradition d' 'observateurs' déjà longue au dix-huitième siècle, et qui avait déjà eu ses lettres de noblesse, bien avant l'arrivée des voyageurs perses de Montesquieu à Paris, quand Don Cléophas Léandro Perez Zambullo se laisse mener par le diable boiteux Asmodée à la découverte de Madrid[10].

Le poète et mme Du Châtelet entrent à Paris le 24 août 1739. Pour Voltaire, ce sera le dernier séjour dans la capitale. Entrecoupé des habituels déplacements, il durera onze ans. Voltaire va-t-il amadouer la moderne Babylone, l'aimer et s'en faire aimer?

---

[9] dans un *Discours sur les contradictions de ce monde*, paru en 1742 et dont les éditeurs de Kehl feront la première partie de l'article 'Contradiction' du *Dictionnaire philosophique*, Voltaire affirme que si l'on voulait examiner les 'contrariétés de la société', il faudrait écrire l'histoire d'un Asiatique qui viendrait visiter la France et dont le regard neuf mettrait impitoyablement à jour toutes les tares de l'organisation sociale (M.xviii.231).

[10] *Le Diable boiteux* de Lesage est de 1707.

4

Le mondain et le philosophe: 1739-1750

❧

LES retrouvailles de Voltaire et de Paris sont curieuses; nous avons vu le poète obsédé par l'idée de revenir dans sa ville natale, et en même temps dans une espèce d'expectative, comme quelqu'un qui désire juger sur pièces avant de se prononcer. Or, à peine est-il dans la capitale si ardemment désirée, qu'il se dépêche de la quitter, exactement soixante-six jours plus tard! Il est vrai que le procès de la marquise Du Châtelet à Bruxelles, et 'l'amitié' qu'il porte à Emilie, sont une raison suffisante pour expliquer ce départ, mais les amis parisiens en sont néanmoins surpris et le brave Cideville supplie le poète de ramener 'l'adorable Emilie [. . .] avec cent mille écus de plus' car, ajoute-t-il dans un élan de lyrisme, Paris est 'a tous deux vostre Patrie, c'est le temple Le plus spacieux de l'univers, c'est l'autel [. . .] où Le mérite et les talens sont plus en vüe' (Best.D2107). Ces objurgations du bon magistrat rouennais reflètent bien ce que l'on pensait et disait dans toute l'élite européenne, ce que Voltaire, de toute façon, pensait souvent lui-même . . . quand il se trouvait à Cirey! Mais Voltaire sera toujours soumis à de fortes pressions de la part de ses amis pour le ramener dans le giron de sa ville natale; plus tard, quand il sera devenu la figure centrale de l'Europe civilisée et cultivée, c'est une véritable cabale que les fidèles à Paris monteront pour l'inciter à quitter ses retraites et à revenir jouir parmi eux de son 'juste triomphe'. Et pourtant, Voltaire quitte Paris, en cette fin d'année 1739; il court à Cirey, puis à Bruxelles; toute l'année suivante, il sillonne les routes de la Belgique, des Pays-Bas, de l'Allemagne, rencontre Frédéric, revient en 1741 passer presque toute l'année à Bruxelles, où l'interminable procès approche enfin de son terme. Avec la marquise, le voilà donc, le premier novembre, à Paris. Va-t-il y rester? Nenni! En décembre, à nouveau en carrosse, il vise 'Cirey-en-Félicité' où il se trouve le 22. Infatigable, il visite la Franche-Comté en janvier 1742, revient dans la capitale vers la mi-février, y demeure un peu plus longtemps (en juin il est à Versailles), mais court les routes qui mènent à Bruxelles à la fin d'août. En novembre, il réintègre le 'faux-bourg st Honoré', pour sept mois entrecoupés de mille déplacements à Versailles et ailleurs. Il reprend en juin 1743 son bâton de pèlerin de la Belgique, des Pays-Bas et de l'Allemagne, pour revenir encore une fois à Paris le 23 novembre. Il s'agira de la troisième année consécutive au cours de laquelle Voltaire revient dans la capitale au mois de novembre, comme si la proximité immédiate de l'hiver, la crainte des intempéries, des longues soirées, de l'ennui, le poussaient vers le hâvre de lumières, de bruits et de mouvements que la 'saison' mondaine ramenait chaque année dans la ville. Voilà encore un élément qui se répétera à maintes reprises: Paris se pare de ses plus beaux atours dans l'imagination voltairienne quand les premiers frimas, les premiers vents froids, les premières giboulées d'Alsace, de Suisse ou du Pays de Gex assaillent le frileux poète.

Au cours donc de ces quatre années qui vont d'août 1739 à novembre 1743, c'est à un véritable va et vient que Voltaire se livre entre Paris et la province ou l'étranger. Que signifient ces innombrables départs et retours? Qu'est-ce qu'ils révèlent, ou plutôt qu'est-ce qu'ils veulent cacher? Qu'est-ce que Voltaire découvre dans cette ville où son retour faisait si peur à Emilie-Neuton? Cette manie de Voltaire de partir et de revenir tout le temps cachait-elle une coquetterie inconsciente, le besoin inavoué de se faire désirer, d'être attendu avec impatience et bien accueilli? On serait tenté de le croire, quand on le voit souligner à Thieriot, en évoquant son arrivée imminente à Paris: 'On dit qu'on y reçoit assez bien les étrangers qui voyagent.'[1]

Le témoignage de la correspondance n'est pas très abondant pour nous éclairer parfaitement sur les motifs de Voltaire, mais il va toujours dans le même sens: le philosophe se plaint à nouveau de n'être pas bien à Paris, de n'y avoir ni sa 'raison', ni 'le temps de penser', car 'Le tourbillon du monde est cent fois plus pernicieux que ceux de Descartes',[2]

---

[1] Best.D2065. Cette réflexion de Voltaire est recoupée par celle de John Moore, qui affirmait qu' 'après les femmes, le premier titre, à Paris, c'est celui d'étranger' (Charles Kunstler, *La Vie quotidienne sous Louis XVI* (Paris 1950), p.95).

[2] Best.D2086. Ce 'tourbillon' n'est pas seulement une figure de style. Dans une lettre de septembre 1739 à mme de Champbonin, Voltaire décrit le 'gouffre' de Paris, 'où se perdent le repos et le recueillement de l'âme': 'Je vais, je viens; je soupe au bout de la ville, pour souper le lendemain à l'autre. D'une société de trois ou quatre intimes amis, il faut voler à l'Opéra, à la Comédie, voir des curiosités comme un étranger, embrasser cent personnes en un jour, faire & recevoir cent protestations, pas un instant à soi, pas le temps d'écrire, de penser ni dormir.' Et, devant une image déjà quasi romantique, on est tenté de

ce qui n'est pas peu dire, si l'on songe au véritable éreintement dont a été victime le malheureux mathématicien français à Cirey, succombant aux attaques conjuguées d'Emilie et de Newton! Frédéric, qui est à la veille de devenir roi, s'étonne auprès de son maître en versification que cette 'ville fameuse' ne lui fasse pas meilleur accueil et que son séjour y soit 'mêlé [...] d'amertume' (Best.D2090). Les griefs oubliés de Voltaire ressurgissent et, devant l'interdiction de jouer *Mahomet* à Paris, et le grand succès de la première représentation de la tragédie à Lille, l'écrivain retrouve les accents indignés d'antan: 'Mon sort d'ailleurs a toujours été d'être persécuté dans cette capitale, et de trouver ailleurs plus de justice' (Best.D2477).

Pourtant, le témoignage de la correspondance ne peut alors être seul concluant, car il est trop fragmentaire. En réalité, ces quatre années qui amènent progressivement la redécouverte de Paris après l'intermède champenois sont fidèlement reflétées dans *Le Monde comme il va*. On sait que ce conte fut publié en 1748, mais Jacques Van Den Heuvel a montré, en relevant de frappantes similitudes entre le texte du conte et la correspondance ou d'autres écrits de cette époque, que la genèse du voyage de Babouc date des années 1739-1742.

Le Scythe Babouc est donc envoyé en mission par le génie Ituriel à Persépolis pour décider si la ville sera détruite à cause de ses vices. Regard neuf, s'il en fut, et qui permet à Voltaire d'heureux effets comiques, comme ce passage où, pénétrant dans une église, Babouc 'crut être dans un marché où l'on vendait des chaises de paille'.[3] Or, que va faire Babouc, que va-t-il penser, dire, décider? Il va constamment osciller entre l'extrême dégoût et l'extrême indulgence, sinon l'approbation tacite. Il y a, dans ce balancement du Scythe qui n'arrive pas à se faire une opinion fixe, un parallélisme exact avec ce mouvement perpétuel de Voltaire qui n'arrive pas à se fixer dans la ville plus de quelques mois.

Babouc-Voltaire est tout d'abord dégoûté de la malpropreté de Persépolis-Paris, et décide que la Providence ferait bien de détruire la ville pour en rebâtir une autre. Mais il n'y a pas que des quartiers malpropres! A 'l'autre bout de la ville', de magnifiques palais, des ponts et

déceler une certaine complaisance inavouée pour 'cette tempête continuelle, [...] ce roulis de visites, [...] ce chaos éclatant' (Best.D2082).

[3] Bénac, p.69. Le personnage du 'Scythe' est vraiment, pour Voltaire, synonyme d'explorateur. On le rencontre dans ce conte et dans la tragédie des *Scythes*, mais on retrouve également un Scythe curieux qui veut découvrir Athènes dans *Le Russe à Paris* (M.x.127).

49

des quais superbes portent condamnation de l'outrecuidance de l'ange Ituriel, qui 'se moque du monde de vouloir détruire une ville si charmante'.

Notre Scythe réconcilié avec la ville ne le demeure pas longtemps. Le délabrement moral, l'hypocrisie des dames et des directeurs de conscience, la vénalité des charges, la 'mise à l'encan des dignités de la paix et de la guerre', les 'quarante rois plébéiens qui tenaient à bail l'empire de Perse', entendez les fermiers généraux, tout cela justifie soudain à ses yeux et Ituriel et ses foudres vengeresses.

Mais l'oscillation reprend en sens contraire quand Babouc découvre la vertu didactique du théâtre, la vertu économique et sociale du luxe et du commerce (Mandeville et Melon ne sont pas loin); si 'Ituriel aurait tort de tant se fâcher', c'est que Babouc n'a pas encore mené à terme son enquête: les 'mages', leurs congrégations, leurs richesses, leur dépendance à l'égard du 'Pontife-roi du Thibet', tout le révolte à nouveau, et Ituriel est invité dare-dare à détruire 'toute cette engeance', à laquelle il fallait adjoindre la 'vermine' des gens de lettres. Hélas! encore une fois l'impétuosité de Babouc a failli le tromper, car un vieux lettré révèle à l'envoyé qu'il existe quand même des écrivains qui ne sont pas 'envieux' et des 'mages [. . .] vertueux'.

Babouc, qui était donc 'fort incertain sur ce qu'il devait penser de Persépolis', est amené insensiblement à excuser les excès en leur découvrant, en contrepartie, des bienfaits moins apparents de prime abord. C'est exactement la trajectoire suivie par Voltaire pendant ces années. Il découvre, bien sûr, d'emblée, que Paris a des pieds de boue; il découvre que la foule des envieux n'a pas désarmé (la *Voltairomanie* de Desfontaines est de 1738); il est tenté de pester contre la ville, de blasphémer, de condamner radicalement; il rage, il part à Bruxelles, à La Haye, à Cirey, mais il revient chaque fois, comme incapable de résister à un magnétisme qu'il s'épuise à combattre. Et peu à peu, les préventions tombent, il écarte toutes les objections rationnelles, il se laisse aller bientôt, comme l'envoyé d'Ituriel dans la capitale perse, à goûter 'la gaieté, l'esprit, et les grâces' de la société parisienne.[4] Il accepte lui aussi de vivre au milieu de ce 'peuple [. . .] poli, doux et bienfaisant, quoique léger, médisant, et plein de vanité'. La conclusion est connue: Babouc

[4] il est instructif de constater que, écrivant à Hénault le 31 octobre 1740, Voltaire ne s'exprime pas différemment: 'toute cette finesse et toutes ces grâces naturelles qui ne sont à Paris que le partage d'un petit nombre de personnes, et qui font cependant la réputation de Paris' (Best.D2356).

ramène à Ituriel une statue qui personnifie la moderne Sodome, statue faite de boue et de pierres précieuses (Bénac, pp.66-80). Mais Voltaire, que Paris, pour la première fois depuis bien longtemps, va combler de gloire et de vanités, n'aura d'yeux, pendant deux ans, que pour les pierres précieuses. Nous approchons du point culminant de cet étrange roman d'amour qui s'est révélé jusqu'à maintenant, le plus souvent, à travers la fureur exacerbée des imprécations et des insultes. Les retrouvailles vont se muer en épousailles, brèves mais éclatantes. Nous verrons que le ver était déjà dans le fruit.

Vers le 10 juin 1743, Voltaire quitte Paris: ses adversaires – et ils sont légion – se réjouissent: Voltaire, dit-on, est exilé, il est honni des ministres, c'est la disgrâce totale; on affirme même qu'il est sur le point d'être arrêté. La vérité est différente, comme la dévoile, entre autres, une lettre secrète de mme de Tencin au duc de Richelieu: Voltaire est parti comme espion de la cour de France auprès de Frédéric, et pour endormir la méfiance du roi de Prusse, on a monté toute une comédie pour créer de toutes pièces un 'prétendu exile' (Best.D2774a). La réalité est encore légèrement différente; c'est Voltaire qui, saisi de l'ambition de jouer un rôle politique, a suggéré à Amelot et Maurepas de profiter de l'amitié de Frédéric pour lui extorquer des renseignements et en faire profiter son pays.

Ce faux exil nous vaut pourtant une des plus curieuses lettres qui soient, qui jette un éclairage différent sur les relations de Voltaire avec la cour à cette époque; la marquise Du Châtelet écrit à un correspondant non identifié, mais que Theodore Besterman estime être mme d'Argental (Best.D2797a). Elle lui affirme que le roi est 'fâché' du départ de Voltaire, que ce dernier

a eü de faux auis, et qu'il a Eté mal informé des sentimens du roy sur son compte. S.m. estime sa personne et ses talens, et est bien Eloignée de vouloir qu'il les porte dans les payis étrangers [...] Elle m'a chargé de faire sauoir à m^r de Voltaire qu'il veut absolument qu'il reuiene, [...] Ie v̄s prie donc madame de v̄s charger de faire sauoir la volonté du roi à m^r de Voltaire. Il ne doit point craindre ses ennemis. S.m. est trop judicieuse pour se laisser préuenir.

Pour expliquer tout ce que cette lettre a de curieux, Theodore Besterman émet l'hypothèse qu'il s'agit d'un 'complot' ('plot') monté conjointement par Emilie et le ministre Maurepas pour ramener Voltaire dans le sein de 'l'establishment' parisien. Il s'agirait bien là de la seule et unique fois dans toute sa vie où les autorités en place auraient désiré le retour de l'enfant prodigue à Paris, et auraient agi dans ce sens! Toujours est-il qu'à la suite de l'échec de sa 'mission' et de son retour en novembre à Paris, Voltaire commence effectivement sa période de plus grande faveur auprès de la cour, au cours de laquelle il verra pleuvoir sur lui honneurs et charges. Historiographe de France, gentilhomme ordinaire de la cour, membre de plusieurs académies, dont la tant convoitée Académie française, 'baladin des rois', tout lui réussit, et il en est ravi, et Paris se colore à ses yeux des reflets irisés qu'y projette la vanité comblée! Même si Voltaire, bien des années plus tard, s'est gaussé de ces faveurs, qui suivirent surtout le succès remporté par sa *Princesse de Navarre* aux fêtes du mariage du Dauphin:

> Mon Henri quatre et ma Zaire
> Et mon Américaine Alzire
> Ne m'ont valu jamais un seul regard du Roi.
> J'avais mille ennemis avec très peu de gloire;
> Les honneurs et les biens pleuvent enfin sur moi,
> Pour une Farce de la Foire[5]

il n'en demeure pas moins que c'est de l'année 1744 que datent, dans sa correspondance, les accents les plus dithyrambiques pour Paris. C'est alors que Voltaire franchit le pas, et restitue à la capitale le titre de 'paradis terrestre' qu'il lui avait ôté, après certaines hésitations, dans son *Mondain* (Best.D2931):

Notre flotte est à la voile, et tout Paris est au bal. On rejoue Mérope avec un succez prodigieux [. . .] Je suis bien fâché que vous ne puissiez pas voir notre spectacle. Jamais il n'a été si parfait, j'entends de la part des acteurs. Je ne sçai pas ce qu'on fera sur la frontière, mais Paris sera toujours le paradis terrestre. Musique, soupers, bals, téâtres, amours, sciences, société, il ne me manque ici que vous.

C'est également de l'année 1745 que date la liaison de Voltaire avec mme Denis, qui nous vaut la précieuse correspondance que l'on sait. Tout donc se ligue pour que Voltaire, tous ses buts atteints, soit enfin totalement, pleinement heureux. Et pourtant, l'autre son de cloche auquel nous sommes déjà habitués résonne encore, au milieu du tintamarre de la fête! A sa nièce, le poète, déplorant le 'tourbillon du monde', jure qu'il veut vivre 'seul' avec elle 'seule', 'ignoré de toute la terre', 'loin des

---

[5] *Commentaire historique sur les œuvres de l'auteur de la Henriade* (M.i.89).

rois, des courtisans et des baladins' (Best.D3287, D3299, D3305). Il se dit 'fatigué du monde', mais il avoue aussi qu'il a passé toute la journée 'a courir de rue en rue' (Best.D3287, D3296). Voltaire d'ailleurs est un lucide, il diagnostique parfaitement ce qui lui arrive: 'Je rougis d'être si philosofe en idée, et si pauvre homme en conduitte' (Best. D3305), et enrageant de se découvrir si faible devant les séductions du monde, si contradictoire et en même temps si incapable de résister à cette contradiction, il fulmine contre Versailles, ce 'pays' qu'il 'abhore' (Best.D3272).

Toute glose serait presque inutile après les déclarations qui précèdent. Voltaire lui-même, avec cette pénétrante intelligence qu'il applique à tout, et ici à lui-même, nous dit le fin mot de toute cette oscillation à l'égard de Paris que nous avons décelée dans les pages qui précèdent, oscillation cyclique, étalée dans le temps, ou alors concentrée en quelques semaines, et qui provoque chez lui des outrances verbales assez singulières! L'écrivain sent en lui, cohabitant difficilement, se combattant le plus souvent, deux tendances dont aucune n'arrive à prendre de manière décisive le pas sur l'autre: la tendance du mondain, et celle du 'Suisse' Voltaire. Le Voltaire mondain est celui qui, en société, brille de tous ses feux et est incapable de cacher aux autres, ou à lui-même, tout le plaisir qu'il en retire. Madame Denis est perspicace quand elle souligne 'le faible qu'a M. de Voltaire pour la cour et pour les rois'. C'est, dirions-nous, le Voltaire viscéral, impétueux, qui réagit ainsi. L'autre Voltaire est celui qui raisonne, réfléchit froidement, et découvre l'inanité de la vie épuisante qu'il mène à Paris. Voltaire impétueux contre Voltaire rationnel, ou, pour reprendre les termes qu'il a lui-même opposés depuis sa jeunesse, Voltaire le mondain, le 'pauvre homme', contre Voltaire le philosophe: c'est, somme toute, ce balancement perpétuel, ce conflit pratiquement insoluble qui aura dominé le vie du grand homme, en aura déterminé les méandres, précipité le cours ou fixé les principales étapes.

Ce qui exaspère particulièrement Voltaire, c'est de se découvrir – pour le moment du moins – démuni devant ce combat qui se déroule en lui; Voltaire l'incisif analyse froidement et parfaitement les conséquences de cette lutte, mais il ne peut le plus souvent que les transcrire. Il rapporte à ses amis d'Argental l'inscription qu'il a fait graver sur la porte de sa galerie à Cirey, et que l'on peut encore lire aujourd'hui (Best. D2963):

Azile des beaux arts, solitude où mon coeur
Est toujours occupé dans une paix profonde,
C'est vous qui donnez le bonheur
Que promettait en vain le monde.

C'est l'un des deux Voltaire qui parle ici; l'autre triomphe amèrement dans ce remarquable billet à Cideville, qui date de mars 1742 (Best. D2518):

Mon cher amy, je mène une vie désordonnée, soupant quand je devrois me coucher, me couchant pour ne point dormir, me levant pour courir, ne travaillant pas, ne voyant point mon cher Cideville, privé du plaisir solide, entouré de plaisirs imaginaires, et sur ce je sors pour aller tracasser ma vie jusqu'à deux heures après minuit. Je suis bien las de ma conduitte. Bon jour mon aimable amy, plaignez moi de vivre comme les autres.

L'opposition entre le plaisir 'solide' et ses succédanés 'imaginaires' est déjà fort instructive. Ce n'est pas tout: immédiatement après cette simple juxtaposition de deux contraires, Voltaire enchaîne par la constatation très sèche de l'impulsion qui le pousse à 'tracasser' sa vie. L'effet de surprise est d'autant plus grand. Ce dépouillement de la phrase, cette absence de termes de liaison ou d'opposition – sinon ce 'et', si neutre et par là-même si suggestif – qui est l'un des procédés stylistiques de Voltaire, revêt ici un caractère frappant: on voit littéralement l'espèce de fatalité qui pèse sur l'écrivain et qui le pousse à mener une vie que son œil critique semble réprouver.

Faut-il voir dans ces contradictions l'une des multiples manifestations de ce trait constant du caractère de Voltaire, de 'cette instabilité maladive, qui le pousse toujours à chérir secrètement ce qu'il dénigre et à dénigrer ce qu'il chérit' (Van Den Heuvel, *Voltaire*, p.9)? Pas exactement, puisque nous avons vu souvent qu'au moment même où le philosophe dénigre Paris, ou plutôt la vie qu'on y mène, il pense très sérieusement ce qu'il écrit; par contre, il ne peut s'empêcher dans les faits, dans la réalité quotidienne et concrète, d'agir à contre-courant de ce dénigrement affiché et de chérir très charnellement ce qu'il dénigre.

Les épousailles de Voltaire et de Paris furent brèves, avons-nous dit. On connaît les événements qui amenèrent peu à peu l'écrivain à quitter et Paris et Versailles; dès octobre 1747 se place l'incident au jeu de la Reine, au cours duquel l'impétueux courtisan ne put s'empêcher – crime suprême – d'avoir les yeux trop grands ouverts, et de ne pas passer sous silence les 'indélicatesses' des grands. Bientôt les choses vont empirer, car l'habit de courtisan décidément étouffe de plus en plus notre philosophe. Les circonstances précises qui amenèrent son départ de Paris découvrent à nos yeux étonnés les minutieux et épuisants méandres de l'étiquette de la cour:

Voltaire was accused of having lacked in courtesy towards Marie Leszczinska by being too friendly with mme de Pompadour. The whole thing was the absurdest of storms in the most fragile of tea-cups, but at least it is not true as often alleged, that Voltaire was exiled. Still, exiled or not, he and mme du Châtelet did leave Paris, Voltaire bidding farewell with profound relief to his career as a man about court.[6]

Assez curieusement, l'on ne trouve presque pas de reflet de cette expérience dans la correspondance,[7] mais plutôt une série de transpositions dans les œuvres écrites alors, et singulièrement les contes. Dans *Micromégas*, l'auteur, après un coup de patte à un muphti qui masque à peine son adversaire Boyer, évêque de Mirepoix, nous apprend que son Sirien 'ne fut que médiocrement affligé d'être banni d'une cour qui n'était remplie que de tracasseries et de petitesses' (Bénac, p.97). De même, Zadig (le conte est écrit dans les six premiers mois de 1747), fatigué de son aventure avec Azora, 'chercha son bonheur dans l'étude de la nature' et 'se retira dans une maison de campagne sur les bords de l'Euphrate' (Bénac, p.7). Le même Zadig, après maintes tribulations, rencontre un homme qui est la préfiguration exacte de Voltaire à Ferney. C'était 'un philosophe retiré du monde, qui cultivait en paix la sagesse et la vertu, et qui cependant ne s'ennuyait pas' (Bénac, p.54). Le jardin n'est pas loin, comme on voit, ce jardin que Candide cultivera dans la Propontide et qui est l'antithèse même de Paris.

Mais Voltaire ne se contente pas seulement d'allusions. Il nous livre en 1748 un écrit qui est comme la quintessence de sa vie mondaine. On y verra exactement décrites les phases de l'expérience vécue au cours des années précédentes et que la correspondance, comme un gigantesque puzzle, nous a permis de découvrir; on y verra également, très clairement posé, le dilemme monde-retraite que Voltaire ne cesse de vivre: preuve,

---

[6] Theodore Besterman, *Voltaire* (London, Harlow 1969), p.283.

[7] à cette époque du moins. Car, plus de trente ans plus tard, le 7 février 1776, Voltaire écrit à Duvernet: 'Ceux qui vous ont dit, monsieur l'abbé, qu'en 1744 et 1745 je fus courtisan, ont avancé une triste vérité. Je le fus; je m'en corrigeai en 1746, et je m'en repentis en 1747. De tout le temps que j'ai perdu en ma vie, c'est sans doute celui là que je regrette le plus. Ce ne fut pas le temps de ma gloire, si j'en eus jamais' (Best.D19905).

s'il en faut encore une, de la lucidité du poète; preuve également que Voltaire n'hésite pas à se livrer souvent dans ses écrits, et que la confession n'est pas, au dix-huitième siècle, l'apanage de Rousseau.

Il s'agit de l'*Epître à madame Denis, nièce de l'auteur*, sous-titrée *La Vie de Paris et de Versailles*; les premiers vers, d'emblée, donnent le ton:

> Vivons pour nous, ma chère Rosalie;
> Que l'amitié, que le sang qui nous lie,
> Nous tiennent lieu du reste des humains:
> Ils sont si sots, si dangereux, si vains!
> Ce tourbillon qu'on appelle le monde
> Est si frivole, en tant d'erreurs abonde,
> Qu'il n'est permis d'en aimer le fracas
> Qu'à l'étourdi qui ne le connaît pas.

Les couleurs annoncées, Voltaire s'explique: pour ce, il fait défiler, en une plaisante galerie, tous les types parisiens qui expliquent cette misanthropie: 'l'indolente Glycère', courtisane qui s'ennuie, 'monsieur l'abbé / Fade plaisant, galant escroc, et prêtre', suivi d'un 'fat en manteau noir', huissier ou procureur, puis d'un officier fanfaron, d'une 'dévote au maintien triste'. Au souper, tout ce 'beau monde occupé' n'est guère reluisant: Voltaire démonte impitoyablement la mécanique des 'froids bons mots, des équivoques fades / Des quolibets, et des turlupinades', et condamne tout ce faux clinquant.

Condamnation assez impressionnante; mais, coup de tonnerre!

> Mais que ferai-je? où fuir loin de moi-même?
> Il faut du monde; on le condamne, on l'aime:[8]
> On ne peut vivre avec lui ni sans lui.
> Notre ennemi le plus grand, c'est l'ennui.
> Tel qui chez soi se plaint d'un sort tranquille,
> Vole à la cour, dégoûté de la ville.

Ce n'est, hélas! qu'une fausse échappatoire, une impasse pour tout dire, car à la cour il faut flatter, mendier, s'abaisser, et les puissants vous repoussent distraitement, 'après trois ans d'oubli' (M.x.344-48):

---

[8] quand Voltaire réussit une antithèse aussi frappante dans sa sobriété, on ne peut s'empêcher de croire qu'elle procède d'un sentiment profondément senti, d'une expérience intensément vécue et intériorisée.

> Non, dites-vous, la cour ni le beau monde
> Ne sont point faits pour celui qui les fronde.
> Fuis pour jamais ces puissants dangereux;
> Fuis les plaisirs, qui sont trompeurs comme eux.

La boucle est bouclée, car Voltaire ne peut même pas travailler pour le public, 'Monstre à cent voix, Cerbère dévorant', dont l'inconstance et la sottise distribuent aveuglément les éloges et les blâmes.

Non, décidément, ni Versailles ni Paris n'ont plus assez de charmes pour Voltaire qui se réfugie chez Stanislas Leszczinski. A la mort d'Emilie, en septembre 1749, le roi de Pologne 'voulut me retenir: je ne pouvais plus supporter Lunéville, et je retournai à Paris' (*Mémoires*, M.i.35) ce qu'il annonce aux d'Argental dans son style inimitablement ambigu: 'Je pars mes adorables anges, car quoy que je déteste Paris je vous aime beaucoup plus que je ne hais cette grande, vilaine, turbulente, frivole, et injuste ville' (Best.D4033). Pourtant, une dernière hésitation le retient aux abords de Reims deux semaines, car il doit se préparer aux 'discours des curieux' qui vont l'assaillir de questions sur la mort d'Emilie. Hugues Micha souligne, à juste titre, cette longue étape sans objet précis: 'Sa répugnance pour Paris est sincère pour l'instant: rien ne l'empêchait d'y rentrer.'[9]

Ce retour est un faux retour. Décidément, après l'euphorie des années 1743-1744, Voltaire a du mal à se réinstaller à Paris. Non qu'il ait définitivement exorcisé les mirages des honneurs et des plaisirs: c'est derrière eux que, encore une fois, il court sur les routes de Berlin. Mais à Paris, il y a également les fameux 'tourbillons'. Nous avons déjà vu à plusieurs reprises le poète résumer en quelques phrases lapidaires l'espèce de perpétuel carrousel qu'était sa vie dans la capitale. Nous avons, de cette époque, le témoignage d'un tiers sur ce qu'était une 'journée parisienne' de Voltaire. Il s'agit de 'madame Scaliger', qui s'adresse à son mari, le comte d'Argental, absent pour quelques jours à la campagne. C'est une lettre connue, tous les biographes de Voltaire se plaisent à la citer; elle nous semble pourtant si vivante, elle peint si bien l'impétuosité de Voltaire, qui lui fait commettre de réelles bévues, que nous ne résistons pas à la tentation de la citer presque en entier; les scènes qu'elle dépeint défilent sous les yeux comme les séquences d'un film (Best.D3943):

---

[9] *Voltaire d'après sa correspondance avec madame Denis: étude sur la sensibilité de Voltaire* (Paris 1972), p.40.

Voltaire sort d'ici. Il est arrivé à onze heures comme un furieux. Il m'a conté qu'il avait été à Versailles, à Sceaux, chez des notaires depuis qu'il était revenu, et cent choses avec une volubilité prodigieuse, et toujours criant qu'il était au désespoir. Enfin, quand il a pu mettre quelque ordre dans ses discours, il m'a dit que tout chemin faisant il avait fait non seulement les retranchements que vous lui aviez demandés, mais même davantage; et que, comme il ne s'agissait pas seulement de retrancher, mais d'avoir le sens commun en liant les choses, il avait fait des liaisons. Qu'ayant été, à dix heures, porter à mademoiselle Granval ce qui la regardait, il l'avait trouvée apprenant une leçon que des gens qui ne se fiaient jamais à lui, lui avaient envoyée. Il m'a demandé d'une voix terrible de quoi on se mêlait. Que cela était réparé pour mademoiselle Granval, mais qu'il fallait qu'il allât réveiller Granval et mademoiselle Dangeville qui logeaient aux deux bouts de Paris; qu'il avait fait quinze lieues; qu'il était tué, excédé; qu'il fallait qu'il allât demain à Plaisance et qu'il mourrait de la fatigue que tout cela allait lui causer. Enfin je n'ai jamais vu quelqu'un si hors de lui. Je l'ai calmé cependant, et tout s'est terminé à me demander pardon, et à me supplier de vous écrire avant de me coucher, pour vous engager à envoyer de bon matin chez Granval et chez mademoiselle Dangeville, et à leur faire dire de suivre sa leçon; et puis, il m'a fait promettre que je vous engagerais (attendu qu'il ne peut pas être à la comédie avant six heures) à faire répéter devant vous, Granval, sa femme, mademoiselle Dangeville et Minet. La fin de tout ce tapage a été qu'il s'est mis à mes genous; qu'il a ri de sa fureur; qu'il m'a dit que l'humeur le faisait mettre en colère et extravaguer, mais que son cœur n'y avait point de part, et qu'il se jetterait aux genous de son ange pour le remercier de ses soins paternels; que, pour moi, il m'aimait à la folie et ne saluerait jamais un fermier général jusqu'à ce que j'eusse soixante mille livres de rente.

En plus, à Paris, en cette année 1750, se profile déjà depuis quelque temps l'ombre de Fréron,[10] tandis qu'à Berlin brille de plus en plus fort l'astre de Frédéric. Voltaire se justifiera des dizaines de fois de son départ pour l'Allemagne. Dans ses *Mémoires*, écrits neuf ans plus tard, il ne donne pas d'autres explications: Frédéric 'me louait depuis les pieds jusqu'à la tête, tandis que l'abbé Desfontaines et d'autres gredins me diffamaient dans Paris, au moins une fois la semaine' (M.i.17). Mais Voltaire n'est pas tout à fait sincère quand il invoque un sort aveugle pour expliquer cette perpétuelle errance: 'Ma destinée était de courir de roi en roi, quoique j'aimasse ma liberté avec idolâtrie' (M.i.35). De roi en roi, en effet: de Louis xv à Stanislas, et de Stanislas à Frédéric; mais

---

[10] sur les premiers démêlés de Fréron avec les philosophes, on consultera Jean Balcou, *Fréron contre les philosophes* (Paris 1975), pp.37 et suivantes.

c'est toujours le même mirage que poursuit Voltaire inlassablement, celui du monde, de ses pompes et de ses œuvres; une dernière fois il croira trouver dans les scintillements des cours et des grandes villes le 'paradis terrestre', fort éloigné, comme il le souligne avec dérision, du Tigre et de l'Euphrate où Dom Calmet, qui l'a courtoisement reçu à Senones, affirme son existence. Une dernière fois, avant le grand et fécond calme des Alpes, Voltaire doit recommencer l'inlassable expérience qu'il tente sans succès durable depuis longtemps, l'expérience du Mondain.

En roulant en direction de l'est, en ce mois de juin 1750, Voltaire se doutait-il qu'il ne remettrait les pieds dans son bien-aimé Paris que vingt-huit ans plus tard, à la veille de sa mort?

5

Le besoin de liberté: 1750-1753

PENDANT son séjour à Berlin et à Potsdam, Voltaire a peu parlé de Paris, sinon pour établir un parallèle entre les deux villes, parallèle qui sera, on le devine aisément, défavorable, surtout au début, à la capitale française. On a longuement glosé sur ce départ: on y a vu, entre autres, une des raisons majeures de l'invincible antipathie que Louis XV éprouvera depuis lors et jusqu'à sa mort à l'égard du poète. On affirme que le roi ne pardonna jamais au poète ce qui aurait été de sa part une mesquine trahison; pourtant, Voltaire dès le début affirme que la cour a approuvé les raisons de son départ, et qu'il ne s'est attaché à Frédéric qu'avec la permission de Louis XV. Nous avons par ailleurs confirmation de cette permission de quitter la France: le marquis de Puisieulx écrit en toutes lettres au comte Tyrconnel que Frédéric avait fait demander Voltaire à Louis XV et que 'Sa majesté le lui a accordé. Elle a pensé que cette complaisance serait agréable à ce prince' (Best.D4194).

Avec ou sans permission, ce départ pour Berlin est ressenti par les protecteurs et les amis comme une infidélité – pire, comme une faute. Voltaire veut se justifier; pour cela, il avance deux arguments qu'il met tour à tour en relief, selon la personnalité du correspondant. A un Pierre Morand, une connaissance à qui on ne peut ouvrir totalement son cœur, les avanies personnelles sont niées et les sollicitations de Frédéric surtout mises en lumières (Best.D4217a):

Je suis très sensible aux regrets que vous voulez bien me témoigner; mais je serais très fâché que vous puissiez imaginer que de petites cabales subalternes, de petits libelles inconnus, de petites clabauderies de gens plus inconnus que leurs libelles eussent pu faire sur moi la plus légère impression et avoir la moindre part à mon nouvel établissement. Il y a 16 ans que je résiste aux bontés du roi de Prusse, j'ai succombé à la fin et j'ai sacrifié la vie de Paris au seul homme pour qui on puisse la quitter.

Par contre, à mme d'Argental qui, comme son époux, comme Pont-de-Veyle, Thieriot, Thibouville, Richelieu, reproche fortement au pétulant poète d'avoir succombé aux sollicitations et aux manœuvres du maître de la Prusse, c'est le procès de Paris que fait surtout Voltaire: 'Paris endurcit le cœur. Vous avez trop de plaisir, vous autres, pour penser à un homme de l'autre monde, que quarante ans de tracasseries, de cabales, d'injustices et de méchancetés ont forcé enfin de venir chercher le repos dans le séjour de la gloire' (Best.D4287).

Nous avons vu que l'on ne pouvait écarter comme factices ou inventées de toutes pièces ces récriminations de Voltaire; toutes ces avanies, il les ressent intensément. Mais en tournant le dos à Paris, l'euphorie qu'il ressent n'est pas seulement due au soulagement de s'éloigner des Fréron et autres Berthier; c'est la vanité, l'éternelle vanité qui fut chez lui un ressort d'action si puissant, qui le pousse. Nous en trouverons un écho, neuf ans plus tard, dans *Candide*. Cacambo et le jeune Westphalien sont comblés dans la capitale d'Eldorado, mais 'on aime tant à courir, à se faire valoir chez les siens, à faire parade de ce qu'on a vu dans ses voyages, que les deux heureux résolurent de ne plus l'être, et de demander leur congé à Sa Majesté' (Bénac, p.180).

D'ailleurs, s'il faut l'en croire, Voltaire ne voulait rester que peu de temps à Berlin. On sait qu'il travailla beaucoup en Allemagne, et qu'il y fit sérieusement avancer ses ouvrages. Mais il disposait de peu d'outils; en 1752, il dira au libraire Walther que s'il avait prévu de rester si longtemps chez Frédéric, il n'aurait pas laissé toute sa bibliothèque à Paris où, ajoute-t-il, il croyait 'retourner dans deux mois'; cette absence de livres amène sous sa plume une réflexion curieuse; il annonce à madame Denis qu'il finit tranquillement *Le Siècle de Louis XIV*; l'ouvrage serait 'plus rempli de recherches, plus curieux, plus plein' s'il était achevé à Paris, mais, et pour Voltaire c'est capital, il 'ne serait pas écrit si librement'; quelques jours plus tard, conversant toujours avec sa nièce, il franchit un pas de plus dans sa réflexion sur les conditions d'exercice de son métier d'écrivain: il fera venir de Leipzig les livres dont il a besoin, il finira son ouvrage sur Louis XIV, 'que peut-être je n'aurai jamais fini à Paris', car 'Un mot hardi eût paru une licence effrénée; on aurait interprété les choses les plus innocentes avec cette charité qui empoisonne tout' (Best.D4251, D4390).

Il est important de noter que Voltaire reprend et approfondit ici une idée qu'il a déjà exprimée à quelques reprises: son œuvre et Paris semblent antinomiques. Ses ouvrages importants, avons-nous déjà eu l'occasion de constater, sont élaborés et rédigés quand il ne se trouve pas à Paris; cette tendance se poursuit et s'accentue pour une raison bien simple: il fallait à l'écrivain un minimum de concentration pour poursuivre des œuvres aussi élaborées que *Le Siècle de Louis XIV* ou l'*Essai sur les mœurs*; à cette évidence pratique s'impose peu à peu à Voltaire une autre qui prendra bientôt des proportions fort grandes: la liberté souveraine dont il ne jouit que loin de la capitale et qui lui permettrait enfin de dire, sans de trop grands tracas, ce qu'il pense; la notion de liberté sera, à partir de ces années-charnières, étroitement liée à toute l'œuvre et à tout le combat de Voltaire, et par exemple sera le corollaire indispensable de sa lutte contre le fanatisme; mais la notion de liberté est surtout, et avant tout, à partir de ce moment, une expérience existentielle dans laquelle Paris représente – quand Voltaire y réfléchit à tête froide – le pôle négatif. Le thème de la liberté deviendra alors, pour vingt-huit ans, une des 'scies' favorites de Voltaire. Dans ses écrits autobiographiques, il ordonne fort explicitement le déroulement de ces années en fonction de ce désir, de ce besoin de liberté: 'Je n'avais nul dessein de rester à Berlin; j'ai toujours préféré la liberté à tout le reste. Peu de gens de lettres en usent ainsi. La plupart sont pauvres; la pauvreté énerve le courage; et tout philosophe à la cour devient aussi esclave que le premier officier de la couronne' ce qu'exprime de manière plus lapidaire, plus forte, le cri suivant, qui ressemble fort à une maxime: 'il vaut mieux avoir cent pistoles dans un pays libre que mille dans un pays despotique' (*Mémoires*, M.i.39, 40).

On peut reprendre devant ces textes l'éternel procès de la sincérité de Voltaire, on peut le chicaner sur ce volontarisme qu'il appose a posteriori à une série d'événements (son errance pendant plusieurs années, son éloignement de Paris, son installation dans les Alpes) qui nous semblent, à nous, lui avoir été imposés; on peut même le soupçonner d'essayer, en faisant mousser ainsi son amour de la 'liberté', de se consoler parce qu'il est obligé d'assumer cette liberté loin des cours, et loin de Paris: la nature humaine, celle de Voltaire comme toute autre, est insondable; mais l'on ne peut nier que cette liberté ne répondît à une nécessité organique de son œuvre et de son message; pourquoi ne pas accepter de croire que Voltaire ait pu, surmontant les contradictions de son tempérament, opter pour un style de vie qui lui est certes, au début, imposé de l'extérieur, mais qu'il assume progressivement, de plus en plus lucidement, y trouvant la seule voie possible pour livrer son message?

A ce thème de la liberté s'accole, pendant le séjour à Berlin, comme en mineur, une autre des obsessions de Voltaire, la comparaison avec la vie monacale; Frédéric est le 'père abbé', et Voltaire, 'à Berlin, comme à Potsdam', ne sort guère de sa 'cellule' (Best.D4302 [Voltaire 130]). A mille correspondants il répète ces termes, y compris à la propre sœur de Frédéric, la margrave de Bayreuth. Voilà une trilogie qui va de plus en plus s'imposer dans la vie de Voltaire; la liberté, une certaine forme de réclusion volontaire, et les deux, couplées en une féconde symbiose, favorisent le travail. Liberté, isolement, travail, voilà qui résume bien l'existence de Voltaire pendant les vingt-cinq années qu'il lui reste à vivre. Il en a pris conscience, plus fortement que jamais, à Berlin; il n'aurait probablement jamais eu le courage d'en faire un programme de vie; mais la haine tenace et bornée Louis xv, en lui interdisant l'accès de Paris, va donner à son destin le coup de pouce décisif, libérer la formidable machine de combat de Ferney, et faire de 'l'ermite des Alpes' le roi de l'Europe.

6

La dynamique du 'sauvage paisible': 1753-1755

─────

La mésaventure de Francfort, en juin 1753, a tellement ulcéré Voltaire qu'il s'imagine, assez naïvement, que Paris lui doit, ainsi qu'à sa nièce, une espèce de compensation, et qu'il y sera reçu, sinon triomphalement, du moins les bras ouverts! Pauvre Voltaire, qui sous-estimait la haine tenace et l'entêtement tranquille de Louis xv! Au cours des douze mois qui vont de juillet 1753 à juillet 1754, nous assisterons à la première de ces tentatives forcenées de Voltaire pour revenir dans sa ville natale – et au premier d'une longue série d'échecs.

Et tout d'abord, les choses ne sont pas très claires: le poète n'est pas sous le coup d'une interdiction formelle; simplement, 'On refuse au poète Voltaire la permission de revenir en France', note d'Argenson en date du 8 août 1753.[1] C'est-à-dire, plus précisément, que Louis xv, pressenti par les amis de Voltaire, a seulement manifesté de la répugnance à voir le poète revenir dans sa capitale; or, comme le souligne Besterman, 'in such a matter the king's expressed wish was as potent as a lettre de cachet'.[2] Pourquoi ce refus? On peut souligner plusieurs causes: une antipathie spontanée du souverain pour le philosophe; de sombres machinations entre le roi de Prusse et le roi de France pour accabler le poète, qui a eu le malheur de s'attirer la vindicte des deux plus puissants souverains de l'heure, et qui dénonce en gémissant, dans ses lettres, cette persécution;[3] et surtout, la malheureuse histoire de l'édition pirate

[1] *Journal et mémoires du marquis d'Argenson*, éd. J. B. Rathery (Paris 1859-1867), iv.146.

[2] Best.D5638, commentaire. Condorcet avait été le premier à voir les choses sous cet angle: 'Voltaire fit une tentative pour obtenir, non la permission de revenir à Paris (il en eut toujours la liberté), mais l'assurance qu'il n'y serait pas désagréable à la cour. Il connaissait trop la France pour ne pas sentir qu'odieux à tous les corps puissants par amour pour la vérité, il deviendrait bientôt l'objet de leur persécution, si on pouvait être sûr que Versailles le laisserait opprimer.

'La réponse ne fut pas rassurante. Voltaire se trouva sans asile dans sa patrie' (*Vie de Voltaire*, M.i.239).

[3] il ne s'agit pas, de la part de Voltaire, d'accusations gratuites, ou d'un délire de la persécution. Toutes les biographies du philosophe montrent avec quelle perfidie calculée

faite par Jean Néaulme de l'*Abrégé de l'histoire universelle depuis Charle-magne jusqu'à Charlequint* (le futur *Essai sur les mœurs*), qui se répand à Paris à la fin de 1753, et qui y éclate comme un coup de tonnerre; l'élite parisienne, toujours avide des écrits de Voltaire, pouvait lire dès le début, et comme en exergue, cette phrase: 'Les historiens, semblables en cela aux rois, sacrifient le genre humain à un seul homme.' Phrase fatale sous l'ancien régime; que Voltaire l'ait jadis écrite telle quelle, ou qu'elle ait été subtilement altérée par ceux qui avaient réussi à obtenir une copie du manuscrit, importe peu; le fait est que celui qui était à l'origine de cette publication, en fournissant à Néaulme le manuscrit compromettant, ne pouvait que vouloir le plus grand mal à Voltaire; or René Pomeau, au terme d'une analyse serrée des événements et des textes, conclut à la culpabilité plus que probable de Frédéric (*EM*, pp.x-xiv).

Voltaire, atterré, se plaint que Néaulme l'égorge. Il écrit à l'intéressé: 'Le Roi mon maître justement indigné de voir mon nom à la tête de cet ouvrage, me prive de la pension dont il m'honorait depuis trente années, et m'interdit le séjour de Versailles et de Paris. Mon éloignement de la capitale dans ces conjonctures me coûte d'ailleurs la moitié de mon bien' (Best.D5664). Mais ces raisons matérielles ne sont pas les seules qui le préoccupent; encore une fois, comme jadis au début de sa carrière, il ne veut pas donner à ses adversaires la joie de se gausser de lui parce qu'il est exilé; mme Denis lui propose en août 1753 de venir à Rouen chez le bon Cideville; mais 'ce serait avoir l'air exilé'. 'Il ne faut donner ny cette satisfaction à ceux qui me persécutent, ny cette mortification à vous et à moy [...] et voylà de ces occasions où il faut du moins sauver les apparences' (Best.D5482). Voltaire avait bien raison de prévoir les sarcasmes; à l'égal, jadis, de Piron, le triste La Beaumelle, émule de Fréron à la tête des ennemis du poète, publie à Colmar (donc dans la ville même où se trouvait alors Voltaire) sa *Réponse au Supplément du Siècle de Louis XIV*, dans laquelle, apostrophant l'écrivain, il lui rappelle avec mépris cette interdiction de séjour.[4]

Frédéric a toujours voulu desservir son 'Virgile' auprès de Versailles; pour le cas précis de cette interdiction de séjour, nous avons encore le témoignage de d'Argenson: 'On cherche par ce petit article à plaire au roi de Prusse, en lui déplaisant comme on fait pour les choses principales' (*Journal*, iv.146). Le même d'Argenson, pressé par Voltaire d'intervenir en sa faveur à la cour, se dérobe en faisant savoir que cette affaire ne le regardait pas.

[4] cf. citation in Besterman, *Voltaire*, p.323.

65

C'est une chose que de refuser d'aller à Rouen; c'en est une autre que de ne pouvoir se rendre à Paris. Voltaire commence alors une de ces campagnes épistolaires dont il a le secret, et qui iront se multipliant après sa retraite près de Genève; le but de ces lettres d'août et de septembre 1753 est de fléchir la sévérité du roi et de se faire pardonner, comme dit joliment Micha, son 'péché de prussianisme'.[5] Tout d'abord, l'univers entier, et surtout les Parisiens, doit savoir que lui, Voltaire, est malade, très malade, à l'article de la mort, et que s'il veut revenir un ou deux petits 'mois' dans sa ville natale, c'est pour consulter Gervasi et d'autres chirurgiens célèbres, et pour mettre de 'l'ordre dans ses affaires'.

A force de crier au loup . . .! Personne ne s'apitoie sur la 'maladie' de Voltaire; le poète a alors une idée bizarre, si l'on en croit l'hypothèse de Hugues Micha, qui interprète ainsi plusieurs passages obscurs de la correspondance: il fait proposer indirectement à mme de Pompadour de devenir le précepteur des Enfants de France (*Voltaire*, pp.79-80); si cette interprétation est exacte, rien ne peut donner une plus juste idée du désarroi du poète que de le voir perdre ainsi tout sens des réalités et rêver tout haut.

Comme rien ne se produit, Voltaire se calme quelque peu pendant les trois derniers mois de 1753. Pourquoi? Pour une raison que nous avons déjà vue: il travaille énormément; pendant son séjour à Strasbourg, il termine fiévreusement ses *Annales de l'Empire*. Dès que Voltaire est plongé dans le travail, Paris s'estompe un peu, n'est plus au premier plan de ses préoccupations; et, à l'inverse, quand il ne peut se rendre dans la capitale, le poète s'invente presque un travail à accomplir, 'pour se consoler'. A Berlin, Voltaire semblait avoir regretté les bibliothèques de Paris sans lesquelles son travail était plus malaisé. En Alsace, il a mieux que des bibliothèques; il a des savants dont l'érudition est immense, et qu'il met à contribution avec une joie non déguisée: ainsi l'érudit Schoepflin pour l'histoire allemande; ainsi, l'année suivante, dans l'abbaye de Senones, l'ineffable dom Calmet, qui ne connaît pas qui est mme de Pompadour, mais qui possède sur le bout des doigts toutes les généalogies bibliques!

Mais les *Annales* sont terminées et bientôt imprimées aux environs de Noël 1753; plus désœuvré, Voltaire se retrouve plus que jamais amoureux de Paris; il commence alors la deuxième phase de cette véritable campagne parisienne, phase qui durera six mois, et où les armes de

---

[5] *Voltaire d'après sa correspondance avec madame Denis*, p.78.

ce tenace combattant seront, encore une fois, les innombrables lettres dont il inonde parents, amis, protecteurs, et au cours de laquelle la place principale, qu'il faut absolument assiéger et conquérir, est le premier ministre de fait, l'ancienne amie Lenormand d'Etioles, la marquise de Pompadour.

Il faut d'abord répéter partout que si Voltaire a été persécuté et humilié par Frédéric, c'est à cause de son amour pour sa patrie et de son désir d'y revenir. 'Voylà l'origine de tant de malheurs. Cette origine même ne devrait elle pas toucher Mr Dargenson et m^r de Richelieu et madame de Pompadour?' (Best.D5638). Argument habile, comme on voit, puisqu'au reproche de trahison, on oppose des protestations de patriotisme: la chambellanie de Berlin n'a jamais fait oublier l'historiographie de Versailles. Argument angoissé également, car Voltaire craint alors qu'on ne lui confisque ses biens à Paris; il ne se force guère quand il demande si l'on voudrait le voir 'mourir de faim pour être revenu en France'. Au même moment, il se voit 'comme une balle de paume' qui 'fait tant de faux bonds' qu'il ne sait 'où elle tombera', mais 'ce ne sera pas probablement au théâtre des ostrogots de Paris' (Best. D5640).

Cette humeur sombre ne dure pas longtemps. Les approches indirectes n'ayant pas réussi, il faut tenter de prendre la place de front. Il écrit donc un placet que le chancelier de Lamoignon pourrait présenter à Louis xv. Et pour convaincre le chancelier d'entreprendre cette démarche, on fait appel à son fils, l'indulgent directeur de la librairie, m. de 'Malzerbes', comme écrit Voltaire.

La cour restant toujours impassible et silencieuse, Voltaire, de plus en plus inquiet, baisse d'un cran ses prétentions: comme il n'a reçu 'aucun ordre positif du roy' (entendons aucune interdiction formelle), il demande timidement au ministre (comte) d'Argenson s'il peut considérer cela comme une permission tacite de s'installer hors de Paris, mais du moins en France: 'Le roy a dit à madame de Pompadour qu'il ne voulait pas que j'allasse à Paris; je pense comme sa majesté, je ne veux point aller à Paris, et je suis persuadé qu'il trouvera bon que je me promène au loin' (Best.D5682). Telles sont les manœuvres qu'il faut entreprendre avec les grands.[6] Avec les amis, on ouvre son cœur, on

---

[6] nous n'en avons esquissé que les grandes lignes. Les détails eussent nécessité une avalanche de citations. Mme Denis a été, pendant toute cette période, le correspondant privilégié de Voltaire, et son exécutant principal à Paris. On trouvera donc un compte rendu complet et détaillé de toutes les démarches que le poète a alors tentées par le truchement de sa nièce dans l'ouvrage déjà cité de Hugues Micha.

s'épanche; encore une fois, c'est l'admirable 'ange gardien', le comte d'Argental, qui est le confident attitré, à qui Voltaire se plaint de la 'persécution inattendue' et de tous 'les désagréments attachez a la disgrâce', et à qui il apprend en même temps qu'il est sollicité de partout, par l'électeur palatin, par la duchesse de Gotha, par les Suisses de Lausanne; mais – et la conclusion est bien dans le ton de la correspondance entre le poète et son ami – 'Vous aurez certainement la préférence, si je peux venir vous embrasser sans être dans ce cas de désobéissance' (Best.D5742).

Pendant trois à quatre mois, Voltaire a frappé à toutes les portes, exploré toutes les issues, sondé tous les puissants, stimulé tous les amis: en vain. Et soudain, c'est la réaction: au diable cette cour, cette ville qu'on lui refuse si obstinément! On ne l'y veut pas? Il ne veut plus y aller! Il ne peut y jouir des agréments de la vie de société? Quelle société? Chimères et vains fantômes que la société! Seuls la solitude et le travail sont de quelque importance. Ce revirement de Voltaire, qui n'est plus pour nous surprendre, a pourtant toujours quelque chose de fascinant dans sa soudaineté. Comme un arc trop et trop longtemps tendu, et qui se relâche soudain, Voltaire qui la veille dépensait des trésors d'imagination et d'ingéniosité pour se frayer le chemin de la capitale, abandonne tout, laisse tout, se replie sur lui-même et sur son œuvre. Mouvement caractéristique de toute sa vie! On retrouve là, comme saisi au vol dans ses multiples bondissements, fixé par l'objectif de la correspondance, cet 'impétueux' Voltaire qui va de l'exaltation la plus désordonnée à la prostration complète, pour rebondir ensuite à nouveau comme un diable hors de sa boîte!

Les premiers signes de ce revirement datent du 11 avril 1754, quand il se déclare surpris que sa nièce 'ait pris la peine de demander un passeport' pour lui,[7] puisque sa santé déplorable l'empêche de prendre une quelconque résolution. Il se demande même s'il aura assez de force pour se traîner jusqu'à Plombières, mais 'quelque malade et quelque faible' qu'il soit, il continue de corriger inlassablement ses écrits!

Ce premier son de cloche est rapidement suivi de l'habituel anathème contre le 'vide' de la vie sociale. Il a pourtant, cette fois-ci, une vigueur étonnante. Il s'agit surtout d'un long développement qui ressortit plus à la méditation personnelle qu'au commentaire épistolaire.

---

[7] pour quelqu'un qui a lu les innombrables missives des mois précédents où l'écrivain n'aspirait qu'à obtenir un tel passeport, une semblable réflexion ne peut que laisser stupéfait.

On peut l'interpréter encore une fois de deux manières: il est possible d'y voir une tentative quasi inconsciente de la part de Voltaire pour se construire de toutes pièces un système philosophique qui le console de ses échecs à retourner à Paris; on peut également y voir une facette différente de la personnalité de Voltaire, un Voltaire aussi parfaitement authentique que celui qui, tantôt, plaidait passionnément son droit de retour dans sa ville natale. Cette seconde interprétation nous semble, quant à nous, suffisamment étayée par maints exemples que nous avons relevés à différentes étapes de sa carrière. Voici ce que le philosophe écrivait à sa nièce le 12 avril 1754 (Best.D5767):

Au reste, vous seriez un peu effrayée de la vie que je mène. Je suis absolument seul, et je ne peux être autrement douze heures du jour, partageant tout mon temps entre les soufrances et le travail. Ce serait une vie abominable pour tout autre. Mais vous auriez de la société à Strasbourg. Quelle société pourtant! et qu'a-t-on à se dire? et à quoi passe-t-on ses jours! dans quel vide! dans quelle honteuse inutilité! dans quel ennuy, qu'on batise du nom de société! et dans quelles vaines espérances d'un Lendemain plus agréable! Je ne connais que le travail qui puisse consoler L'espèce humaine d'exister. La pluspart des gens les plus sages ont si peu d'idées de leur fonds qu'ils sont obligéz d'aller mendier aux âmes de leurs voisins de vains secours contre le néant de leurs âmes. Mon bonheur que je dois à mes maladies est d'être seul partout; à Manheim, à Gotha, à Stuggard, à Bareith, je passerais la journée avec moy même; je la passais ainsi à Potsdam. Il faut encor ajouter que non seulement mes maux me rendent solitaire, mais j'ay toujours dans mes études un objet, une vue déterminée. Quand on ne lit que pour lire, on se lasse dès le premier jour; quand on a un but certain on ne se lasse et on ne s'ennuie jamais.

Et quelques semaines plus tard, le revirement est complet. Voltaire, qui se résigne à être, pour le moment du moins, loin de Paris,[8] a encore une fois, si l'on ose dire, la résignation dynamique; il récupère déception, chagrin, illusion; au lieu de les refouler, il en fait des principes de richesse pour lui, de progrès pour son œuvre; Pascal, au détour d'un 'non' royal, ressurgit soudain et Voltaire, tranquillement, s'aligne sur son ancien adversaire: s'adressant en juin à sa nièce, de sa cellule de l'abbaye de Senones, il retrouve le ton des moines solitaires et l'opposition du 'philosophe' au 'mondain' (Best.D5843):

[8] dans sa lettre célèbre à Rousseau ('Il prend envie de marcher à quatre pattes quand on lit votre ouvrage'), Voltaire annonce: 'Je me borne à être un sauvage paisible dans La solitude que j'ay choisie au près de votre patrie' (Best.D6451).

Je vous dirai comme l'autre, Vendez tout et suivez moi. Faittes vous philosophe avec moy, le train du monde ne vaut guères la peine qu'on s'y attache. L'histoire du jour ne vaut pas l'histoire des siècles passez et qui sait vivre avec soy même trouve un éfroiable vuide dans le fracas de Paris. Dieu vous fasse la grâce ma chere enfant de vous inspirer ces idées salutaires.

Dans l'extraordinaire creuset de sa vitalité, Voltaire va transformer ses rêves mondains brisés en un or pur! Il aborde l'étape de sa vie la plus longue, la plus créatrice – loin de Paris.

7

Les Délices ne sont plus à Paris: 1755-1760

A PARTIR de 1755, les allusions à Paris se multiplient dans la correspondance à un rythme vertigineux; pour les vingt années qui suivent, on trouve quatre fois plus de lettres traitant de la capitale que pour les quarante années précédentes; le gonflement extraordinaire de la correspondance durant cette époque n'explique pas tout. Voltaire parle effectivement de plus en plus de la ville, parce qu'il en est toujours éloigné, parce qu'il s'adresse à des Parisiens qui souvent l'invitent de manière pressante à les visiter, et enfin – et ceci est nouveau dans les lettres – parce que son expérience de 'laboureur' l'amène à une réflexion de plus en plus systématique sur la vie à la campagne opposée à la vie en ville.

Le 10 février 1755, Voltaire s'installe aux Délices et commence à faire 'des dépenses immenses à [ses] hermitages sur les bords de [son] lac'. Il découvre un style de vie tout à fait différent. Le séjour en Suisse ou près de la frontière helvétique sera aussi laborieux, aussi intensément créateur que les fécondes années de Cirey. Mais là s'arrêtent les analogies – si l'on excepte l'éloignement des deux résidences de Paris. Car au pays de Gex Voltaire, pour la première fois, quitte son cabinet de travail; il cesse de cultiver exclusivement les terres abstraites de la pensée et de la création littéraire, pour défricher de plus en plus le sol de son jardin et de ses champs. Cette vie le séduit agréablement et le distrait de Paris. Ce n'est pas qu'il n'en ait pas quelquefois la nostalgie. Certaines de ses pièces ne réussissent pas à Paris: 'Tout le mal vient de donner des tragédies à Paris, quand on est au pied des Alpes. Cela n'est arrivé qu'a moy. Je ne crois pas avoir mérité qu'on me forçast à fuir ma patrie' (Best.D6500). Il va se consoler en plantant des 'maroniers, et des pêchéz', cela du moins n'attire pas les persécutions. D'ailleurs, à un ami qui regrette son absence, il demande, goguenard: '. . . se voit on dans Paris?' (Best.D6536). De toutes manières, s'il était à Paris, il passerait sa vie dans 'la bibliothèque du roi', car il se plaint de n'avoir aux Délices 'aucun livre nécessaire' (Best.D7093). L'absence a par ailleurs beaucoup d'avantages: 'On aura doresnavant à Paris de l'indulgence pour moy depuis qu'on me tient pour trépassé',[1] et le zèle féroce des censeurs pourra enfin se calmer quelque peu. Surtout, l'éloignement de la capitale favorise la solitude, dont Voltaire découvre de plus en plus la vertu: il se trouve 'fort bien à Monriond et aux Délices', il aime 'mieux [sa] solitude que toutes les cours'; il forge alors cette formule, qui élargit le débat, et transforme son destin circonstanciel en attitude de principe, cette formule qu'il adresse alors à celui qui est encore son ami, à Jean-Jacques Rousseau: 'On dit que vous haïssez le séjour des villes. J'ay cela de comun avec vous.'[2]

Il ne s'agit pas là de phrases ronflantes et creuses. Des amis tentent, en 1756, de le ramener à Paris, mais il se dérobe; le duc de La Vallière lui suggère de traduire en beaux vers français les Psaumes et les Livres sapientiaux; on espère ainsi lui attirer les bonnes grâces de mme de Pompadour qui, toute favorite qu'elle était, n'en était pas moins devenue dévote. Voltaire accepte – essentiellement parce qu'il jubile à l'idée de faire cette formidable nique à ses adversaires, bigots en tête: Voltaire versifiant la Bible. Mais voilà qui est plus direct: Richelieu l'invite expressément à le rencontrer à Paris; on peut estimer donc que 'le vainqueur de Mahon' se faisait fort d'obtenir une permission tacite de la cour. La réponse de l'écrivain est embarrassée: les frères Cramer publient ses œuvres, il faut qu'il les surveille; son âge et sa santé l'empêchent de se 'transplanter', de quitter 'sa très jolie, très paisible et très libre retraitte'. Et à d'Argental qui le relance et insiste, il promet, comme pour s'excuser de son hésitation présente, de 'venir passer quelques mois d'hiver' auprès de lui (Best.D7004 et D7014).

Une autre raison doit également être invoquée pour expliquer cette espèce de lassitude, ce tassement qui, au cours de ces années, nous révèle un Voltaire replié sur lui-même, sans goût pour cette ville qu'il aime tant! Le 1er novembre 1755, la terre tremblait à Lisbonne; Voltaire,

---

[1] Best.D6958. Voltaire fera la même réflexion à propos de toute autre chose. Dans son *Commentaire historique* de 1776 où, rappelons-le, il parle de lui-même à la troisième personne, il écrit: 'Ces occupations ne l'empêchèrent pas de donner, le 27 janvier 1736, la tragédie d'*Alzire* ou des *Américains*, qui eut un grand succès. Il attribua cette réussite à son absence; il disait: Ludantur ubi non sunt, sed cruciantur ubi sunt' (M.i.76).

[2] Best.D6757, D7044, D6993. Et à la duchesse de Saxe-Gotha, de manière encore plus précise: 'Il n'y a pas d'apparence que je quitte une maison charmante et des jardins délicieux où je suis le maitre, et un pays où je suis libre, pour aller chez un Roy, fût ce le Roy de Cocagne' (Best.D6218).

qui l'apprit quelques jours plus tard, en fut durablement affecté; les 'trente mille habitants de tout âge et de tout sexe [. . .] écrasés sous les ruines', qu'il évoquera dans *Candide* (Bénac, p.147), et qu'il imagine alors de manière saisissante, ont profondément secoué sa complexion de grand nerveux impressionnable; Voltaire est alors occupé de réflexions sérieuses sur la destinée humaine; il sent confusément que cet état d'esprit s'accorde mal avec la frivolité de Paris. Parmi les multiples mutations que cet événement produira en lui, c'est la mort du 'mondain' de sa jeunesse qui est la plus immédiate; or, le mondain et Paris étaient consubstantiellement liés; Voltaire demande, dans son *Poème sur le désastre de Lisbonne* (fin 1755):

> Lisbonne, qui n'est plus, eut-elle plus de vices
> Que Londres, que Paris, plongés dans les délices?
> Lisbonne est abîmée, et l'on danse à Paris.

Cette dénonciation de la cynique indifférence des Parisiens, qui éclatera si souvent en termes indignés dans les lettres, n'est pas faite pour lui donner le goût de revenir immédiatement dans sa ville. Il en tire les conséquences; dans l'édition originale de son poème, Voltaire affirme (*Mélanges*, pp.304, 1391):

> Sur un ton moins lugubre on me vit autrefois
> Chanter des vains plaisirs les séduisantes lois.

En lieu et place des 'vains plaisirs', Voltaire va cultiver ses multiples jardins.

Pendant toute l'année 1757, Voltaire explique à un grand nombre de correspondants pourquoi il est heureux aux Délices et pourquoi il n'échangerait son sort contre rien, et surtout pas contre un retour à Paris, d'autant plus qu'on 'a passé le temps des illusions' et qu' 'en vérité Paris n'a jamais été moins regrettable qu'aujourd'hui'. Ces raisons sont les suivantes: le soin de sa santé (à cause de la proximité du médecin Tronchin à Genève), la beauté du lieu, l'agrément de sa retraite, la très bonne compagnie qui l'y visite; il est vrai qu'il a une très grande envie de voir ses amis; mais il préfère encore 'les tenir un jour à la campagne que quatre dans une ville bruiante'; dans son 'petit pays', 'on ne vit que pour son plaisir' et, suprême satisfecit, 'Zaïre [y] a été mieux jouée, à tout prendre, qu'à Paris' où, décidément, 'l'on est complètement fou'. D'ailleurs, pour bien prouver que c'est à son 'lac' qu'il est véritablement attaché, il fait savoir partout qu'il a reçu des avances (sous forme d'une 'lettre touchante') du roi de Prusse, mais 'qu'on ne vaut pas mieux à Berlin qu'à Paris, et qu'il n'y a de bon que la liberté',[3] ainsi qu'une 'invitation que l'impératrice de Russie [lui] fait d'aller à Petersbourg', avance et invitation qu'il repousse poliment. Même mme Denis s'est mise de la partie, et veut qu'il fasse 'faire [son] jardin des Délices à Paris', mais 'ce jardin est pour [lui]', il s'en trouve fort bien puisqu'il y possède 'quelques livres [. . .] quelques bouteilles de vin [. . .] et de temps en temps bonne campagnie'. Se montant, s'excitant, s'exaltant, il récapitule encore une fois toutes les bonnes raisons qu'il a de détester 'le monde': 'Je ferais une bibliothèque des injures qu'on a vomies contre moi, et des calomnies qu'on a prodiguées. J'étais seul, sans aucun partisan, sans aucun appui, et livré aux bêtes comme un premier chrétien. C'est ainsi que j'ai passé ma vie à Paris.'[4]

Néanmoins, si Voltaire se dit heureux à Genève, il n'en estime pas moins qu'on devrait le laisser libre, totalement libre de ses mouvements. Il s'agit pour lui d'une question de principe: même si dans l'immédiat il affirme ne pas vouloir quitter son lac, il ressent comme un affront, pire, comme une injustice, l'exil qui lui est imposé. L'écrivain, précédant en cela le jugement de l'histoire, perçoit cet ostracisme dont il est l'objet comme une des plus mesquines et basses décisions de l'ancien régime déclinant; comme il le dit lui-même, il voit 'beaucoup de raisons d'être bien traité et aucune d'être exilé de [sa] patrie. Cela n'est fait que pour des coupables, et [il ne l'est] en rien'; mais le philosophe est toujours prudent; n'osant attaquer ouvertement le roi, il incrimine 'l'envie et le brigandage qui règnent à Paris dans la littérature' et qui l'ont 'arraché à sa patrie' (Best.D7469, D7406). On connaît l'extrême sensibilité de Voltaire à l'injustice: l'Europe en saura quelque chose, quand éclatera, plusieurs années plus tard, l'affaire Calas. On devine immédiatement comment cette injustice présente, subie dans le vif même de sa sensibilité, l'affecte et le bouleverse.

Et voilà que soudain, vers mars 1758, il entreprend une seconde tentative pour arracher enfin le 'oui' royal. Le cher d'Argental est une fois de plus au premier rang du combat. Celui-ci est d'autant plus

---

[3] de même, en février 1759, Frédéric invite formellement Voltaire à le visiter et lui promet de lui restituer tous les honneurs et tous les titres qu'il avait perdus après l'affaire de Francfort; mais Voltaire refuse, et le fait savoir à la cour en envoyant à Choiseul la lettre d'invitation. Cf. Best.D8249.

[4] pour toutes les citations précédentes, voir Best.D7290, D7423, D7303, D7179, D7666, D7145, D7603, D7577 et D7592.

malaisé à remporter que Voltaire a imprudemment donné à la cour un aliment supplémentaire à sa froideur. En décembre 1757, le 'Salomon du Nord', par une manœuvre désespérée, venait de renverser la fortune des armes et de remporter une série de victoires sur les armées françaises, après avoir été presque acculé au suicide à la suite des triomphes français au début de la Guerre de Sept ans. Voltaire, que son démon persifleur pousse, accable dans une lettre à son royal ami ces pauvres soldats 'welches' qui se faisaient battre par les grenadiers prussiens, et plaisante avec d'Argental sur ces cinquante mille hommes qui fuient 'comme des lièvres devant six bataillons dont les justaucorps viennent à la moitié des fesses' (Best.D7521). La lettre à Frédéric fut interceptée.[5] Elle provoqua une violente indignation à la cour. Voltaire l'apprend, s'émeut, s'inquiète, est même pris de panique. Coup sur coup, il envoie plusieurs lettres à d'Argental et lui demande d'intervenir auprès de mme de Pompadour et d'autres grands personnages pour les persuader de son loyalisme.

Au début donc de 1758, d'Argental sera prié de faire des pressions sur Chauvelin pour obtenir de Bernis, le favori de mme de Pompadour devenu cardinal-ministre, un mot favorable. Voltaire rapporte à son ami le résultat de ces démarches: 'J'ay reçu trois lettres de luy [Bernis] dans les quelles il me marque *toujours* la même amitié. Mad^e de Pompadour a *toujours* la même bonté pour moy. Il est vray qu'il y a *toujours* quelques bigots qui me voient de travers, et que Le roy a *toujours* sur le cœur ma chambellanie.'[6] Autrement dit, c'est le statu quo et Voltaire commente amèrement: 'Je vais faire un voiage [dans le Schwezingen] dont je n'ay pu me dispenser; et le seul voiage que je voudrais faire m'est interdit. Il est triste de courir chez des princes et de ne pas voir son amy [d'Argental, à Paris]' (Best.D7773).

Ce refus brutal, signifié clairement à l'été 1758, ramène soudainement Voltaire à la réalité. Il fait son deuil de ce retour, et en tire les conséquences. Il cherche un établissement permanent. Il écrit à Stanislas

[5] au dix-huitième siècle, on ne s'embarrassait pas de subtilités pour censurer le courrier: 'Chaque dimanche, Louis xv recevait l'intendant général des Postes, Jannel, qui lui était tout dévoué. Ce Jannel avait un bureau où l'on décachetait les lettres [...] La raison d'être de ce bureau était de découvrir dans la correspondance tout ce qui pouvait se tramer contre la sûreté de l'Etat, mais on ne s'en tenait pas là. On prenait des extraits de toutes les correspondances. C'étaient ces extraits que Jannel portait, chaque dimanche, au roi' (Charles Kunstler, *La Vie quotidienne sous Louis XV* (Paris 1953), pp.32-33).

[6] Best.D7652. Souligné par Voltaire. Pour d'autres détails concernant ces transactions, voir également Best.D7741 et D7835.

Leszczynski pour lui demander la permission d'acheter une maison en Lorraine. Le roi de Pologne voit dans cette sollicitation un moyen détourné de Voltaire pour préparer son retour en France; il fait demander au cardinal de Bernis si Louis xv y verrait un inconvénient. Bernis répond que le roi laisse son beau-père libre de décider là-dessus; mais Voltaire se détourne de la Lorraine et achète en octobre, au président des Brosses, les propriétés de Tournay et de Ferney. S'installant si loin, Voltaire semble ainsi prendre ses distances, au moral comme au physique, avec Paris; un critique a vu dans cette décision 'a spiritual severance from the French capital' (Besterman, *Voltaire*, p.391). Comme pour consommer cette rupture, Voltaire évoque, encore une fois, toutes les turpitudes de la moderne Babylone. Le passage sur Paris, dans *Candide*, est l'un des reflets de cette déception; cette partie du conte sera sérieusement étoffée dans l'édition de 1761, mais déjà, en février 1759, Voltaire nous rappelle qu'on n'enterrerait pas Candide à Paris s'il ne possédait 'un billet payable au porteur pour l'autre monde',[7] écho toujours présent de cette hantise de la fosse publique qui l'obsède depuis la mort de mlle Lecouvreur. Le vieillard turc, qui sera le maître de Candide, est également dans le roman le porte-parole de Voltaire quand il ébauche une philosophie mâle du sain travail: 'Je n'ai que vingt arpents [. . .]; je les cultive avec mes enfants; le travail éloigne de nous trois grands maux, l'ennui, le vice, et le besoin' (Bénac, p.220).

Le travail et l'éloignement de Paris, voilà les ingrédients de la liberté. En cette année 1759, Voltaire ne fait que célébrer sur tous les tons sa liberté enfin acquise, et la comparer à l'esclavage que ses amis subissent à Paris. Il s'est avisé de 'devenir un être entièrement libre' en se trouvant 'entre la France et la Suisse sans dépendre ny de l'une ny de l'autre'; il a trouvé dans ses nouvelles maisons 'les plaisirs de la ville et de la campagne réunis, et surtout la plus grande indépendance'. Il se congratule d'être loin du Parlement, qui 'veut vous ôter à vous autres Parisiens la liberté de penser'. Enfin, dans la plus 'extravagante des villes possible', 'la persécution excitée contre l'enciclopédie achève de me rendre mon lac délicieux. [. . .] Si j'avais été à la tête de l'enciclopédie je serais venu où je suis. Jugez si j'y dois rester' (Best.D8484, D8375, D8288, D7619). Et si la véhémence de la correspondance pouvait encore sembler sujette à caution, le témoignage des *Mémoires*, écrits la même année, est probant: Voltaire y chante un véritable hymne à la liberté.

[7] Bénac, pp.190-91. Entendez un billet de confession.

J'ai dans ces deux habitations [à Lausanne et à Ferney] ce que les rois ne donnent point, ou plutôt ce qu'ils ôtent, le repos et la liberté; et j'ai encore ce qu'ils donnent quelquefois, et que je ne tiens pas d'eux; je mets en pratique ce que j'ai dit dans le *Mondain*

Oh! le bon temps que ce siècle de fer!

Toutes les commodités de la vie en ameublements, en équipages, en bonne chère, se trouvent dans mes deux maisons; une société douce et de gens d'esprit remplit les moments que l'étude et le soin de ma santé me laissent [...]

J'entends parler beaucoup de liberté, mais je ne crois pas qu'il y ait eu en Europe un particulier qui s'en soit fait une comme la mienne. Suivra mon exemple qui voudra ou qui pourra.

Je ne pouvais certainement mieux prendre mon temps pour chercher cette liberté et le repos loin de Paris. On y était alors aussi fou et aussi acharné dans les querelles puériles que du temps de la Fronde; il n'y manquait que la guerre civile [...]

On avouera sans peine que, dans de telles circonstances,[8] Paris ne devait pas être le séjour d'un philosophe, et qu'Aristote fut très sage de se retirer à Chalcis lorsque les fanatiques dominaient dans Athènes. D'ailleurs l'état d'homme de lettres à Paris est immédiatement au-dessus de celui d'un bateleur: l'état de gentilhomme ordinaire de Sa Majesté, que le roi m'avait conservé, n'est pas grand'chose. Les hommes sont bien sots, et je crois qu'il vaut mieux bâtir un beau château, comme j'ai fait, y jouer la comédie, et y faire bonne chère, que d'être levraudé à Paris, comme Helvétius, par les gens tenant la cour du parlement, et par les gens tenant l'écurie de la Sorbonne. Comme je ne pouvais assurément ni rendre les hommes plus raisonnables, ni le parlement moins pédant, ni les théologiens moins ridicules, je continuai à être heureux loin d'eux.[9]

[8] les tribulations de l'*Encyclopédie*.

[9] M.i.44, 45 et 58-59. Ce dernier passage est du 6 novembre 1759. La lettre suivante, que Voltaire adresse à son ami Nicolas Formont le 3 octobre 1758, donc plus d'un an auparavant, montre bien, d'une part la continuité des sentiments de Voltaire, d'autre part l'espèce de lien organique que l'écrivain établit tout le temps entre sa correspondance et tous ses autres écrits, de quelque sorte qu'ils soient; les thèmes évoqués dans la correspondance nourrissent le pamphlet ou le poème de l'heure, tandis que les idées semées dans les œuvres que publient Marc-Michel Rey ou Gabriel Cramer germent dans la correspondance et, grâce à elle, sont disséminées aux quatre coins de l'Europe: 'Je voudrais bien en jouir sans doute de cette société délicieuse [de mme Du Deffand], j'entends de la vôtre et de la sienne, mais allez vous faire f . . . . . avec votre Paris, je ne l'aime point, je ne l'ai jamais aimé. Je suis cacochyme; il me faut des jardins, il me faut une maison agréable dont je ne sorte guère, et où l'on vienne. J'ai trouvé tout cela, j'ai trouvé les plaisirs de la ville et de la campagne réunis, et surtout la plus grande indépendance. Je ne connais pas d'état préférable au mien. Il y aurait de la folie à vouloir en changer. Je ne sais si j'aurai cette folie, mais au moins c'est un mal dont je ne suis pas attaqué à présent, malgré toutes vos grâces' (Best.D7888).

Les derniers mois de 1758 et toute l'année 1759, Voltaire reprend donc, sur tous les tons, et à tous les correspondants, les mêmes thèmes: il est très bien sur sa terre, il ne veut pas revenir à Paris par amour de la liberté; il comprend d'ailleurs fort bien que la capitale puisse être 'nécessaire' à d'autres, mais pour lui Paris 'serait mortel'. A quel titre y retournerait-il? Le métier d'écrivain y est ridicule, celui de philosophe dangereux; non, la sagesse est de 'savoir se retirer quand on n'est plus propre pour le monde', et de mépriser la 'frivolité qui est l'âme de cette grande ville'. Voltaire est toujours un homme pratique: il se considère 'cacochyme' et il croit la 'santé très préférable à Paris', car dans cette ville il sera sûrement malade. Bref, dans un réflexe de bourgeois échaudé, les deux pieds solidement campés sur terre, après avoir pris toute sa vie la mesure de chaque chose, il s'écrie: 'Je m'en tiens à achever mon château et ne veux plus en bâtir en Espagne.'[10]

Toutes ces idées, tous ces arguments sont avancés, au fil des lettres, sur un ton relativement serein. Voltaire se serait-il précipité à Paris si de la cour était venue la moindre invitation? Peut-être bien, car il a beau 'détester' la ville, il la voit encore sous le double aspect qu'elle a toujours revêtu pour lui: 'la grande, vilaine, triste et gaie, riche et pauvre, raisonneuse et frivole ville de Paris'; ce que l'ami Cideville, le Normand matois, relève d'une autre façon: 'cette grande Vilaine ville qu'on méprise à justes titres et où on ne peut s'empescher de retourner' (Best. D8764, D8612, D7944). Pourtant, plusieurs indices donnent à croire que Voltaire est alors décidé à rester loin des tracas et du bruit de la capitale: tout d'abord, cette indifférence, ce ton amusé et moqueur qu'il prend avec ses correspondants; ensuite – et ceci est capital – l'échec de toutes les manigances de mme Denis pour le convaincre de quitter le 'mont Jura'. La bonne dame, dévorée de l'envie de parader à Paris, tout auréolée de la gloire de l'oncle, voulant de surcroît retrouver bien vite son ami très particulier Cideville, mène une campagne de harcèlement. Dans une lettre commune de l'oncle et de la nièce, elle termine par ces mots: 'Mais comment faire quiter à Mon Oncle sa charue? La chose est plus difficile que l'on ne croit.'[11] 'Mon Oncle' ajoute lapidairement,

[10] on s'arrêtera plus particulièrement pour cette période à Best.D7889, D8040, D8055, D8075, D8182, D8423, D8568, D8630, D8655, D8696, D8760 et D8765.

[11] Best.D8481. Mme Denis est plus explicite dans une longue lettre à Cideville. Après s'être plainte de l'uniformité de sa vie, elle ajoute: 'Ne dites point trop de mal de Paris, il a ses défauts, mais il a son mérite. Je ne l'aimerais pas toujours. Cependant quel que fois il est bon, et son apsence total rouille sur près que tout ce qui fait l'agrément de la société. Je trouve que vous partagez très bien votre vie, la miene est plus uniforme [. . .]

sous la signature de la nièce, ces seuls mots: 'Qu'on est sot à Paris!' Les Parisiens excitent d'ailleurs sa verve à un point extrême – au point que cet ironiste à la finesse incomparable perd quelquefois toute mesure et devient véritablement féroce: 'Vous étiez autrefois des singes qui gambadiez. Vous voulez être à présent des bœufs qui ruminent: cela ne vous va pas' (Best.D8168).

La période qui va de 1755 à 1760, au cours de laquelle Voltaire s'installe aux Délices puis fait l'acquisition de Ferney et y déménage, est le prélude royal, comme le condensé de l'époque la plus longue et peut-être la plus importante dans la vie du philosophe. Voltaire cesse peu à peu ses multiples déplacements puis, insensiblement, s'installe pour de bon, s'enracine, dans tous les sens du terme. Et même s'il continue de correspondre avec toute l'Europe et de délirer assez inconsidérément sur les vertus et les mérites de l'impératrice de Russie, il se tourne de plus en plus vers Paris. On peut même dire qu'en un sens, et jusqu'à l'apothéose finale et la mort, toute cette période est dominée par l'affrontement de Voltaire et de Paris; car le combat de l'apôtre de la tolérance est surtout un combat contre des fanatiques qui demeurent à Paris; Voltaire a le sentiment que la tête hideuse est dans la capitale. S'il l'écrase, la victoire est à sa portée. Mais il comprend également que les tentacules de la pieuvre sont nombreux, et peuvent porter des coups mortels – à coup sûr des blessures qui paralysent. Voltaire était devenu un homme particulièrement circonspect: il ne voulait plus risquer d'aliéner sa liberté, non seulement entre les murs de la prison, mais sous la férule du censeur. Il clame partout que l'éloignement de la capitale est l'un de ses atouts maîtres. Pour mener à bien la lutte, pour pouvoir porter des coups rapides – des coups anonymes également – il a besoin d'être loin, pour choisir son moment, attaquer, retraiter précipitamment, nier énergiquement. Pour mieux se colleter avec Paris et les Parisiens, il se tient loin d'eux et de leur pouvoir civil

'Ce qui me désole dans tout ceci c'est que sans toutes les aquisitions folles que mon Oncle a faites dans ce pais nous pouvions retourner agréablement à Paris. Il est très bien auprès de Mr de Choiseuil et de Mme de Pompadour et il ne tiendrait qu'à lui de revoir sa patrie. Il faut se consoler en imaginant qu'il sera peut être plus heureux ici qu'il n'aurait été à Paris. Je ne doute pas que nous n'y allions faire un tour avant qu'il soit deux ans. Je vous avoue que je serais enchantée de vous y voir. Mon cher ami je ne sçai comment cela s'arrengera, mais je crois que nous finirons ensemble nos vieux jours, peut être y ferons nous résoudre mon Oncle. Vous êtes notre ami commun et lorsque de fosses et très fosses idées pourront sortir de sa teste, rien ne serait plus facile' (Best.D8417).

et religieux de coercition. On peut, sans trop exagérer, affirmer que se produit alors dans la vie du poète une polarisation certaine: après avoir, comme Candide, longtemps tourné autour du centre, il s'installe finalement, comme son héros vivant à proximité de Constantinople, non loin de ce centre de l'Europe qu'est Paris, pour pouvoir l'apostropher et le toiser continuellement. Il se mesure perpétuellement à lui. Il bavarde sans cesse, par courrier interposé, avec les Parisiens. Mais il attaque sans relâche les hommes, les mœurs et les institutions parisiens parce qu'il peut le faire impunément. En un sens, cette période est comme l'aboutissement logique et inéluctable de tout le cheminement voltairien: le choc avec Paris était nécessairement inscrit dans la logique des *Lettres philosophiques* comme du *Traité de métaphysique*.

Voltaire contre Paris, donc. Mais Voltaire est également un nostalgique de Paris. Comment se résoudra cette contradiction? Dans un combat perpétuel, souvent furieux, dans des imprécations dont la correspondance est, encore une fois, l'écho privilégié. A cet égard, ce qui s'est passé de 1755 à 1760 est comme la répétition générale, la préfiguration exacte de ce qui recommencera inlassablement de 1760 à 1778: Voltaire vitupère contre la ville et ses habitants. Dans un étourdissant cliquetis de sarcasmes, il n'est pas loin de rappeler quelquefois les accents d'Alceste. Et puis soudain, il brûle de revoir la ville, se démène comme un beau diable, gémit et s'exaspère de ne pas avoir un assentiment royal clair et net; mais si jamais une possibilité de visite à Paris pointe à l'horizon, on le voit battre précipitamment en retraite (au grand dam de la nièce corpulente), et s'enfermer à nouveau dans son cabinet, quitte à dénoncer aux intimes l'injustice dont on l'accable. Ce scénario que nous venons rapidement d'esquisser est cyclique. De crise en crise, de cris en cris, qu'il veuille se rendre à Paris ou qu'il s'en défende, Voltaire trouve toujours là un aliment renouvelé à la raillerie, aux brocards, aux lazzis, à la goguenardise, sans qu'il soit toujours facile de départager la virulence de l'irréductible adversaire et la déception de l'amoureux trompé. Ces cris de haine sont souvent des cris d'amour. Mais le philosophe donne toujours, par ses excès même, le sentiment qu'il a un compte à régler avec Paris. Cependant, par-dessus et par delà tous ces sentiments mêlés, triomphera constamment l'ardeur du général d'armée, qui met la victoire au-dessus de tout, et qui paiera le prix pour l'arracher. Ce prix – ou l'une de ses composantes importantes – sera pour Voltaire l'éloignement de Paris, la 'retraitte'.

Les Délices ne sont plus à Paris: 1755-1760

Il est temps d'examiner plus en détail les rapports de Voltaire avec Paris de 1760 à 1778.

8

L'ermite cacochyme: 1760-1778

En 1760, Voltaire est encore tout à l'euphorie de son installation à Ferney. Il entreprend de grands travaux de colonisation et de mise en valeur de ses terres, et son esprit curieux trouve là un aliment inépuisable qui le tient constamment occupé. Mais le poète n'oublie pas Paris. A l'égard de la capitale, son attitude est alors curieuse: il continue de l'attaquer et de la dénigrer, mais il laisse clairement entendre qu'il y reviendrait volontiers. Langage ambigu et embarrassant, d'autant plus que les agissements de Voltaire ajoutent à la confusion: les travaux qu'il entreprend résolument à Ferney indiquent un parti-pris ferme, celui d'aménager durablement sa retraite pour un long séjour; mais d'autre part, il affirme on ne peut plus clairement qu'à la première occasion, il se rendra dans la capitale. Les travaux à Ferney signifient-ils qu'il veut se ménager une position de repli, au cas où son secret désir de retourner dans la capitale ne se réaliserait pas? Nous savons déjà que toute interprétation tranchée s'accorde mal avec la complexité des attitudes révélées par la correspondance. La réalité est donc, encore une fois, nuancée et le vrai sentiment de Voltaire plus complexe. Voyons les textes.

Tout d'abord, Voltaire mène cette année-là une véritable campagne pour faire croire qu'il est libre de ses mouvements. C'est que l'achat d'un grand domaine et l'installation à Ferney avaient fait bien rire la cohorte des adversaires: le vieil iconoclaste était écrasé une fois pour toutes, et écarté du devant de la scène. Le plus talentueux des ennemis de Voltaire, Fréron, emploie, dans une allégorie, le ton patelin pour se gausser du philosophe. Il adresse à ce dernier, dans son *Année littéraire*, une lettre ouverte dans laquelle il prétend raconter la vie du poète persan Saadi: 'Il vantait continuellement les délices de son ermitage où il était dévoré d'ennui, le bonheur qu'il ne goûtait pas, sa maison de campagne qu'il appelait son château, & son exil qu'il décorait du beau nom de repos philosophique.' La raillerie est, comme on le voit, cinglante. Mais le pire venin n'était pas encore distillé. A la fin de la lettre, dans un élan de faux lyrisme, Fréron établit un parallèle entre Voltaire et Saadi (Best.D9505):

Ah! que la postérité redira avec plaisir que l'illustre Voltaire dédaigna tous les honneurs, qu'il alla se renfermer au fond d'une terre pour y jouir de la vraie félicité, content de porter les noms d'homme & d'homme de génie, noms qui sont aujourd'hui si profanés; qu'en un mot, vous vous arrachâtes des embrassements des rois pour donner à l'étude & au repos les derniers beaux jours d'une vie qui fera l'entretien & l'admiration des siècles futurs! Jouissez bien, monsieur, de cette tranquillité qui vous est si chère, & dont votre âme philosophique connaît tout le prix.

Bien plus, les étrangers eux-mêmes ont le malheur de partager cette opinion. Un certain Lyttleton avait publié à Londres des *Dialogues of the dead*, dans lesquels il affirmait que l'exil imposé à Voltaire n'avait pas suffi à brider ses excès de langage. Le poète, piqué au vif, répond en anglais à l'auteur que le roi a d'extrêmes bontés pour lui, qu'il n'est point en exil en Suisse mais que son domaine est bel et bien en terre française, et que son crédit à la cour doit être encore solide, puisqu'il obtient tant de passeports pour les nombreux visiteurs anglais qui le sollicitent! Il répète d'ailleurs à tout le monde (Thibouville, d'Argental, Sénac de Meilhan, Thieriot, Helvétius, c'est-à-dire à tous les fidèles chargés de répandre la vérité aux quatre coins de Paris) que le roi est bienveillant à son égard, et que la marquise de Pompadour et m. de Choiseul l'honorent 'd'une protection très marquée'. Il s'amuse enfin énormément des remous que suscite dans le camp dévot la rumeur qui court en novembre, selon laquelle il est déjà arrivé à Paris.[1]

Mais en même temps qu'il proclame à cor et à cri sa liberté de manœuvre (réelle ou non), Voltaire explique longuement à d'autres correspondants que la retraite est un choix délibéré de sa part. En cette année, c'est surtout à une nouvelle amie, Octavie Belot, qu'il prêche les avantages de la retraite: on y vit avec soi-même, on n'y poursuit plus les illusions et les chimères, on s'éloigne des égoïstes et des moqueurs, du brigandage qui règne dans la littérature, de la persécution infligée aux quelques hommes de génie qui sauvent encore l'honneur de la France, de l'instabilité et de la frivolité du goût. Bref, tout l'arsenal des récriminations anti-parisiennes de Voltaire y passe, sur un ton d'une

[1] pour toutes les citations de cette période, voir Best.D9231, D8922, D9043, D9070, D9074, D9431, D9460.

gravité et d'un solennel frappants: Voltaire, s'il faut le prendre au pied de la lettre, doit vraiment, comme il le dit, se sentir bien 'étranger' dans cette ville qu'il 'hait' (Best.D8813, D8860). Ce ton désabusé se répète d'ailleurs à intervalles réguliers dans les lettres qu'il adresse à ses nombreux correspondants; d'Argental, mme de Bentinck, mme de Fontaine, Sénac de Meilhan, mme Dupin, Hénault, Cideville, apprennent ainsi tour à tour qu'il ne peut 'travailler que dans la retraitte', qu'il est 'tout émerveillé d'être heureux chez [lui] depuis cinq ans', qu'il n'a commencé à vivre que du jour où il s'est 'soustrait à toutes [les] misères' de Paris, que les chaînes de Babylone, toutes dorées qu'elles soient, sont toujours des chaînes, etc. On comprend que Voltaire veuille fuir un tel esclavage; il préfère, quant à lui, être 'vieux, riche, libre, hardi et bien à la cour sans en approcher'; il faut surtout, comme lui, aimer 'le repos, la campagne, la charüe et le semoir' et ne songer 'qu'à [ses] campagnes, à [ses] moissons, à [ses] vins'; on notera au passage l'apparition, en cette année 1760, pour la première fois dans le vocabulaire voltairien, des termes relatifs à l'agriculture et à la vie à la campagne, qui reviendront plus tard comme de véritables leitmotive dans la correspondance. Il faut enfin, suprême malice du vieillard, allier les commodités de la ville aux bienfaits de la retraite: en cela, coup de patte de Voltaire à Rousseau: 'Le goût de la campagne augmente encore le bonheur de ma retraite; je n'y marche pas à quatre pattes, je crois qu'on peut être philosophe avec les aisances de la vie.'[2]

Et pourtant . . . ! Pourtant, en cette même année, comme en contre-point, émerge un troisième thème, qui se superpose à la dénonciation de Paris et à la fière proclamation de la liberté dont Voltaire affirme jouir – thème qui semble contredire les deux premiers: à plusieurs reprises, le poète ne dissimule pas l'extrême envie qu'il éprouve d'aller à Paris. Pour cela, deux prétextes seront invoqués. D'une part, sa présence 'au tripot' est nécessaire pour lui permettre de surveiller la présentation de ses pièces; d'autre part, il faut, pour la défense de la bonne cause, faire entrer à l'Académie certains des meilleurs représentants de la philosophie, Diderot et le comte de Tressan; à ceux-ci, Voltaire affirme plusieurs fois qu'il ferait volontiers le voyage pour se trouver sous la Coupole le jour du vote, et leur donner ainsi sa voix. Il tourne par ailleurs une 'petite épitre pompadourienne', insère dans ses lettres des éloges de la marquise, et s'écrie, sarcastique: 'Mais quoi, Fréron

___

[2] Best.D8813, D8860, D9352, D9346, D8994, D8909, D8903, D8825, D9341, D9070, D9039 et D8929.

et Poinsinet m'ont chassé de Paris. Il est juste que les grands hommes honorent la capitale et que je sois dans les Alpes.'³ D'où il faut inférer au moins que Voltaire, en cette année-là, malgré ses proclamations et ses rodomontades, n'était pas tout à fait certain si sa présence éventuelle à Paris serait interdite ou simplement tolérée.

Dans les lettres de 1760, la verve de Voltaire se déchaîne contre Paris. Au cours des deux ou trois années suivantes, par contraste, la capitale occupe dans la correspondance une place beaucoup moins importante. Pourtant, les mêmes thèmes s'entrecroisent, c'est toujours le même ton passionné, qui fait croire, à la longue, à un véritable système, en tout cas à des 'scies' inconscientes. Voltaire fustige toujours les 'pédants; [. . .] les hipocrites; [. . .] les fanatiques' de la ville, pour louer 'la vie libre et patriarchale'; il déplore le temps que l'on perd à Paris, car 'l'esprit s'y dissipe, les idées s'y dispersent, on n'y est point à soy'. Mais par ailleurs, il fait des projets précis pour s'y rendre, ne fût-ce que pour de brefs séjours. Ainsi, il annonce à mme Du Deffand qu'il passera avec elle les mois de janvier et février 1761, et s'excuse d'avance de ne pouvoir rester plus longtemps, car il doit 'gouverner des terres un peu étendües'; mais il ne reparle plus ensuite de ce projet. Un an plus tard, en janvier 1762, le roi envoie à Voltaire une patente pour une pension de 2000 livres. Il s'agissait en fait de la restitution de la pension d'historiographe, qui lui avait été retirée après son départ à Berlin. Grande joie de Voltaire, grande déconfiture de ses adversaires: n'était-ce point là un signe tangible de la bienveillance du prince, l'équivalent de ce 'oui' royal que depuis neuf ans, depuis Francfort, Voltaire guettait si ardemment? Aussitôt, il fait des projets, et la crédibilité de son arrivée à Paris est grande: Du Pan, dans une lettre à Freudenreich, s'en fait l'écho (Best. D10257, note). Pourtant, encore une fois, il se terre. Et cependant, un an plus tard, en décembre 1762, il annonce à d'Argental son retour au 'tripot' comme s'il s'agissait d'une décision ferme, presque imminente. On aura remarqué qu'à chaque fois qu'il évoque un retour à Paris, c'est en décembre ou en janvier, c'est-à-dire en plein cœur de l'hiver; l'hiver, le froid, la neige sont la hantise de ce grand frileux, qui ne sort presque plus six mois de l'année, qui ne vit vraiment qu'en été: 'Mon pays est pendant l'été le paradis terrestre, ainsi je lui pardonne d'avoir

³ Best.D9049. D9052, D9271, D9260, D9274, D9477, D8959.

un hiver, je dis mon pays car je n'en ai point d'autre. Je n'ay pas un bouge à Paris, et on aime son nid quand on l'a bâti.'[4]

En réalité, la place relativement peu importante que Paris occupe dans la correspondance[5] pendant ces quelques années est due à plusieurs facteurs. Premièrement, Voltaire s'acclimate de plus en plus à Ferney, et y trouve assez vite le rythme de vie studieux qui sera, dès lors, le sien, et qui n'exclut pas, loin de là, le faste singulier des réceptions qui feront du patriarche 'l'aubergiste de l'Europe';[6] ensuite, de grands projets l'absorbent: il adopte mlle Corneille, et entreprend le harassant et souvent fastidieux travail de commenter tout le théâtre de son grand-oncle; d'autre part, en 1762, l'affaire Calas commence à mobiliser toutes ses énergies; enfin Voltaire, tenté par l'exorcisme, fixe dans deux œuvres littéraires le problème de Paris et des sentiments mêlés que cette ville lui inspire, ainsi que l'apologie du style de vie qu'il dit avoir librement choisi.

La première de ces œuvres est l'*Epître à madame Denis sur l'agriculture*, datée du 14 mars 1761 (M.x.378-82). La structure générale en est dialectique: Voltaire reprend les arguments et les sarcasmes de ses adversaires sur son exil et son isolement pour les réfuter. Il commence par se féliciter d'employer sa vieillesse à vivre comme 'le grand Virgile

[4] Best.D10362. On se rappellera qu'après avoir quitté sa retraite de Cirey, Voltaire, près de vingt-cinq ans auparavant, revenait toujours à Paris en novembre de chaque année.

[5] précisons: Paris est toujours présent dans la correspondance; ce qui est alors moins important, c'est la question des relations physiques de Voltaire avec Paris, et le parallèle entre Paris et Ferney; pour étudier ces derniers thèmes, on consultera plus particulièrement: pour l'année 1761, Best.D9542, D9655, D9670, D9715, D9781, D9973, D10210 et D10215; pour l'année 1762, Best.D10257, D10343, D10855 et D10863; pour l'année 1763, Best.D11114, D11138 et D11163; pour l'année 1764, Best.D12014.

[6] Paris était au dix-huitième siècle, dit un historien, 'l'hôtellerie du monde' (Désiré Brelingard, *Paris de 1600 à 1945*, tomes iii et iv de *La Vie parisienne à travers les âges* (Paris 1965), iii.199). En tenant toujours table ouverte, Voltaire ne concurrence-t-il pas d'une certaine manière la ville détestée et enviée? Il prend sûrement plaisir à noter, dans son *Commentaire historique*, qu' 'Il y eut plus d'une fois [à Ferney] des soupers de cent couverts, et des bals; mais malgré le tumulte d'une vie qui paraissait si dissipée, et malgré son âge, il travaillait sans relâche' (M.i.100). Les témoignages sur le flot de visiteurs à Ferney sont innombrables; c'était devenu un véritable pèlerinage, sinon une mode, comme le révèle le billet suivant d'Antoine Thomas au chevalier de Taulès: 'Je ne doute pas, mon cher chevalier, que vous ne profitiés de votre séjour à Genève pour y voir Monsieur de Voltaire. On n'approche pas si près de La Mecque sans faire le pèlerinage; et quel est le réprouvé qui ait été à Rome sans y voir le pape? Pour moi, n'en déplaise à Mahomet et au saint père, j'aimerois bien mieux ce pèlerinage-ci que les deux autres. Je ne sçais où en est la dévotion chez les serviteurs d'Alla; mais sûrement Fernex attire aujourd'hui plus de vrais dévots que le Vatican' (Best.D13190, note).

occupa son printemps!' Et le vers suivant, inséré presque au début de la pièce, est comme un aphorisme qui résume l'intention de l'auteur dans son poème:

C'est la cour qu'on doit fuir, c'est aux champs qu'il faut vivre.

Ce choix de vie est surtout utile, puisque

le cultivateur
Des ressorts de l'Etat est le premier moteur.

Mais, s'il est bon de manier la 'faux de Cérès',

ne détournons point nos mains et nos regards
Ni des autres emplois, ni surtout des beaux-arts.

En conséquence, le poète se promet de continuer à défendre partout la philosophie, et d'attendrir les cœurs sur la scène, en essayant d'imiter Racine. Puis, dans une allusion directe à ses relations ambigües avec le pouvoir, il s'affirme

Jamais adulateur et toujours citoyen,
A son prince attaché sans lui demander rien.

La fin du poème semble pourtant s'éloigner de ce ton serein, et trahir un sentiment plus profond, et peut-être moins 'philosophique': évoquant le grand Corneille, Voltaire s'écrie:

Son ombre nous console, et nous dit qu'à Paris
Il faut abandonner la place aux Scudéris.

Le second écrit consacré à ce problème date de mars/avril 1764; il s'agit du *Discours aux Welches* (*Mélanges*, pp.685-701). Contrairement à l'*Epître sur l'agriculture*, ce n'est pas une œuvre mineure; d'un style vigoureux et incisif, le *Discours aux Welches* présente, comme le souligne Pierre Daprini, 'l'originalité de mettre globalement en cause la civilisation française contemporaine';[7] de la 'fabrique de Ferney' sortiront peu de pamphlets aussi chargés d'émotivité.

Les Welches, ce sont les Français, ou plus précisément les mauvais français.[8] Pourtant, à la lecture du *Discours*, de la correspondance

---

[7] 'Le *Discours aux Welches* ou la France vue de Ferney', *Studies on Voltaire* 98 (1972), p.59.

[8] dans l'*Avertissement* au *Supplément du Discours aux Welches* (*Mélanges*, pp.702-708), composé quelques mois plus tard, Voltaire donne la définition du mot, tel que l'entendait Antoine Vadé, prétendu auteur du pamphlet: 'Antoine pensait que les Welches

et des autres œuvres où revient le terme méprisant, on se rend tout de suite compte que ces Français-là, ce sont surtout les Parisiens. Ainsi, dans le *Discours aux Welches*, quand Voltaire dénonce les réquisitoires des 'licenciés de Robert Sorbon', ou quand il s'indigne contre ceux qui ont 'rendu des arrêts par lesquels on condamnait aux galères ceux qui disputaient contre les catégories d'Aristote' (*Mélanges*, p.691), quand il parle des modes ridicules ou des succès de l'opéra comique, il a toujours à l'esprit les sorbonnards, les parlementaires, les petits-maîtres et les pédants de Paris; encore une fois, sous la plume de l'écrivain, la capitale sera le microcosme et le condensé de la France.

Voltaire commence par faire un résumé de l'histoire de France, et de ses misères; il évoque les invasions barbares, normandes, anglaises, pour rabaisser les prétentions des Français à constituer 'le premier royaume' de l'univers; il rappelle la sujétion des pouvoirs à l'égard de Rome; il crie son indignation devant la misère de la majeure partie des paysans, opposée à la frivolité et au faste des riches; et surtout, il prouve aux Français, par une longue énumération, qu'ils n'ont guère contribué aux progrès du monde, et que toutes les découvertes et les inventions utiles: boussole, lunettes, imprimerie, gravitation, inoculation, sont le fait des étrangers.

Dans la deuxième moitié du *Discours*, Voltaire fait le procès des lettres en France. Il ne nie pas la grandeur de certains: La Fontaine, Bossuet, Boileau, Fénelon, mais il refuse de les mettre au-dessus des Grecs et des Romains, qui seront toujours les maîtres. Il tourne en dérision les historiens qui l'ont précédé. De ce persiflage général, seul le théâtre est sauvé, car Racine est supérieur à Euripide, et Molière à Térence ou à Plaute.

Pourquoi cette hargne, pourquoi cet éreintement systématique et complet? Il est hors de notre propos d'étudier l'attitude de Voltaire devant la civilisation française en général, comparée aux autres civilisations européennes. Il nous suffira de relever dans le *Discours* ces phrases significatives: 'Vous vous applaudissez de voir votre langue presque aussi universelle que le furent autrefois le grec et le latin: à qui en êtes-vous redevables, je vous prie? A une vingtaine de bons écrivains que

étaient les ennemis de la raison et du mérite, les fanatiques, les sots, les intolérants, les persécuteurs et les calomniateurs; que les philosophes, la bonne compagnie, les véritables gens de lettres, les artistes, les gens aimables enfin, étaient les Français, et que c'était à eux à se moquer des autres, quoiqu'ils ne fussent pas les plus nombreux' (p.703). Plus loin, l'auteur ajoute: 'on doit donner le nom de Francs aux pillards, le nom de Welches aux pillés et aux sots, et celui de Français à tous les gens aimables'.

vous avez presque tous ou négligés, ou persécutés, ou harcelés pendant leur vie' (*Mélanges*, p.691). L'un de ces 'bons écrivains' contemporains et, pourquoi pas, le meilleur peut-être est Voltaire lui-même qui, s'il n'a pas été négligé par ses compatriotes, a été sûrement, de son point de vue en tout cas, persécuté et harcelé. Le *Discours aux Welches* est par conséquent, en partie du moins, une réponse aux Welches assez envieux et bornés pour interdire la capitale à l'une de leurs plus grandes gloires, ou du moins à lui en rendre l'accès difficile. C'est une manière de décrier ce qui n'est pas à sa portée, pour en minimiser l'attrait, et pour marquer son détachement et son dédain pour ce qu'on prétend lui interdire. Faut-il pourtant voir uniquement dans le *Discours*, comme l'affirme Daprini, 'la réponse réfléchie que donne Voltaire à un problème d'ordre personnel, qui est celui de sa difficile adaptation à Ferney alors que lui est interdit le retour à Paris'?[9] Conclusion quelque peu excessive à notre sens. D'une part, rien ne prouve, bien au contraire, que l'adaptation à Ferney fut difficile. Voltaire s'adaptait vite dans toutes ses nouvelles demeures. D'autre part, il n'est plus possible de nier le goût qu'il avait pour une vie retirée et studieuse. Enfin, l'attrait qu'exerce Paris, en mars 1764, n'est pas, au témoignage même de la correspondance, si grand qu'il puisse expliquer une explosion si forte et si soudaine. Au contraire, à partir de 1762 surtout, Voltaire semblait avoir pris son parti de son séjour au pays de Gex et ne parlait plus qu'occasionnellement de revenir dans la capitale. Ajoutons enfin que les arguments du *Discours aux Welches* contre Paris sont loin d'être nouveaux ou originaux; on les retrouve dans des œuvres antérieures du philosophe, et par exemple, par une argumentation presque similaire et avec des termes très proches de ceux du *Discours*, dans la *Conversation de monsieur l'Intendant des Menus en exercice avec m. l'abbé Grizel*, qui est de 1761. On les retrouvera également plus tard: l'Ingénu, emprisonné avec le janséniste Gordon, lit une *Histoire de France*. Il en fait un résumé qui ressemble étrangement au bilan presque infâme dressé par le *Discours*: une suite d'horreurs et de mesquineries, que ne vient même pas compenser, comme dans d'autres pays, quelque belle découverte. Or, *L'Ingénu* est d'août 1767.

L'*Epître sur l'agriculture* et le *Discours aux Welches* font donc le point: Voltaire, par dépit, par goût réel, par désœuvrement (et probablement dans la réalité pour ces trois raisons réunies) s'intéresse de plus

---

[9] 'Le *Discours aux Welches* ou la France vue de Ferney', p.60.

en plus à l'exploitation de ses terres. Il accepte de plus en plus la perspective de demeurer loin de Paris, même si, quelquefois, de violentes explosions d'invectives ne venaient rappeler qu'il pensait toujours à ce déplacement; et il profite alors de chaque occasion qui lui est offerte pour juger sévèrement, de sa lointaine perspective de Ferney, les vices et les travers de ses concitoyens welches.

A partir de 1764, le *Dictionnaire philosophique* et toutes les séquelles de sa publication, le combat pour les Sirven et bientôt pour La Barre, les multiples escarmouches littéraires qui ne cessent jamais, tout cela contribue à maintenir Voltaire dans un perpétuel tourbillon de soucis et de préoccupations. Il parle peu, même très peu de Paris, soit résignation, soit oubli; il continue d'affirmer, mais distraitement, qu'on ne vit qu'à la campagne, tandis qu'on 'meurt oublié, sans avoir vécu', à Paris.[10] Il profite d'ailleurs quelquefois de ses œuvres mineures pour répéter ce qui est devenu son credo

> Dieu fit la douce illusion
> Pour les heureux fous du bel âge,
> Pour les vieux fous l'ambition
> Et la retraite pour le sage.[11]

Il ajoute bientôt un nouvel argument qui prendra progressivement une grande importance dans la correspondance: les responsabilités qu'il a contractées envers les habitants de Ferney et de tout le pays environnant. Il est devenu leur bienfaiteur, les paysans le savent bien et le supplient de ne pas les quitter. Ce n'est pas seulement de la coquetterie de la part de Voltaire; la mise en valeur du pays est exclusivement son œuvre, et il s'est réellement attaché à ces gens qu'il a tirés de la misère. Après son départ, en 1778, Ferney ne tardera pas à sombrer à nouveau dans le marasme.

Il est également vrai qu'il a quelquefois des velléités de voyage, et alors il prie Richelieu 'd'exciter quelques bontés' pour lui, ou il se plaint amèrement de la persécution dont il est l'objet; à d'Argental,

---

[10] certains de ses amis l'encouragent indirectement dans cette voie, en lui peignant sous de sombres couleurs les tracas de Paris. Ainsi Morellet, qui parle à Voltaire de d'Alembert, évoque 'le mouvement terrible du tourbillon de Paris auquel il a toujours eu la sagesse et le courage de ne pas se laisser entraîner' (Paul Le Clerc, éd., 'Unpublished Letters from Morellet to Voltaire', *Studies on Voltaire* 106 (1973), p.77). La lettre est du 15 novembre 1766.

[11] *Epître à monsieur le chevalier de Boufflers* (1766) (M.x.389).

il suggère qu'on 'pourrait faire entendre qu'il est triste qu'un homme qui travaille depuis cinquante ans pour les plaisirs de Paris vive et meure dans un désert éloigné de Paris'; à Richelieu, il commente, sarcastique: 'Il est plaisant qu'un garçon horloger [Rousseau] avec un décret de prise de corps, soit à Paris, et que je n'y sois pas'; il rit amèrement aussi quand il reçoit les félicitations du russe Chouvalov qui a appris par les Gazettes qu'il se rendait dans la capitale, et qui estime que celle-ci 'sera assurément très-flatée de vous posséder'.[12] Enfin, selon une habitude qui est fréquente chez lui, il transpose son expérience dans une œuvre littéraire; cette fois-ci, il choisit d'être le bon vieillard Sozame qui, dans la tragédie des *Scythes*, a tout quitté pour se réfugier à la campagne, et qui raconte ainsi sa vie:

> Ami, tout ce que peut l'adroite calomnie,
> Pour m'arracher l'honneur, la fortune et la vie,
> Tout fut tenté par eux, et tout leur réussit: [. . .]
> Bientôt dans vos forêts, grâce au ciel parvenu
> J'y trouvai le repos qui m'était inconnu.
> J'y voudrais être né. Tout mon regret, mon frère,
> Est d'avoir parcouru ma fatale carrière
> Dans les camps, dans les cours, à la suite des rois,
> Loin des seuls citoyens gouvernés par les lois.

L'ami à qui Sozame fait ce récit transparent, Hermodan, un autre sage vieillard, verse le plus lénifiant des baumes sur le cœur de Sozame en lui donnant non seulement raison, mais en liant également la trajectoire de son destin à la poursuite de la liberté:

> La franchise qui règne en notre heureux séjour
> Fait mépriser les fers et l'orgueil de la cour.[13]

Et soudain, le 1er mars 1768, tout change, Voltaire sort de son indifférence, Paris reprend, dans la correspondance, le devant de la scène. C'est que, ce jour-là, mme Denis, brouillée avec son oncle, quitte Ferney pour la capitale. Elle sera absente jusqu'à la fin d'octobre 1769.

---

[12] on pourra consulter, pour l'année 1765, Best.D12377, D12422, D12432; pour l'année 1766, Best.D13129, D13422; pour l'année 1767, Best.D14114, D14269, et enfin, pour le début de 1768, Best.D14643.

[13] M.vi.284. La tragédie est de septembre 1766. En 1759, dans la célèbre dédicace de *Tancrède* à mme de Pompadour, Voltaire écrit: 'Il vaut mieux, sans doute, fertiliser sa terre que de se plaindre à Paris de la stérilité de sa terre' (M.v.498).

Pendant ces vingt mois, elle n'aura de cesse qu'elle ne tente par tous les moyens d'amener son oncle à Paris. Comment réagira Voltaire?

Le philosophe était, malgré tous les défauts de sa nièce, sincèrement attaché à elle. Son départ lui cause un grand chagrin et Ferney lui semble soudain bien vide. A mme Denis, il écrit: 'Ferney m'est odieux sans vous, et [...] je le regarde comme le palais d'Armide [...] je regreterai encor moins le voisinage de Geneve. Ce sera toujours l'antre de la discorde' (Best.D14820). Mais dans la même lettre, il précise bien qu'il ne la rejoindra à Paris que s'il peut s'y rendre en toute dignité, et sans présenter la moindre requête.

Pourtant, les semaines passent, c'est le printemps et bientôt l'été, et Voltaire découvre peu à peu que sa résidence peut être fort agréable sans le bruit et le mouvement perpétuel qu'y entretenait mme Denis. Il a toujours l'intention de se rendre à Paris ('je m'intéresse toujours à Paris, comme on aime ses anciens amis avec leurs défauts'), mais enfin, il ne lui faut plus qu'un 'tombau' et 'tous les lieux [lui] sont égaux pour finir [sa] carrière' (Best.D15154).

Pendant tout l'automne et l'hiver 1768-1769, mme Denis, absorbée par les fêtes et le fracas de Paris, laisse son oncle tranquille, même si, pour ne pas trop couper les ponts entre elle et Ferney, elle exprime quelquefois, devant des étrangers, des désirs contraires (cf., par exemple, Best.D15134, D15399); son plaisir à Paris n'est d'ailleurs guère traversé, puisque Voltaire règle sans sourciller les extravagantes factures que sa nièce lui envoie pour son ameublement, ses toilettes, sa domesticité, etc. Et puis, en février 1769, elle manifeste fermement à son oncle le désir de le rejoindre à nouveau près de Genève. Commence alors dans la correspondance l'un des échanges les plus curieux qui soient: Voltaire, qui a pris goût à sa solitude nouvelle, s'épouvante à l'idée du retour de sa nièce, et avec elle de la cohorte de gens plus ou moins douteux à qui elle ouvre volontiers ses portes.[14] Comment faire pour la décourager? Il lui peint alors, en une multitude de lettres, l'enfer de la vie à Ferney, opposé au paradis parisien où elle se trouve. A la campagne, 'nulle société, nul secours, nulle diversion, c'est un désert' (Best.D15473), où l'on mène 'une vie [...] horrible pour quiconque n'a pas le goût de la solitude et de l'agriculture. On cherche à tromper son ennui par de

---

[14] Jean Louis Dupan écrit à Suzanne Freudenreich: 'Madᵉ Denis voudroit bien revenir à Fernex, mais son oncle n'en veut pas entendre parler, au défaut de la bonne compagnie qu'elle ne pouvoit avoir, elle en attiroit de la mauvaise, et Voltaire en étoit excédé' (Best. D15784).

fausses imitations des plaisirs de Paris qu'on ne peut se procurer qu'avec des frais immenses [...] Il faut avoir la passion de l'étude et celle de la campagne pour vivre entre les Alpes et le Mont Jura' (Best.D15464). On sait comment Voltaire peut mener tambour battant une campagne épistolaire, quand il veut absolument faire triompher son point de vue; il n'aura de cesse qu'il ne convainque sa nièce de son bonheur à demeurer loin de Ferney: 'La Sibérie et Ferney sont précisément la même chose cinq mois de l'année. Il n'y a qu'un travail assidû de quinze heures par jour qui puisse faire supporter la vie sous quatre piés de neige' (Best.D15503). En contraste, à Paris, on a les parents, les amis, les spectacles, les agréments d'une capitale, les plaisirs de la société.

Mme Denis ne rend pas facilement les armes. Elle avait dû constater à Paris que son propre mérite aux yeux du monde n'était que le pâle reflet de celui de son oncle. Sans Voltaire, elle n'était plus que la veuve un peu vulgaire d'un commissionnaire aux armées. Aussi prend-elle rapidement son parti: il faut qu'elle fasse venir son oncle à Paris. Dès mars 1769, elle commence un véritable harcèlement épistolaire: elle enfonçait une porte ouverte, car Voltaire avait alors vraiment envie d'aller à Paris, il le disait clairement à maints correspondants; seulement, mme Denis avait commis dès le début une grossière erreur de psychologie, qui montre comment cette femme avide pouvait quelquefois se méprendre sur le compte de son oncle. Elle lui affirme en effet que la protection dont l'honore Choiseul semble suffisante pour écarter tout danger à Paris. 'Je désire ardament ce voiage, vous feriez le bonheur de beaucoup de gens, vous y auriez des moments très brillans. D'un autre côté il faudroit renoncer à votre passion favorite, celle d'écrire' (Best.D15507). Et elle explique pourquoi: le parlement est toujours l'ennemi de Voltaire, et il faut le ménager ... Mais cette dernière condition a dû faire dresser l'oreille au vieillard sourcilleux et jaloux de sa liberté! Demander alors à Voltaire de ne plus écrire, c'était demander l'impossible, briser ses ressorts intimes, tarir en lui ses sources de vie.

La protection de Choiseul ne semble d'ailleurs pas suffisante: seule une approbation du roi serait capable de conjurer les persécutions de tous les ennemis. Aussi mme Denis, faisant intervenir les puissants amis de Voltaire, engage mme Du Barry, qui a remplacé à la cour et dans le cœur de Louis xv mme de Pompadour, à demander au roi de permettre à Voltaire de se rendre à Versailles; la favorite prétexterait le désir qu'elle a de voir le vieillard. Cette démarche prendra dans les lettres qu'échangent l'oncle et la nièce le nom de 'négociation Lelong-de Vim' et les occupera tout l'été 1769; comme il faut tout craindre de la censure, on aura recours à un langage codé; Voltaire sera m. Talon, et d'autres fois mme Daumard; le roi devient le notaire de Vim, Choiseul l'abbé Binet ou 'mon beau-frère', enfin mme Du Barry sera 'mme la présidente' ou mme Lelong. Voltaire profite de ce langage hermétique pour vider son cœur et dire tout ce qu'il pense de Louis xv. Ce notaire 'est le plus plat et le plus opiniâtre de tous les gardes-notes' (Best. D15503), il a 'de l'humeur très mal à propos; et [. . .] est opiniâtre dans les plus petites choses' (Best.D15885); Voltaire le croit 'un homme très dur, et pour qui [il] a toujours eu le plus sincère mépris' (Best. D15917). Ce dur jugement sera encore une fois, aux yeux de Voltaire, corroboré dans les faits; mme Du Barry, fidèle à sa promesse, parle au souverain du vieillard; Louis xv se contente de sourire et promet de répondre plus tard à la requête de sa maîtresse. Ce que Voltaire interprète immédiatement, et à juste titre, comme une dérobade.

Entretemps, de curieux développements étaient intervenus dans la correspondance entre l'oncle et la nièce. Mme Denis commence tout d'abord par reprocher à Voltaire sa tiédeur, son absence d'enthousiasme devant le déroulement de la 'négociation Lelong-de Vim'. Avant même qu'elle ne lui annonce la démarche effective de mme Du Barry, Voltaire lui demande de tout suspendre et de remettre l'affaire au mois de novembre. Mme Denis s'en indigne: à quoi rime tout cela? Voltaire est embarrassé: sa 'santé est fort déplorable', ses affaires l'obligent à rester à Ferney quelques mois encore, 'le parti de rester où [il est] serait peut-être le meilleur', seules les 'maudites neiges' lui font envisager un déplacement, mais 'tout fracas [le] tueroit en trois jours'; d'ailleurs, 'plus que jamais, vanité des vanités, et tout n'est que vanité' (Best. D15835). Mme Denis a raison de s'étonner: 'vous me paraissez vous soussier si peu de [la] réussite' de la négociation! A-t-elle véritablement percé à jour son oncle quand elle affirme de mme Daumard, c'est-à-dire de Voltaire: 'Mais je commence à croire que malgré tout ce qu'elle dit elle n'a nulle envie de venir' (Best.D15849)? Et, de manière beaucoup plus perspicace, elle écrit à mme d'Argental, après son retour à Ferney, en octobre 1769:

Il travaille 15 heures par jour; c'est une passion plus violente que jamais; je suis persuadée que si notre projet [de le faire revenir à Paris par la négociation Lelong-de Vim] avait réussi, nous n'aurions pas pu le lui faire mettre à exécution; il serait en enfer s'il ne pouvait pas travailler. Il m'a fait des questions sur ce projet, auquel j'ai répondu vaguement, lui disant, que la réponse étant trop longue a attendre et voyant que la saison s'avançait; que quand même cette réponse aurait été favorable l'hiver aurait empêché qu'il pût en profiter, et c'est ce qui m'avait engagé à partir sans l'attendre. Il a bien pris la chose et nous n'en avons plus parlé.[15]

Encore une fois, au terme de tout ce bruit fait autour de Paris pendant l'été 1769, nous nous heurtons à une attitude énigmatique, sinon agaçante de la part de Voltaire. D'une part, nul ne peut mettre en doute son ardent désir de revenir dans la capitale: quand il écrit là-dessus à un intime comme d'Argental, ses accents ne peuvent tromper; de même, quand il met en branle toute la machine de ses influents amis parisiens, on ne peut que souscrire au verdict de Theodore Besterman, quand il écrit: 'Voltaire's chief, even obsessive personal wish ever since he left Berlin in 1753 had been to return to Paris. For nearly 20 years he had turned every stone and explored every avenue to this end' (*Voltaire*, p.509). Pourtant, cette conclusion se trouve partiellement infirmée par les réactions de Voltaire. On dirait que plus approche le moment où son désir va se réaliser, plus il se dérobe; 'feue ma patrie': c'est par ces termes excessifs qu'il désigne d'ailleurs, en cette année, sa ville natale;[16] il se précipite, puis s'esquive; et il recommence le manège, inlassablement; à l'égard de Paris, l'attitude de Voltaire est un déconcertant 'Oui, mais . . . !' Ce 'mais . . .', comment l'interpréter? A notre sens, il s'agirait de cette perception aigüe qu'avait Voltaire des limites qu'on imposerait à sa liberté dans la capitale de la France. Car les déclarations de Voltaire sur son amour de la liberté sont tout aussi sincères et passionnées que son désir de se replonger dans les plaisirs du monde. Il balance tout le temps entre ces deux pôles, mais il ne peut que frémir quand sa nièce lui annonce froidement qu'à Paris, il devra cesser d'écrire! Et quand le choix est inéluctable, il se crée de bonnes raisons pour le reporter à plus tard. D'ailleurs, comment, de Paris, pourrait-il continuer

---

[15] Best.D15994. De mars à décembre 1768, on se rapportera à Best.D14795, D14820, D14830, D15048, D15765, D15154, D15187, D15205. Pour les dix premiers mois de 1769, le nombre des lettres qu'il faudrait citer, à part celles que nous avons déjà relevées, croît vertigineusement, surtout à cause des multiples missives échangées dans le cadre de la 'négociation Lelong-de Vim'. On consultera Best.D15428, D15440, D15458, D15494 D15565, D15566, D15590, D15596, D15639, D15694, D15698, D15786, D15801, D15816, D15828, D15833, D15842, D15853, D15886, D15887, D15889, D15896, D15897, D15905, D15909, D15918, D15950, D15955, D15956, D15962, D15987, D15988.
[16] comme le relève Andrew Hunwick, 'Le patriotisme de Voltaire', *Studies on Voltaire* 116 (1973), pp.7-18.

le combat, exciter les frères, écraser un peu plus l'infâme? Entre un désir personnel longuement chéri et poursuivi, et le sens très fort que Voltaire avait alors de sa mission et de ses responsabilités à la tête des philosophes, le conflit était insoluble.

Après la mésaventure de la négociation Lelong-de Vim, Voltaire, qui continue de travailler à un rythme extraordinaire pour un vieillard de 76 ans, a un bref repli sur lui-même. Mais bientôt, il recommence à souligner à ses amis qu'il n'attend qu'une occasion favorable pour effectuer le voyage. Il a des réflexions pénétrantes: même si Paris continue d'être d'or et de fange, ses vrais amants le voient toujours briller de mille feux: 'Tous ceux qui m'écrivent de Paris me protestent qu'ils sont très fâchés d'y être; mais ils y restent.' Et le sentiment qu'il impute à mme d'Epinay, ne peut-on le soupçonner de l'éprouver lui-même? 'serez vous jamais assez philosophe pour quitter Paris? Vous n'en ferez rien, Madame, vous trouverez Paris insupportable et vous l'aimerez' (Best.D17119, D16966). De même, Ferney décidément lui devient de plus en plus pénible à supporter: 'Je suis enseveli dans les neiges [. . .] Je maudis Ferney quatre mois de l'année au moins, mais je ne puis le quitter, je suis enchaîné à ma colonie' (Best.D16972).

En réalité, on constate de manière très perceptible qu'à partir de 1770, Voltaire devient de plus en plus impatient de se rendre à Paris, et s'en cache de moins en moins. On peut penser que, l'âge avançant, le patriarche sent que le temps va bientôt lui manquer pour réaliser ce vœu très cher, et qu'il n'y a plus lieu de faire des coquetteries: il faut qu'on claironne de plus en plus à Paris l'incongruité qu'il y a à interdire au plus grand écrivain français vivant de séjourner dans sa ville natale. D'autre part, à partir précisément de 1770, l'admiration que nombre de Parisiens avaient pour Voltaire vire au culte quasi religieux. La légende du 'vieux solitaire' atteint des proportions inimaginables et provoque une dévotion qui nous laisse aujourd'hui un peu stupéfaits. Or les innombrables disciples vont, dès lors, multiplier les invitations et faire miroiter aux yeux du philosophe le triomphe qui l'attend dans sa ville: on comprend que Voltaire n'ait pu rester insensible à ces évocations.

Mme Du Deffand s'étonne qu'il ne veuille pas connaître par lui-même sa 'gloire à Paris' (Best.D18022). Susanne Necker, la femme de l'homme d'Etat et financier, entend dire que Voltaire vient à Paris. 'Vous y jouirez de votre gloire, commente-t-elle. Depuis longtemps l'Europe est surprise que le centre des arts, du génie, et des talents, soit

si éloigné de son modèle' (Best.D17912). Marmontel, moins céré-
monieux et moins formaliste, est d'un lyrisme quasiment religieux.

J'étais dans le ravissement, mon illustre maître, de l'espérance qu'on m'avait
donnée de vous voir à Paris. Je quittais la campagne pour aller m'assurer de
la bonne nouvelle, et m'en réjouir avec nos amis. Voilà notre bonheur évanoui
comme un songe. Ah! pourquoi ne venez vous pas? ce serait une grande fête
pour votre patrie, et surtout pour les gens de lettres dignes de ce nom! Vous
êtes leur père et leur roi; [. . .] à Paris vous trouveriez votre buste sur le prie-
dieu de tous les philosophes. Nous l'adorons, comme les Grecs sacrifiaient
aux grâces, avant de nous mettre à l'ouvrage; et, s'il ne nous inspire pas le
génie, il nous inspire le courage et l'amour de l'humanité. Mon bon maître, il
n'est pas permis à tous les hommes d'être grands, mais ils peuvent tous être
bons, et vous contribuez à les rendre tels plus que n'a fait personne au monde.
Votre influence est la plus étendue et la plus puissante que la nature ait jamais
donnée à un esprit sur tous les esprits; mais personne ne vous doit tant que les
gens de lettres, ou plutôt, le monde vous devra les gens de lettres que vous
aurez formés. Quelle différence, du côté des lumières et de l'élévation d'âme
dans les écrits, entre le siècle présent et le passé! Comme la vérité a levé la
tête, et marché d'un pas ferme et sûr! Vous avez été son soutien; venez voir
vos enfants; venez les voir unis; venez jouir de leur tendresse. Vous nous
donnez tant de plaisir! vous faites tant de bien à nos âmes épanouies par votre
gaieté, attendries par vos sentiments, élevées par vos maximes! Venez; mais
non, cette espérance nous est ravie. Mes amis et les vôtres en seront désolés:
je le suis plus que tous, parce que je vous aime avec un sentiment si vrai, si
tendre, si profond, que rien ne lui ressemble. Je me le persuade, et je serais
fâché de croire qu'un autre que moi l'éprouvât aussi vivement.[17]

Bernard Saurin, un modeste émule de Voltaire sur la scène, renchérit
encore (Best.D18031); peut-on imaginer envolées plus dithyrambiques?

Le bruit avait couru, mon cher confrère, que vous veniez à Paris: le beau jour
de fête que c'eût été! Quel plaisir ceux qui ne connaissent que vos ouvrages
auraient eu de voir et d'entendre le grand homme qu'ils sont si charmés de
lire, et qu'ils vont applaudir au théâtre avec transport! Mais on m'assure que
ce bruit n'a point de fondement et qu'on nous a flattés d'un vain songe. Quel
inconvénient y aurait il donc, que vous vinssiez, du moins, pour un temps,
jouir de votre gloire et consoler vos amis? Je suis persuadé que votre arrivée,
ici, serait une époque mémorable pour vous et pour les lettres et que l'espèce
de triomphe dont Paris vous honorerait vaudrait bien celui de Pétrarque
à Rome.

[17] Best.D15966, 20 octobre 1769. Souligné par Marmontel.

D'Athènes brillante rivale,
Souveraine des arts, chez elle florissants,
De l'empire des lys l'auguste capitale
S'enorgueillit de tes talents,
Pourquoi donc t'exiler des lieux qui t'ont vu naître,
Lieux honorés par tes travaux,
Où malgré l'envie et les sots
Nos plus grands écrivains t'ont proclamé leur maître?
De ton chef d'œuvre le plus beau
Quand le charme toujours nouveau
Aux jeux de Melpomène en foule nous attire,
Des transports qu'Orosmane inspire
Nos cœurs te voudraient pour témoin,
Et vivement pressés d'un si noble besoin
Nous pleurons à la fois ton absence et Zaïre.
Tu fuis, me diras-tu, ces faux amis de dieu
Dont le zèle hypocrite et l'âme atrabilaire
Dès ce monde condamne au feu
Tout grand homme qui nous éclaire.
Loin des traits que leur haine a forgés contre toi
D'un ostracisme volontaire
Tu t'imposes la dure loi:
Hélas! à ton heure dernière
C'est donc une étrangère main
Qui te fermera la paupière.
Voltaire loin de nous finira son destin
Quand au poids de ses ans il faudra qu'il succombe,
Quand il dépouillera ce qu'il eut de mortel,
C'est loin de ses amis que s'ouvrira sa tombe
Qui sera bientôt un autel.

Comment douter ensuite, devant ces objurgations ardentes, que l'amertume de Voltaire ne soit décuplée? Entre lui et ces plaisirs, ces triomphes qu'on lui promet, se dresse le seul entêtement d'un vieillard opiniâtre. Mais comme le 'non' royal est impossible à contourner, Voltaire cherche encore, cherche toujours à le faire révoquer. A la fin de 1772, un grand espoir l'envahit: il vient de terminer *Les Lois de Minos*, 'tragédie crétoise', et il en espère le plus grand bien. Il s'imagine que le succès de la pièce fléchira le souverain; il croit avoir fait plaisir à la cour en dépeignant sous les traits du héros le roi de Suède, qui est alors le grand ami et allié de la France, ou encore Stanislas Leszczynski, roi de Pologne et beau-père du souverain. Il presse Richelieu, gentil-

homme de la Chambre, d'user de son immense crédit pour faire représenter la pièce à la cour. Mais le vieux Don Juan, égoïste endurci, ne
bouge pas le petit doigt; pis encore: Marin, le responsable de la librairie,
à qui Voltaire avait envoyé le manuscrit pour les besoins de la censure,
est, malgré ses protestations d'amitié pour le poète, d'une insigne
malhonnêteté. Il vend le manuscrit au libraire Valade, qui l'imprime
sans la permission de l'auteur, faisant ainsi échouer l'effet de surprise
qu'escomptait Voltaire. Le philosophe est écorché vif: on peut douter
que *Les Lois de Minos* eussent fléchi le roi, mais l'écrivain en était
convaincu; il crie à la trahison, il déborde d'amertume, il écrit, le 1er
février 1773, quatorze missives à ses amis et connaissances de Paris,
pour gémir sur sa malchance et comparer son aventure à celle de la
laitière de la fable, qui renverse son pot au lait.[18]

L'ostracisme dont il est victime magnifie Paris aux yeux du philosophe; à François de Chennevières, il écrit, en mai 1773 (Best.D18373):

vous êtes à portée de tous les plaisirs auxquels j'ai renoncé depuis longtemps;
vous avez sans doute une petite loge à l'opéra, et nous n'en avons qu'à l'opéra
comique d'auprès de Genève; vous pouvez voir les tableaux du Salon et nous
avons à peine un barbouilleur; vous avez vu le beau pont de Neuilly et nous
n'avons que des vieux ponts de planches pourries; vous avez le plus brillant
voisinage et nous ne pouvons nous vanter d'une pareille société.

Et puis soudain, le 10 mars 1774, Louis xv meurt; le nouveau roi,
Louis xvi, est dévot et n'aime guère Voltaire, mais enfin, aucune lettre
de cachet, aucune interdiction formelle ne s'opposait à cette visite; c'est
ce que comprennent tout de suite les amis, qui continuent à l'inonder de
missives et de poèmes plus élogieux les uns que les autres; ainsi, l'ingénieur Rodolphe Perronet lui vante la beauté du 'pont de Neuilli' et
l'adjure de venir admirer ce chef-d'œuvre de l'art; ainsi, le *Mercure de
France* publie, en octobre 1773, un poème de Marmontel, où le disciple
mêle tour à tour la cajolerie et l'objurgation.

> Cependant Paris doit avoir
> Pour vous encore assez de charmes;

---

[18] on pourra consulter, pour la fin de l'année 1769, Best.D15998, D16011, D16037;
pour 1770, Best.D16072, D16123, D16305; pour 1771, Best.D16966, D16972, D16979,
D17070, D17119, D17120; pour 1772, Best.D17634, D17657, D17683, D17700, D17717,
D17718, D17726, D17912, D17932, D17946, D17971, D17973, D17978, D17991,
D17995, D18022, D18084; et pour janvier 1773, Best.D18156, D18162, D18175.

Quand Zaïre sur le soir
Le remplit de tendres alarmes
Il vous serait doux de le voir
Applaudir et verser des larmes.
Ne dédaignez pas les honneurs
Que l'on décernait aux Corneilles[19]

ainsi, Suzanne Necker lui affirme que s'il daignait la visiter à Paris, 'le coin de [son] feu auroit plus d'éclat que l'antichambre des rois' (Best.D20873); ainsi, mme Suard évoque '[les] applaudissements, [les] acclamations qui s'élèvent aux assemblées de l'académie, quand on prononce [son] nom' (Best.D19499); ainsi, Frédéric lui-même se met de la partie et, toujours versifiant, écrit à son vieil ami.

Mais quel spectacle, ô ciel! je vois pâlir l'envie;
Furieuse, elle entend, chez les Sybaritains,
Que la voix de votre patrie
Vous rappelle à grands cris des monts helvétiens.
Hâtez vos pas, volez au Louvre;
Je vois d'ici la pompe et le jour solennel
Où la main de Louis vous couvre,
Aux vœux de ses sujets, d'un laurier immortel.

Je compte de recevoir bientôt de vos lettres datées de Paris. Croyez moi, il vaut mieux faire le voyage de Versailles que celui de la vallée de Josaphat.[20]

Comment réagit Voltaire à toutes ces sollicitations, à ces supplications affectueuses ou admiratives? D'une part, le problème de la vieille interdiction semble s'estomper graduellement, tant pour lui que pour ses correspondants. On n'en parle plus: on agit comme si plus rien, ni légalement, ni officieusement, ne s'opposait plus à un éventuel voyage du vieillard à Paris.[21] Ensuite, Voltaire annonce à tout

---

[19] Madeleine Fields, 'Voltaire et le *Mercure de France*', *Studies on Voltaire* 20 (1962), p.196.

[20] Best.D19335. C'était en février 1775; le 22 du même mois, le roi de Prusse écrit à d'Alembert: 'Toutes les lettres qui me viennent de Paris disent que vous y verrez incessamment Voltaire, et que la Reine le veut voir, et que la nation doit le récompenser de l'honneur qu'il a fait rejaillir sur elle.' D'Alembert répond le 12 avril: 'Je ne crois pas que nous voyions Voltaire à Paris; je doute que sa santé le lui permette, et encore plus que la cour soit fort empressée de le voir' (Best.D19335, commentaire).

[21] on peut verser au dossier les éléments suivants: Condorcet évoque l'animosité entre Voltaire et Maurepas; Beaumarchais, dans l'édition de Kehl, commente ce passage de *La Vie de Voltaire* par la note suivante: 'M. de Maurepas nous a même ajouté [. . .] que cette légère injustice d'un homme aussi célèbre ne l'avait pas empêché de solliciter le roi régnant, et d'en obtenir que celui qui avait tant honoré son siècle et sa nation vînt jouir de sa gloire

bout de champ son départ; il a même des projets si précis qu'au début de l'été 1774, il s'est fait aménager 'une petite voiture' qu'il appelle '[sa] commode, et non pas [sa] dormeuse'. Au cours de ces années qui précèdent de peu ou suivent la mort de Louis xv, nous assistons maintes fois au scénario suivant: Voltaire annonce son arrivée imminente à l'un de ses intimes (d'Argental, Thibouville, mme Du Deffand) en l'adjurant de lui garder le secret; mais l'ami en question, fier d'être le dépositaire des confidences de l'homme le plus célèbre d'Europe, se hâte de communiquer la bonne nouvelle, sous le sceau du plus grand secret, à la moitié de Paris. De sorte que, de 1774 à 1778, un des jeux de société les plus passionnants à Paris est de se demander si Voltaire viendra enfin. Celui-ci d'ailleurs continue, au fil des lettres, d'avancer d'excellentes raisons qui justifieraient son retour: il aimerait bien 'voir tous les embellissements et toutes les nouveautés de Paris', admirer la statue d'Henri iv, se réfugier avec ses amis dans l'intimité, au coin du feu, embrasser d'Argental qui perd, en 1774, sa femme et son frère, bavarder avec mme Du Deffand, admirer son héros Richelieu, aller incognito à l'opéra ou au théâtre, surveiller la production de ses pièces, et surtout de la dernière en date, *Agathocle*. On voit donc que le programme est chargé et les raisons impérieuses. Pourquoi donc ce voyage n'a-t-il pas lieu, pendant encore quatre longues années?

Voltaire allègue de plus en plus l'état pitoyable de sa santé; la description qu'il fait de sa personne décharnée, sans yeux, ni oreilles, ni dents, est absolument comique; c'est cette santé défaillante qui le met à la torture, puisqu'elle l'oblige à un 'combat continuel entre le désir de venir [. . .] et l'impuissance actuelle de [se] rendre' (Best.D19250) à Paris. Il a des images divertissantes pour dire cela: 'Je suis comme ces autres vieillards qui s'imaginent quelquefois les matins être en état de se marier, et qui le lendemain envoient chercher leur notaire pour faire leur Testament' (Best.D19264). Il oscille continuellement – et il est important de noter que c'est lui-même qui utilise ces termes – entre 'l'imagination' qui le 'promène quelquefois à Paris', et 'la raison [qui

au milieu d'elle à la fin de sa carrière' (M.i.223, note). Rappelons que Maurepas était en 1774 ministre d'Etat et conseiller intime de Louis xvi.

Egalement, Voltaire écrit à Chabanon le 3 août 1775: 'D'ailleurs vous sentez bien qu'il ne faut pas laisser soupçonner à personne que je puisse avoir besoin de la moindre faveur pour venir danser dans votre tripot avec mes béquilles. Rien ne m'empêcherait de faire cette sottise, si j'en avais envie. Il n'y a jamais eu d'exclusion formelle. J'ay toujours conservé ma charge avec le droit d'en faire les fonctions. Si je demandais permission, ce serait faire croire que je ne l'ai pas' (Best.D19588).

lui] dit qu' [il] doit achever [sa] vie à Ferney' (Best.D19391). Il craint
de plus, et très sérieusement, les persécutions du parlement, à la suite
d'une édition compromettante de certains de ses écrits, que le libraire
Bertin a faite sans lui en demander l'autorisation; il confesse alors que
s'il 'aime fort la vérité [. . . il] n'aime point du tout le martyre' (Best.
D19910). Il a peur aussi du dépaysement, car pour lui Paris 'est devenu
[. . .] une ville aussi étrangère que Pékin' (Best.D20568). Aussi, chaque
fois qu'il écrit une lettre pour annoncer son arrivée, il la fait suivre de
dix autres pour expliquer et justifier sa dérobade, alléguant le mauvais
état de sa santé, le mauvais temps, les mauvaises routes, ses responsabilités à l'égard de Ferney, et jurant ses grands dieux que ce n'est que
partie remise – et remise à des dates fort précises, qu'il annonce quatre
mois à l'avance, quitte à les repousser encore plus, le moment venu.
Ce jeu continuel lasse un peu ceux que l'amitié, l'admiration ou
l'affection pour Voltaire n'aveuglent pas trop. Un mois avant l'arrivée
du patriarche dans sa ville natale, Moultou écrit ces lignes pénétrantes à
Jacob Meister (Best.D20972):

Aureste je l'ai pénétré, Voltaire n'ira point à Paris, mais il aime fort qu'on le
presse d'y aller; Il voudrait joindre à la gloire l'éclat, mais il veut aussi
prolonger sa vie, qui n'est que le sentiment continuel de sa gloire, et il comprend qu'un voiage à Paris qui l'obligerait à des efforts audessus de son âge,
mettrait sa santé en quelque péril. Ce n'est pas qu'il ne soit encore
plein de vigueur et de force, en deux mois, il a composé trois brochures.

Et six jours avant que Voltaire ne quitte Ferney, mme Du Deffand
écrit à Walpole: 'Voltaire n'est pas mort. On dit que M. de Villette,
qui est à Ferney avec sa femme, doit l'amener incessamment à Paris.
J'ai peine à le croire' (Best.D21013, commentaire). Le scepticisme de la
vieille dame était plus que justifié. Voltaire à cette date n'avait encore
rien décidé. Bien plus, le 2 février 1778, quelques heures à peine avant
qu'il ne parte, il est à Ferney, vaquant à ses occupations habituelles,
comme s'il y était incrusté pour de bon. Il écrit alors à Jean de Vaines
cette lettre, qui résume assez bien, quoique peut-être d'un point de vue
quelque peu subjectif, une grande partie de ses relations physiques et de
ses démêlés avec la capitale (Best.D21022, soulignés dans le texte):

Vous me parlez de voyages: vous m'attendrissez et vous faites tressaillir mon
cœur. Mais j'ai bien peur de ne faire incessamment que le petit voyage de
l'éternité; car je suis roué, et mon corps est en lambeaux pour avoir été ces

jours passés à Syracuse et à Constantinople: j'ai été si horriblement cahoté que je ne peux plus remuer.

J'ai fait autrefois un voyage à Paris. Je ne crois pas avoir jamais demeuré trois ans de suite dans cette ville; je ne la connais que comme un Allemand qui a fait son tour de l'Europe. Je me souviens que le roi de France, à qui on dit que je parlais bon français, me donna une place de palefrenier ordinaire de sa chambre, me permit ensuite de la vendre, et m'en conserva toutes les fonctions et toutes les prérogatives. J'eus aussi une place de copiste de gazettes sur les charniers Saints-Innocents. Je jouis encore de toutes ces grandes dignités.

Il y a peut-être quelques sacristains qui pensent qu'un étranger aussi étrange que moi n'oserait, à l'âge de quatre-vingt-quatre ans, venir boire de l'eau de la Seine, parce qu'ils soupçonnent que, dans mes voyages à Constantinople et à Pétersbourg, j'ai donné la préférence à l'église grecque sur l'église latine. Quelques habitués de paroisse ont même débité qu'il y avait contre moi, dans je ne sais quel bureau, une paperasse qu'on appelle *littera sigilli*; je puis vous assurer qu'il n'y en a point, et que ces sacristains ne disent jamais un mot de vérité; mais je sais que ces messieurs expédieraient contre moi très volontiers *litteras proscriptionis*.

Franchement, je suis pénétré de reconnaissance pour tout ce que vous me dites, et pour ce que vous me proposez. Je vous dirai même que j'en profiterais vers la Saint-Jean, ou même vers la *Quasimodo geniti infantes*, si j'étais en vie dans ce temps là.

Vingt-quatre heures après avoir expédié cette lettre, et quelques autres, par le courrier de la capitale; quatre ou cinq heures après avoir fait à mme Denis, qui part pour Paris, des adieux que rendait encore plus touchants la perspective d'une longue séparation, le philosophe, soudain, se ravise. Sans consulter personne, sur un coup de tête, il se décide enfin à entreprendre ce voyage si souvent annoncé et ajourné. En ce moment, toutes les excuses qu'il avait toujours avancées se sont volatilisées: son état de santé, sûrement plus préoccupant à quatre-vingt-quatre ans qu'à soixante-dix ou soixante-quinze; le froid de l'hiver, particulièrement mordant en ce début de février; le mauvais état des routes, plus rien ne compte. Si l'on en croit nombre de ses contemporains, le facteur déterminant dans cette décision brusquée fut ce qu'on lui dit sur l'extrême envie que la jeune reine avait de le voir; Marie-Antoinette, après avoir vu jouer *Tancrède*, se serait écriée qu'elle embrasserait l'auteur avec bien du plaisir; Voltaire se serait alors déterminé à aller faire lui-même ses remerciements à la nouvelle souveraine.

Et avant que quiconque ait pu s'en rendre compte, il se trouve soudain aux portes de Paris.[22]

[22] on consultera, pour l'année 1773, Best.D18356, D18373, D18482; pour 1774, Best.D18780, D18945, D18997, D18998, D19007, D19027, D19052, D19073, D19075, D19110, D19111, D19112, D19114, D19116, D19117, D19142, D19153, D19161, D19175, D19179, D19193, D19199, D19206, D19219, D19230, D19250, D19260, D19262, D19263, D19264; pour l'année 1775, Best.D19290, D19322, D19335, D19369, D19374, D19391, D19412, D19450, D19499, D19588, D19625, D19640; pour l'année 1776, Best.D19910, D19969, D20046, D20059, D20071, D20124, D20229, D20283, D20387; pour l'année 1777, Best.D20493, D20568, D20682, D20779, D20809, D20831, D20873, D20928; pour la période du 1er janvier au 4 février 1778, Best.D20972, D20992, D20994, D20997, D20998, D21005, D21006, D21013, D21022, D21023, D21025, D21027, D21028, D21029, D21030.

9

Dernier retour, dernier départ: 1778

A PEINE arrivé à Paris, le 10 février 1778, à peine descendu de la voiture de voyage, Voltaire n'a qu'une préoccupation; son premier acte dans la capitale est de se rendre de l'hôtel de Villette, rue de Beaune, où il descendait, à l'hôtel de d'Argental, quai d'Orsay, quelques pas plus loin, pour embrasser son vieil ami, après vingt-cinq ans de séparation.[1] Il ne l'y trouve pas. A peine est-il revenu rue de Beaune qu'il est rejoint par le comte. On imagine la joie, l'émotion, on devine le tumulte des cœurs de ces deux vieillards. La première émotion passée, d'Argental apprend à Voltaire que Le Kain, l'immortel interprète de ses tragédies, était mort et qu'on venait de l'enterrer le matin même. Voltaire, foudroyé, jette un cri.

Le lendemain devait commencer le long, l'énorme, l'interminable défilé des curieux. Dans un petit salon où se tenait Voltaire, tout ce que Paris comptait d'important venait apporter au vieillard le tribut de son admiration. Un valet introduisait dans l'antichambre les invités, puis était relayé par La Villette, l'hôte de Voltaire, et le comte d'Argental, qui les faisaient entrer dans le Saint des Saints. D'Argental, qui depuis près de 70 ans n'avait pratiquement pas quitté Paris, présentait toutes les nouvelles figures, rafraîchissait la mémoire de son ami à propos des anciennes et, d'un mot, le mettait au fait du mérite ou de la célébrité de chacun.

On connaît la suite, la succession ininterrompue d'éloges, d'hommages, les marques d'admiration, de vénération même qu'on lui témoigne, les triomphes à l'Académie et lors de la réception à la Loge des Neuf Sœurs, l'apothéose et le couronnement à la Comédie-Française; comment Voltaire se comporte-t-il devant tant d'adulation?

Bien humainement. L'encens des flatteries le grise d'une incroyable manière; il est loin, le temps de la misanthropie! Ce Paris contre lequel,

---

[1] Gustave Desnoiresterres, *Voltaire et la société au XVIIIème siècle* (Paris 1871-1876), viii.193.

hier encore, il déblatérait si résolument, se pare à ses yeux de toutes
les grâces; toutes les 'bontés de la cour et de la ville [ont] été bien au
delà de mes espérances et même de mes souhaits' (Best.D21101), s'ex-
clame-t-il, comblé; et mme Denis, qui n'est pas loin, dans la griserie
générale, de croire qu'une partie de ces hommages lui est due, remarque
avec finesse: 'mon oncle aime les Welches et il serait ingrat s'il pensait
autrement' (Best.D21153). Voltaire n'est pas loin de sa plume, chaque
fois qu'il éprouve un sentiment intense. Cette réconciliation avec Paris,
il doit la sceller dans des vers. Ce sera le poème d'un amoureux. Cette
Epître à monsieur le marquis de Villette, qu'il intitule *Les Adieux du
vieillard* en prévision de son prochain départ pour Ferney (il avait
décidé de retourner l'été au pays de Gex pour 'mettre de l'ordre dans
ses affaires', avant de revenir l'hiver à Paris), est la dernière œuvre
littéraire que Voltaire nous ait léguée: il est significatif qu'elle traite de
Paris, l'un des amours constants de Voltaire depuis sa plus tendre enfance. On y cherchera en vain des accents lyriques ou un souffle poétique
émouvant. Elle vaut pourtant par son témoignage et par l'exagération
des termes: Voltaire semblait n'attendre que la première occasion propice pour pardonner à Paris ses péchés et oublier ses griefs passés
(M.x.457-58):

> Des champs élysiens, adieu, pompeux rivage,
> De palais, de jardins, de prodiges bordé,
> Qu'ont encore embelli, pour l'honneur de notre âge,
> Les enfants d'Henri Quatre, et ceux du grand Condé.
> Combien vous m'enchantiez, Muses, Grâces nouvelles,
> > Dont les talents et les écrits
> > Seraient de tous nos beaux esprits
> > Ou la censure ou les modèles!
> Que Paris est changé! les Welches n'y sont plus;
> Je n'entends plus siffler ces ténébreux reptiles,
> Les Tartuffes affreux, les insolents Zoïles.
> J'ai passé; de la terre ils étaient disparus,
> Mes yeux, après trente ans, n'ont vu qu'un peuple aimable,
> Instruit, mais indulgent, doux, vif, et sociable.
> Il est né pour aimer: l'élite des Français
> Est l'exemple du monde, et vaut tous les Anglais.
> De la société les douceurs désirées
> Dans vingt Etats puissants sont encore ignorées:
> On les goûte à Paris; c'est le premier des arts:
> Peuple heureux, il naquit, il règne en vos remparts.

Je m'arrache en pleurant à son charmant empire;
Je retourne à ces monts qui menacent les cieux,
A ces antres glacés où la nature expire:
Je vous regretterais à la table des dieux.

Et comme signe et symbole de cette réconciliation avec les Parisiens, Voltaire achète une maison dans la capitale (fortement poussé, il est vrai, par l'insatiable nièce). Théodore Tronchin commente, stupéfait: 'J'ai vû bien des fous en ma vie, mais je n'en ai jamais vû de plus fou que lui. Il compte vivre au moins cent ans' (Best.D21143).

Malheureusement pour Voltaire, les choses se gâtent très vite. Sa santé est mise à rude épreuve, mais ses amis ne sont pas loin de partager l'avis de Tronchin et exigent de sa 'machine usée' plus qu'elle ne peut donner. Voltaire, qui se surveille attentivement, veut revenir à Ferney. C'est alors l'odieuse conspiration de mme Denis et de certains amis, Thibouville en tête, pour l'obliger à demeurer à Paris: on lui fait croire, par le subterfuge d'un faux billet, que s'il quitte Paris, le clergé se fait fort d'obtenir de Versailles une interdiction de séjour formelle. Et comme Wagnière, le fidèle secrétaire, est le seul qui ait vraiment à cœur les intérêts de son maître, on l'éloigne à Ferney sous le premier prétexte venu.[2] Voltaire, dont les forces déclinent, commence à réaliser l'erreur qu'il a faite en quittant sa retraite. Déjà, certains de ses ennemis se réjouissent à l'avance des conséquences prévisibles de ce qu'ils ont tout de suite compris être une erreur. Un certain Beaupré, obscur écrivaillon, se gausse du poète dès le mois de mars, et avant que ne se déclenche l'accès final de la maladie qui devait emporter le philosophe (Best. D21119):

Quant au patron, il est à craindre que son voyage ne soit la dernière de toutes ses folies, et celle qui lui réussira le moins. Sa santé est fort altérée, et le séjour de Paris ne contribuera pas à la rétablir [. . .] D'ailleurs, les tracasseries des

---

[2] Michel Hennin, résident de France à Genève, a sévèrement jugé cette attitude des proches de Voltaire; il laissa dans ses papiers un 'Mémorandum' sur ses relations avec Voltaire, dans lequel on lit: 'notre correspondance [. . .] devint habituelle lorsque je fus nommé Résident de France à Geneve et a duré jusqu'en 1777 qu'il me précéda de peu de tems à Paris. Je ne l'y vis qu'une fois et fus persuadé qu'il y trouveroit le terme de sa vie. Il m'avoit caché son voyage, persuadé que je ferois mon possible pour l'en dissuader, mais m. de Villette lui avoit fait des tableaux si flatteurs de la manière dont il seroit reçu non seulement à Paris mais même à la cour qu'il s'étoit laissé entrainer, voulant d'ailleurs faire jouer une ou deux tragédies dont il espéroit le plus grand succès. M. D'Argental eut aussi à se reprocher de l'avoir décidé à ce voyage dont la fin funeste étoit aisée à prevoir' (Best.D.app.165).

prêtres, de ses amis, de ses ennemis, qui se sont conduits aussi ridiculement, tout cela allume son sang et finira par le détruire tout à fait. Il aurait bien mieux fait de rester à Ferney et de ne pas voir de loin Paris si en beau.

Mais déjà, bien avant lui, Voltaire avait eu une vision prophétique de l'avenir. En novembre 1776, longtemps avant le voyage, quand le calme de Ferney lui permet de voir toutes choses dans une juste perspective, il avait écrit à un ami: 'La retraite n'est bonne que pour des malades inutiles comme moi. Si j'étais à Paris, j'y mourrais bien vite de la vie qu'on y mène' (Best.D20387).

Bientôt, au mois de mai, la situation empire singulièrement. Voltaire se rend bien compte qu'il a pris des vessies pour des lanternes, et que toutes ses souffrances découlent plus ou moins directement de son voyage à Paris. Comme un papillon attiré par les lumières de la ville, il est venu s'y brûler. Les derniers accents qui nous parviennent du grand homme sont lamentables: c'est Paris, et Paris seul, qu'il accuse de sa mort prochaine. Le seul vrai dépositaire de ses confidences, à cette heure suprême, est l'humble et fidèle serviteur, le secrétaire Wagnière qui, de Ferney, ne peut qu'assister impuissant au drame de Paris: 'J'ai reçu, mon cher ami, vôtre Lettre [...] avec une grande consolation; j'en avais besoin. Je crains bien d'avoir changé mon bonheur contre de la fumée. D'ailleurs, ma maladie augmente tous les jours. On me ruine pour achever une maison dans Paris, et je ne bâtis que mon tombeau' (Best.D21190). Et ce cri pitoyable, six jours avant sa mort: 'Je me meurs, mon cher Wagniere, il parait bien difficile que je réchape. Je suis bien puni de vôtre départ, d'avoir quitté Ferney, et d'avoir pris une maison à Paris' (Best.D21209); et ce sentiment, ces regrets ultimes, sont confirmés par le témoignage d'un serviteur subalterne, un certain Pierre Morand, qui a veillé l'écrivain dans la nuit du 24 mai, et qui écrit à Wagnière: 'Il m'a dit plus de vingt fois cette nuit qu'il se repentait d'être venu à Paris.'[3]

Le dernier séjour de Voltaire à Paris a été comme une répétition plus brève, plus dense et plus ramassée de ses multiples rencontres précédentes avec la ville. Voltaire y arrive plein d'enthousiasme, débordant d'énergie, de vitalité, avide d'honneurs et de bonheur. Et il est, au

---

[3] Best.D21210. Pour d'autres témoignages sur les sentiments de Voltaire à l'égard de Paris et ses projets dans la capitale au cours des quatre derniers mois de sa vie, on pourra consulter Best.D21088, D21146, D21149, D21150, D21151, D21158, D21164, D21170, D21178, D21192.

début, comblé au-delà de toute espérance. C'est la moitié or de la séduisante Persépolis qu'il célèbre alors, d'autant plus qu'il y baigne comme dans son véritable élément. Mais bientôt les tracas, les soucis, source d'épuisement nerveux et physique, l'accablent. Voltaire avait alors toujours eu la ressource de se débattre et d'échapper aux pressions et aux sollicitations, pas toujours désintéressées, des multiples amis qui l'entourent: il se réfugiait loin de Paris. Cette fois-ci, la force ultime lui manqua:[4] on peut affirmer que c'est l'égoïsme infernal de mme Denis et de quelques autres intimes du poète qui le tua, ou du moins qui précipita le dénouement, en l'emprisonnant à Paris; les observateurs perspicaces ne s'y étaient pas trompés.[5] Cette fois, la moitié de boue de la statue symbolique que le Scythe Babouc avait dépeinte il y a longtemps s'effondre sur Voltaire et l'entraîne dans sa chute. Paris avait enfin eu raison du grand homme.

[4] le duc de Croy, qui se trouvait à Paris lors de la mort du poète, consigne dans ses souvenirs: 'Ainsi sortit, pour la dernière fois, de Paris, Voltaire, d'une manière, comme on voit, peu brillante [. . .] Telle fut la triste fin et la dernière sortie de Paris du fameux Voltaire qui fut, comme on voit, obligé d'en sortir très incognito, après avoir eu de si grands honneurs d'enthousiasme à la Comédie et à l'Académie, il n'y avait qu'un mois' (*Journal inédit*, éd. Grouchy et Cottin (Paris 1906-1907), iv.118-19).

[5] comme en témoigne une lettre de Florian à Michel Hennin (Best.D21202), et surtout cette remarquable missive d'Henri Rieu à Marc Michel Rey: 'Je ne suis point consolé de la mort du Patriarche; [. . .] cette malheureuse caravanne à son âge, et pour la quelle on l'a trompé, & fait joüer je ne sais combien de ressorts est inconçevable: on l'a leurré de l'idée que la Cour desiroit sa présence, & quand il a vû qu'elle ne parloit point les acclamations mendiées, & factices d'une vile populace loin de le consoler n'ont fait que l'irriter ses derniers jours ont été affreux: il est mort au desespoir, & dans le dernier abandon; ses amis ont vainement cherché à le voir tout accès leur a été fermé, & il a rendu le dernier soupir entre les bras de son cocher son secretaire Wagnière en qui il avoit la plus grande confiançe & qu'il demandoit à grands cris se trouvoit à ferney où on l'avoit envoié sans trop de nécessité' ('Lettre de Henri Rieu sur les derniers jours de Voltaire', publiée par Jeroom Vercruysse, *Studies on Voltaire* 135 (1975), pp.196-97).

'La patrie est partout où l'on se trouve bien'

VOLTAIRE est né à Paris. Il y est mort, quatre-vingt quatre ans plus tard. Pourtant, entre ces deux termes de son existence, il a séjourné relativement peu de temps à Paris, si l'on excepte sa prime enfance et son adolescence. Somme toute, si l'on met bout à bout les jours et les semaines passées dans la capitale, on arrive à un total d'années relativement minime dans une si longue vie. Ce n'est guère là une constatation fortuite; on ne peut nier, devant la biographie de l'écrivain, que les voyages ont tenu dans sa vie une place démesurée, et loin d'être anecdotique. Or, tous ces voyages se sont ordonnés en fonction de Paris; partir pour l'Angleterre, partir pour Cirey, partir pour Berlin, ce n'est pas seulement, pour le philosophe, se proposer de voir du pays ou de s'installer chez des souverains: c'est surtout s'éloigner de Paris; Londres, Cirey, Berlin sont, en un sens, des destinations négatives, des pôles opposés au centre qu'est Paris; ces déplacements s'inscrivent tous dans une espèce de dialectique dont l'un des termes est Paris, l'autre tout ce qui en diffère, et la synthèse un idéal de vie que Voltaire a toujours recherché, derrière lequel il a toujours, littéralement, couru; galoper en carrosse sur les routes a été pour lui une quête incessante, une dynamique perpétuelle, un énorme tour autour de Paris, du genre de vie qu'on y mène, des gens qui l'habitent, des valeurs qu'il incarne. Voltaire, dans ses déplacements, s'est toujours posé, au sens fort du terme, par rapport à Paris, s'est défini par rapport au Parisien, a jugé le monde en fonction de Paris et jaugé Paris à l'aune de l'Européen qu'il était devenu.

Cette mesure de Paris que Voltaire prend continuellement n'est donc ni fortuite, ni gratuite; elle a conditionné dans une large mesure les réflexions du philosophe; elle a façonné ses vues et orienté ses conclusions; elle a donc eu une influence certaine sur ses écrits. L'œuvre de Voltaire eût été profondément différente s'il avait eu une vie moins mouvementée, bref, s'il avait presque toujours vécu à Paris, comme tant d'autres de ses amis ou disciples: d'Alembert, Damilaville, d'Argental, Thieriot, pour ne citer, au hasard, que quelques-uns. On peut, en effet, imaginer que Diderot n'aurait pas écrit pour l'*Encyclopédie* des articles substantiellement différents si le hasard l'avait mené à Genève ou à Berlin, plutôt qu'à Paris; également, même si les hantises et les ennemis de Rousseau ne l'avaient successivement chassé de l'Ermitage, de Montmorency ou de Motiers, son œuvre aurait probablement eu la même coloration; écrit à Montmorency ou à Montquin, l'*Emile* aurait toujours été, selon toute évidence, l'ouvrage que nous connaissons aujourd'hui. Mais on imagine mal Voltaire publiant en 1764 le *Dictionnaire philosophique*, s'il n'avait pas quitté Versailles pour Berlin, et s'il était toujours demeuré le poète à la mode de la cour, l'ordonnateur des fêtes royales, l'historiographe toujours en fonction, toujours à l'affût des moindres mouvements du souverain pour les magnifier; nous aurions eu bien des poèmes comme *La Bataille de Fontenoy*, bien des mignardises comme *Le Temple de la gloire*, mais probablement pas le même *Traité sur la tolérance*, les mêmes *Questions sur l'Encyclopédie*, ou encore, à proximité de la Sorbonne et de Christophe de Beaumont, la même *Bible enfin expliquée*.

On pourrait donc se féliciter du destin qui lui a infligé toutes ces pérégrinations. Car l'exil de Voltaire a été bénéfique pour son œuvre, nul ne peut le contester, même si l'écrivain eût sans doute été plus heureux en demeurant toujours à Paris. 'Paris seul pouvait combler ses vœux: avoir sa nièce bien à lui, et non expatriée; une demeure cossue, mais sur les bords de Seine et non dans les neiges du Jura; une société d'esprits éclairés et de fins connaisseurs, mais qui n'auraient pas eu besoin de courir cent lieues pour l'entrevoir parfois entre deux portes, ce bonheur ne lui a pas été accordé. Destinée, comme il dit' (Micha, *Voltaire*, p.152). Cette récente affirmation d'un critique résume bien, en effet, le jugement qu'on est tenté de porter de prime abord sur cet aspect de la vie du philosophe, et reprend par ailleurs ce qu'ont toujours dit ses biographes. Il est hors de tout doute que ce verdict est vrai; le problème, c'est qu'il est partiellement vrai.

Car enfin, notre enquête a bien révélé deux attitudes assez nettement distinctes de la part de Voltaire, quand il parle de Paris. La première est l'amour que le poète porte à sa ville natale, la fascination qu'elle exerce sur lui; de ce sentiment, Voltaire ne parle pas souvent, si ce n'est à l'occasion de pièces de circonstances, les épîtres en particulier; la correspondance, elle, est avare d'aveux de ce genre; mais on connaît ce sentiment par certains témoignages de tiers, et surtout par la somme impressionnante d'efforts que Voltaire a si souvent déployés pour revenir à Paris, et la quantité prodigieuse d'influences qu'il a mises en branle pour atteindre ce but.

La seconde attitude de Voltaire est nettement plus sévère à l'égard de Paris. Le philosophe a si souvent fourbi son arsenal sarcastique contre la capitale qu'on est bien obligé d'en tenir compte.[1] Nous avons tenté de relever ses principaux griefs à l'égard de la grande ville. Ceux-ci sont éparpillés tout au long de milliers de lettres, de dizaines d'œuvres, surtout les opuscules, les pamphlets, etc. Une première conclusion s'impose: c'est que ces griefs témoignent d'une remarquable continuité dans la pensée du philosophe; pendant les quarante dernières années de sa vie notamment, Voltaire a fort peu varié dans ce qu'il a dit de Paris et des Parisiens. Mais il lui arrive quelquefois d'étendre la remarque plus longuement que ne le justifierait rigoureusement le format d'une lettre; ainsi s'ébauche quelquefois une amorce de réflexion cohérente sur Paris; Voltaire pense alors à haute voix devant ses correspondants. Que dit-il? Un ou deux exemples pris au hasard suffiront car, comme nous l'avons dit, il répète de manière remarquablement constante ce qu'il a toujours écrit; ainsi, à la marquise de Florian, il confie en mars 1769 (quelques mois avant la 'négociation Lelong – de Vim').

Vous me paraissez avoir pour Paris autant d'aversion qu'il m'inspire d'indifférence. Paris est fort bon pour ceux qui ont beaucoup d'ambition, de grandes passions et prodigieusement d'argent avec des goûts toujours renaissants à satisfaire. Quand on ne veut être que tranquille, on fait fort bien de renoncer à ce grand tourbillon. Paris a toujours été à peu près ce qu'il est, le centre du luxe et de la misère: c'est un grand jeu de pharaon où ceux qui taillent emboursent l'argent des pontes. Mais vous trouveriez Paris le pays de la félicité, si vous aviez vu comme moi le temps du système où il était défendu comme un crime d'état, d'avoir chez soi pour cinq cents francs d'argent. Vous n'étiez pas née lorsqu'on augmenta de cent francs la pension que l'on payait

---

[1] résumant l'attitude de Voltaire à l'égard de Paris, Arnold Ages écrit justement, quoique peut-être de manière un peu trop lapidaire: 'Although an older person might have found the Paris of 18th century somewhat too lively, one would think that a young man would derive great joy from the dynamic pace of the city. Voltaire, however, before reaching age forty had already become disenchanted with it. By age forty-five he had become violently opposed to it [. . .] The nature of the city, its frenetic pace, its size, its conglomerate of people, its superficiality – have destroyed Voltaire's feeling for the city which nurtured him intellectualy. In Rousseau's terms the development of "civilized" society has corrupted Paris and the people in it [. . .] Voltaire was much closer to Rousseau than he ever assumed' ('Voltaire rousseauiste', *The University of Windsor review* 3 (1967), (pp.62-68).

pour moi au collège, et que moyennant cette augmentation, j'eus du pain bis pendant toute l'année 1709. Les parisiens sont aujourd'hui des sybarites, et crient qu'ils sont couchés sur des noyaux de pêches parce que leur lit de roses n'est pas assez bien fait. Laissez les crier, et allez dormir en paix dans votre beau château d'Ornoi.[2]

Et trois ans plus tard, il écrit à sa vieille amie mme Du Deffand (Best. D17726):

La vie de Paris serait nonseulement affreuse, mais impossible à soutenir pour moi [. . .] Voiez si cette vie est compatible avec le séjour d'une ville où il faut promener la moitié du temps son corps dans une voiture, et où l'âme est toujours hors de chez elle. Les conversations générales ne sont qu'une perte irréparable du tems.

Vous êtes dans une situation bien différente; il vous faut de la dissipation, elle vous est aussi nécessaire que le manger et le dormir. Vôtre triste état[3] vous met dans la nécessité d'être consolée par la société, et cette société qu'il me faudrait chercher d'un bout de la ville à l'autre me serait insuportable. Elle est surtout empoisonnée par l'esprit de parti, de cabale, d'aigreur, de haine qui tourmente tous vos pauvres parisiens et le tout en pure perte. J'aimerais autant vivre parmi des guêpes que d'aller à Paris par le tems qui court.

Le ton de violence, et même de virulence de ces textes est assez étonnant de la part d'un homme qu'une tradition tenace dépeint souvent comme le prototype du Parisien, de l'homme du monde désireux surtout de paraître.

On peut tenter de trouver une explication à ces contradictions apparentes. On peut, par exemple, estimer que, dépité de ne pouvoir obtenir le droit non équivoque de se rendre à son gré à Paris, Voltaire ait voulu donner le change à ses correspondants, pour ménager son amour-propre et désamorcer ce qu'il pouvait y avoir d'humiliant dans cette mesure de coercition; on peut même aller plus loin et imaginer que ces sarcasmes et ces vitupérations ne sont que la traduction inconsciente de ce dépit; Voltaire se serait ainsi, par un phénomène de compensation dont la psychologie moderne a révélé la fréquence, intoxiqué lui-même. Son ironie ne serait que le revers de son dépit amoureux.

Ces tentatives d'explication sont séduisantes et permettraient d'éliminer, par un tour de passe-passe pseudo-scientifique, des milliers de textes troublants; et comme la psychanalyse a bon dos, on peut lui

---

[2] Best.D15494. Egalement: 'panem et circenses. Il ne faut que cela dans votre bonne ville' (Best.D8550).

[3] mme Du Deffand était aveugle.

faire tout dire. Seulement, il faudrait alors croire que Voltaire a per-
sévéré remarquablement dans le mensonge (conscient ou inconscient);
nous aurions là un exemple rare de fourberie persistante; ce qui, déjà,
étonnerait de la part de l'extraverti Voltaire. Mais surtout, un fait sur-
prenant nous empêche de croire totalement à cette explication (quoiqu'il
faille certes ne pas négliger cette dimension du dépit chez le bouillant
écrivain): Voltaire a toujours voulu aller à Paris, et en même temps il a
souvent hésité à franchir la distance qui le séparait de sa ville natale;
nous avons tenté de montrer qu'à maintes reprises Voltaire pouvait
retourner à Paris et ne l'a pas fait; l'exemple le plus frappant est sûrement
celui des quatre années qui suivirent la mort de Louis xv et au cours
desquelles le patriarche n'avait pratiquement plus rien à craindre de
Versailles; pourtant, il est resté quarante-cinq mois encore à tergiverser
et à hésiter à Ferney. Et même pendant les périodes où l'animosité de
Louis xv pour le philosophe rendait tout déplacement risqué, nous
avons constaté que Voltaire hésitait, se dérobait derrière mille prétextes,
chaque fois que les efforts de ses amis parisiens auprès des autorités lui
semblaient avoir quelque chance d'aboutir.

En fait, à moins de taxer Voltaire de duplicité constante, il faut
tenter d'expliquer ce curieux comportement par une analyse à double
niveau. Premièrement, il est indubitable que Voltaire a aimé Paris d'un
amour impulsif et charnel; il est également indubitable que le philosophe aurait sûrement choisi spontanément de vivre à Paris la majeure
partie de son existence, si les autorités de la ville lui en avaient laissé
la liberté; un tel choix aurait correspondu à son impulsion première et
viscérale. Mais les circonstances extérieures (persécutions des autorités
et des confrères, vindicte de Louis xv) ont mis un frein à ce désir. Voltaire, contrarié dans ses préférences, est alors contraint à faire une
analyse objective et lucide des meilleures conditions possibles pour
mener à bien son œuvre et son combat. Et c'est là que nous passons au
second niveau d'explication; le sur-moi de l'écrivain combat perpétuellement le ça, et en triomphe souvent.

On connaît la véritable passion du philosophe pour le travail; les
témoignages là-dessus sont innombrables. 'On ne se figure pas le
ravissement où il était lorsqu'il transmettait à autrui son ardeur dévorante pour l'étude; je lui ai entendu dire cent fois à ce sujet: "J'aime à
débaucher la jeunesse",' raconte par exemple Chabanon.[4] Et Voltaire

---

[4] *Tableau de quelques circonstances de ma vie* (Paris 1795), pp.127-28.

lui-même note dans ses carnets de nombreuses réflexions sur la nécessité et la vertu du travail: 'Posuit eum in paradizo voluptatis ut operaretur. Donc l'homme est né p^r le travail'; 'L'homme est né pour le travail, comme l'oiseau pour voler, dit Job; donc le travail n'est point un châtiment.'[5] Or Voltaire a suffisamment répété et crié partout qu'à Paris tout travail suivi était pour lui pratiquement impossible; on est, là-dessus, bien obligé de le croire. Par contre, la retraite lui a semblé, au fil des ans, de plus en plus propice à sa création littéraire et à son combat philosophique. Parmi une multitude de textes sur la question, le suivant n'est pas le moins curieux; et le ton général, la dernière phrase surtout, ne sont pas loin de rappeler l'un des leitmotive préférés d'un autre amant de la retraite, Jean-Jacques: 'Il me semble que la retraitte rend les passions plus vives et plus profondes; La vie de Paris éparpille toutes les idées, on oublie tout, on s'amuse un moment de tout dans cette grande lanterne magique, où toutes les figures passent rapidement comme des ombres; mais dans la solitude, on s'acharne sur ses sentiments' (Best. D19263).

En fait, Voltaire en arrive presque à l'équation suivante: moins on s'approche de Paris, et plus on peut faire œuvre vive. Il le dit en toutes lettres dans son *Dictionnaire philosophique*, à l'article 'Lettres, Gens de Lettres ou lettrés': 'Les gens de lettres qui ont rendu le plus de services au petit nombre d'êtres pensants répandus dans le monde sont les lettrés isolés, les vrais savants renfermés dans leur cabinet, qui n'ont ni argumenté sur les bancs des universités, ni dit les choses à moitié dans les académies'; plus loin, il cite les exemples de Descartes, de Gassendi et d'Arnauld pour prouver que 'tout philosophe est traité comme les prophètes chez les Juifs'; l'article se termine enfin par une peinture assez sombre des tribulations d'un homme de lettres à Paris, où il n'est pas seulement 'l'objet de la jalousie de ses confrères, la victime de la cabale, le mépris des puissants du monde' mais où il est également, où il est surtout 'jugé par des sots' (*DP*, pp.272-73).

L'argument essentiel qui sous-tend tous ces textes est la conviction profonde de Voltaire que sa liberté ne pouvait qu'être aliénée à Paris. Et non seulement sa liberté physique, menacée jusqu'à la fin par l'épée de Damoclès que représentait la possibilité d'une lettre de cachet, mais aussi sa liberté d'écrire, de croire ce qu'il veut, sa suprême liberté, sa liberté de penser: 'Je vous avouerai de plus qu'il y a un certain ressort [celui

---

[5] *Notebooks*, ii.452, 536. On trouvera des considérations similaires dans ii.612-13.

du Parlement de Paris] que je n'aime pas [. . .] je ne crois pas que je doive me mettre dans le ressort; mon cœur est trop plein et je dis trop ce que je pense' (Best.D14197). Cette confidence à d'Argental n'est qu'un exemple parmi cent autres; et ce serait faire injure à l'intelligence et au caractère de Voltaire que de ne pas le croire quand il affirme que sa liberté lui est plus chère que tout, même que Paris. Un jour, le magistrat Charles Dupaty, exilé de Paris par lettre de cachet, écrit au philosophe: 'Ce sont ceux qui donnent des fers, qui sont dans les fers véritablement. On n'est point en exil où l'on peut penser, sentir et aimer. *Ferney* à Ces titres seroit ma patrie' (Best.D16979). Ces quelques mots ont dû résonner fortement dans le cœur du poète; les sentiments qu'exprimait Dupaty n'étaient-ils point ceux de Voltaire? Ces deux ou trois phrases, malgré leur redondance, auraient pu être signées de l'ermite des Alpes.

Voltaire a parlé de la liberté dans toute son œuvre; on trouve le mot évoqué et disséqué à chaque tournant des *Œuvres complètes* et de la correspondance. En 1761, dans son *Dialogue entre un brachmane et un jésuite*, il la définit ainsi: 'Etre libre, c'est faire ce qu'on veut, et non pas vouloir ce qu'on veut' (*Mélanges*, p.313). Trois ans plus tard, dans l'article 'De la liberté' du *Dictionnaire philosophique*, où l'importance des idées est d'autant plus mise en relief que l'aspect anecdotique est réduit à néant, les deux personnages qui discutent étant simplement désignés par les lettres 'A' et 'B', Voltaire reprend exactement la même définition: 'la liberté n'est donc autre chose que le pouvoir de faire ce que je veux?' demande 'B'; et 'A' de rétorquer: 'Réfléchissez-y, et voyez si la liberté peut être entendue autrement' (*DP*, p.275). Sept ans plus tard, une autre définition, ou plutôt une autre manière de dire la même chose. Dans ses *Questions sur l'Encyclopédie*, à l'article 'Liberté', Voltaire se souvient du philosophe anglais qu'il n'a cessé de lire et de méditer depuis sa jeunesse: 'Ou je me trompe fort, ou Locke le définisseur a très bien défini la liberté *puissance*' (M.xix.578; souligné dans le texte). Appliquons ces définitions aux relations de Voltaire avec Paris; quand l'écrivain trouvait le chemin de la capitale barré devant lui par une lettre de cachet ou par un froncement de sourcil royal, il ne devait pas se sentir libre, puisqu'il ne pouvait faire ce qu'il voulait. Mais ce n'est peut-être là qu'une apparence. Peut-être Voltaire a-t-il toujours été souverainement libre, sa liberté profonde, sa liberté de créer, d'écrire, de penser, de combattre, d'anathémiser, résidant essentiellement hors de Paris. Peut-être qu'en définitive Voltaire n'a toujours fait que ce qu'il voulait, froidement et lucidement, malgré ses appétits, ses penchants naturels, malgré ses contorsions, ses cris et ses gémissements.

Le destin circonstanciel de Voltaire l'a mené souvent à des réflexions élaborées sur des sujets que l'actualité immédiate de sa vie projetait au premier rang de ses préoccupations. Ses multiples tribulations l'ont ainsi conduit à réfléchir longuement sur la notion de patrie. En 1771, dans les *Questions sur l'Encyclopédie* (article 'Patrie'), nous trouvons l'état à peu près final de cette réflexion. On devine déjà que Voltaire ne va pas en donner une définition ni étroitement nationaliste, ni strictement territoriale. Pourtant, il va beaucoup plus loin que ne l'expliquerait seulement un quelconque goût pour le cosmopolitisme européen. En un premier temps, il cerne la notion de patrie en faisant une peinture exacte de son sort à Ferney.

Qu'est-ce donc que la patrie? ne serait-ce pas par hasard un bon champ, dont le possesseur, logé commodément dans une maison bien tenue, pourrait dire: Ce champ que je cultive, cette maison que j'ai bâtie sont à moi; j'y vis sous la protection des lois, qu'aucun tyran ne peut enfreindre. Quand ceux qui possèdent, comme moi, des champs et des maisons, s'assemblent pour leurs intérêts communs, j'ai ma voix dans cette assemblée; je suis une partie du tout, une partie de la communauté, une partie de la souveraineté: voilà ma patrie. Tout ce qui n'est pas cette habitation d'hommes n'est-il pas quelquefois une écurie de chevaux sous un palefrenier qui leur donne à son gré des coups de fouet? On a une patrie sous un bon roi; on n'en a point sous un méchant.

Dans la deuxième section de l'article, Voltaire développe de plus en plus cette idée, et l'appuie de mille exemples et démonstrations, que la patrie est liée au bien-être: 'Le premier qui a écrit que la patrie est partout où l'on se trouve bien est, je crois, Euripide, dans son *Phaéton*: [. . .] Mais le premier homme qui sortit du lieu de sa naissance pour chercher ailleurs son bien-être l'avait dit avant lui.' Mais parallèlement à cette idée somme toute assez conventionnelle, Voltaire peu à peu en dégage une autre, qu'il tire de l'enseignement de l'histoire: la patrie est le lieu où l'on peut se réaliser, ou réaliser une grande œuvre, ou encore accomplir une mission dont l'importance transcende et l'attachement purement charnel à une terre, et l'attachement purement égoïste à son bien-être. Où est la patrie d'un Mazarin ou d'un Abraham, demande-t-il. Et il termine sa réflexion par cette constatation qui, si l'on accepte bien de l'appliquer ne fût-ce qu'en partie à Voltaire lui-même, montre que le patriarche avait longuement réfléchi sur son destin, et avait su saisir, au-delà des péripéties matérielles et des contraintes apparentes, sa trajectoire – j'allais dire sa nécessité: 'Où fut la patrie d'Attila et de cent héros de ce genre, qui en courant toujours n'étaient jamais hors de leur chemin?' (M.xx.181-83)

Voltaire, ce 'sybarite travailleur'. Ce mot joli de Hugues Micha porte en germe toutes les contradictions de Voltaire devant Paris. C'est la dualité de sa personnalité qui explique le perpétuel mouvement de balancier qu'il a devant Paris. Mais, comme Jacob à l'aube, après sa longue nuit de combat contre l'Ange magnifique et tentateur, Voltaire, au terme de son long affrontement avec Paris, ordonne sa vie selon les nécessités de son combat et non les inclinations de son goût. C'est son œuvre qui en sort grandie. Et aussi, en définitive, notre civilisation, telle que, dans une grande mesure, le combat du solitaire de Ferney l'a façonnée.

II

Le mythe et la réalité

L'urbanisme: Paris et son chant de pierre

DEUX facteurs donneront à Voltaire une connaissance intime et encyclopédique du passé de la capitale. Il y a tout d'abord cette inlassable curiosité qui forme la trame même de sa nature intellectuelle, et qui est attisée ici par l'intérêt tout particulier que le philosophe portait à Paris; il y a aussi cette vocation d'historien qu'il prend tellement à cœur qu'il n'existe pas de bibliothèque de quelque importance, dans les villes et les pays qu'il a traversés, qu'il n'ait visitée; et s'il est loin, et qu'il entende parler d'un manuscrit ou d'un ouvrage qui l'intéresse, le réseau d'amitiés qu'il a nouées dans toute l'Europe est chargé de lui procurer le document en question, ou à tout le moins une copie![1] Ayant lu les ouvrages de ses prédécesseurs, ayant surtout minutieusement compulsé de nombreuses archives, la précision de son information sur Paris est étonnante. Il étalera cette érudition par exemple dans son *Histoire du parlement de Paris*.[2] Mais il aurait tout aussi bien pu écrire une *Histoire de Paris*. Cette œuvre existe ,mais disséminée dans dix ouvrages; on la trouve dans les écrits historiques, où le Paris des débuts, du moyen âge et du dix-septième siècle est brièvement mais précisément crayonné; on la découvre au détour d'une réflexion dans une lettre, ou d'une comparaison dans un pamphlet; elle est coulée dans la pensée et dans la phrase, de telle sorte qu'à moins d'y porter une attention particulière, on risque de ne pas s'étonner de cette érudition en apparence si naturelle.

Voltaire estime que ce sont 'de grandes passions' qui servent à 'fonder de grands empires et des villes florissantes', tandis qu'une certaine 'bienveillance' naturelle ne serait que d'un 'faible secours' pour nous faire vivre en société (*Traité de métaphysique*, in *Mélanges*,

---

[1] cf., à simple titre indicatif, Best.D7469, D16102, D20150.

[2] Voltaire y fait l'historique du parlement. Ses motifs d'opposition à la vénérable institution parisienne sont d'une grande lucidité politique. Voltaire, on le sait, sera un des rares parmi les philosophes à défendre la réforme du chancelier Maupeou. On peut souligner par exemple que Diderot était un partisan résolu de l'ancien parlement. On trouvera une analyse de cet ouvrage de Voltaire dans N. Kotta, 'Voltaire's *Histoire du parlement de Paris*', *Studies on Voltaire* 41 (1963), pp.221-74.

p.194). Il est vrai qu'à l'époque où l'auteur écrivait ces lignes (1734), les 'grandes passions' sont probablement pour lui des principes de force, et non des ferments de faiblesse ou de décadence. Car plus loin, s'il reconnaît que 'l'abus' de ces passions peut faire beaucoup de mal, leur utilisation judicieuse – et notamment l'orgueil, qui est le fond de tout être – 'est la principale cause de l'ordre que nous voyons aujourd'hui sur terre'. On se trouve donc ici en plein milieu de la période d'euphorie de l'installation à Cirey. Voltaire vient de lire le *Traité sur le commerce* de Melon, directement inspiré de *The Fable of the bees* de Mandeville; cette lecture amènera l'écrivain à rédiger le *Mondain*, autre apologie de ces 'passions' citadines bien comprises.

Voltaire évoque tout d'abord, dans ses écrits, le Paris du neuvième siècle, assiégé par le Normand Régnier: 'Cette ville, aujourd'hui immense, n'était ni forte, ni grande, ni peuplée. La tour du grand Châtelet n'était pas encore entièrement élevée quand les Normands parurent. Il fallut se hâter de l'achever avec du bois; de sorte que le bas de la tour était de pierre, et le haut de charpente' (*Annales de l'empire*, M.xiii.258). Malheureusement pour Paris, non seulement le haut de ses murailles était en bois, mais également ses maisons. De sorte que quand les Normands le prirent d'assaut, il le brûlèrent entièrement (*EM*, i.386). Au treizième siècle, la ville était encore petite, presque pas d'urbanisme, presque pas de police. Sous Philippe le Bel, 'se faire traîner en charrette dans les rues de Paris, à peine pavées et couvertes de fange, était un luxe' (*EM*, i.760). Mais très vite, à la charnière du treizième et du quatorzième siècles, des souverains et des magistrats industrieux commencent à donner à la ville l'élan qui en fera bientôt la première cité du royaume et de l'Europe. Les résultats ne se font guère attendre; au quatorzième siècle, 'Paris commençait à être une ville redoutable; il y avait cinquante mille hommes capables de porter les armes. On invente alors l'usage des chaînes dans les rues' (*EM*, i.727). Leur sécurité étant de mieux en mieux assurée, les Parisiens s'adonnent alors de plus en plus à leurs loisirs et à leurs activités communautaires; Voltaire décrit les processions religieuses, les cérémonies paroissiales; il nous apprend, par exemple, qu' 'autrefois on promenait la châsse de Sainte Geneviève par les rues de Paris pour avoir de la pluie ou du beau temps' (*Réflexions pour les sots*, in *Mélanges*, p.354). Peu à peu, la ville s'agrandit: un autre temps fort de son histoire est le règne de Louis XI: il y eut alors 'dans cette ville quatre-vingt mille bourgeois capables de porter les armes' (*EM*, ii.8).

Pour Voltaire, les commencements du Paris contemporain doivent être cherchés dans l'œuvre d'Henri IV, qui met un point final à l'absurde série des guerres de religion qui ravagèrent Paris au seizième siècle, quand la misère et la désolation régnaient à un point tel que 'l'on criait dans Paris: Terrains abandonnés à vendre!' (*Lettre à l'occasion de l'impôt sur le vingtième*, M.xxiii.308). *La Henriade*, et les lectures qu'elle avait supposées, lui donnent une idée précise de la capitale à cette époque, éloignée de lui d'à peine plus d'un siècle. Comment se présentait alors Paris quand le roi de Navarre, grâce à son courage, le soumit et devint roi de France? (Taylor, p.499):

> Paris n'était point tel en ces temps orageux,
> Qu'il paraît en nos jours aux Français trop heureux.
> Cent forts, qu'avaient bâtis la fureur et la crainte,
> Dans un moins vaste espace enfermaient son enceinte.
> Ces faubourgs, aujourd'hui si pompeux et si grands,
> Que la main de la Paix tient ouverts en tout temps,
> D'une immense cité superbes avenues,
> Où nos palais dorés se perdent dans les nues,
> Etaient de longs hameaux d'un rempart entourés,
> Par un fossé profond de Paris séparés.

Mais le grand Henri se met au travail. Et quand le poète évoque le Béarnais, même dans ses œuvres en prose, il ne peut s'empêcher d'être enthousiaste; un lyrisme contenu vibre sous la phrase élégante et racée (*EM*, ii.546):

Paris est agrandi et embelli: il forme la Place-Royale; il restaure tous les ponts. Le faubourg Saint-Germain ne tenait point à la ville; il n'était point pavé: le roi se charge de tout. Il fait construire ce beau pont où les peuples regardent aujourd'hui sa statue avec tendresse [...] Il donne des logements dans le Louvre, sous cette longue galerie qui est son ouvrage, à des artistes en tous genres, qu'il encourageait souvent de ses regards.

Voltaire n'est pas tendre, par contre, pour le Paris de Louis XIII. Comme si, voulant magnifier l'œuvre d'Henri IV et de Louis XIV, il avait à dessein assombri le tableau de la capitale sous Louis le Juste. La population de Paris, dit-il, compte alors à peine 400.000 âmes. On n'y trouvait pas 'quatre beaux édifices' (*Le Siècle de Louis XIV*, M.xiv.157). Richelieu, que Voltaire loue tant d'avoir créé l'Académie française et d'avoir établi à l'étranger la grandeur de la France, ne s'est pas occupé de la ville, dont l'hygiène est déplorable, la police risible et où la sûreté est inexistante (M.xiv.173-74):

les rues de Paris, étroites, mal pavées, et couvertes d'immondices dégoûtantes, étaient remplies de voleurs. On voit, par les registres du parlement, que le guet de cette ville était réduit alors à quarante-cinq hommes mal payés, et qui même ne servaient pas [. . .] il n'y avait pas jusqu'aux paroisses de Paris qui n'en vinssent aux mains; les processions se battaient les unes contre les autres pour l'honneur de leurs bannières. On avait vu souvent les chanoines de Notre-Dame aux prises avec ceux de la Sainte-Chapelle: le parlement et la chambre des comptes s'étaient battus pour le pas dans l'église de Notre-Dame.

Si, pour Voltaire, le règne de Louis xiv est le siècle par excellence de la grandeur de la France, il a manqué au grand roi de parachever son œuvre en se donnant une capitale vraiment digne de sa gloire.[3] Voltaire, à l'instar de nombreux penseurs bourgeois du dix-huitième siècle, n'est pas loin d'estimer que la construction de Versailles est un accident dans le déroulement harmonieux de l'histoire de France, et qu'elle a nui au développement de Paris. Pourtant, il ne cesse de louer en mille occasions les plans de Colbert pour embellir la ville. Colbert fut vraiment pour Voltaire comme un personnage mythique. Comme l'empereur Julien deviendra sous sa plume le prototype du tolérant, le ministre de Louis xiv sera le modèle des magistrats parisiens et l'urbaniste par excellence. Malheureusement, d'après le philosophe, Colbert n'a pas vécu assez longtemps pour appliquer son programme, et c'est le devoir des contemporains de poursuivre et d'achever la tâche.

Dans une variante du *Temple du goût* (il s'agit en réalité du texte de l'édition originale de 1733, fortement augmentée depuis; les éditeurs de Kehl adoptèrent l'édition de 1775 et mirent en variantes les nombreux passages des éditions précédentes omis dans l'édition encadrée), Voltaire fait parler Colbert.

Je n'ay exécuté, disoit ce Ministre, que la moindre partie de ce que je méditois. J'aurois voulu que Loüis xiv eût employé aux embellissemens nécessaires de sa Capitale, les Trésors ensevelis dans Versailles, et prodigués pour forcer la Nature. Si j'avois vécu plus long-tems, Paris auroit pu surpasser Rome, en magnificence et en bon goût, comme il la surpasse en grandeur. Ceux qui

---

[3] pourtant, tout le chapitre 29 du *Siècle de Louis XIV* est un hommage à l'œuvre entreprise par le roi à Paris: construction de nombreux nouveaux édifices, établissement de St-Cyr, etc. Voltaire, en amoureux de Paris, admire, mais trouve que ce n'est pas assez.

viendront après moy, feront ce que j'ai seulement imaginé. Alors le Royaume sera remply des Monumens de tous les beaux Arts. Déjà les grands chemins qui conduisent à la Capitale sont des promenades délicieuses, ombragées de grands Arbres, l'espace de plusieurs milles, et ornées même de Fontaines et de Statuës. Un jour, vous n'aurez plus de Temples gothiques. Les salles de vos Spectacles seront dignes des Ouvrages immortels qu'on y représente. Des nouvelles Places et des Marchés publics construits sous des colonades, décoreront Paris comme l'ancienne Rome. Les eaux seront distribuées dans toutes les Maisons comme à Londres. Les inscriptions de Santeüil, ne seront plus la seule chose que l'on admirera dans vos Fontaines, la Sculpture étalera partout ses beautés durables, et annoncera aux Etrangers la gloire de la Nation, le bonheur du Peuple, la Sagesse et le Goût de ses Conducteurs. Ainsi parloit ce grand Ministre.[4]

Il est hors de notre propos d'établir si tels étaient bien les projets de Colbert; mais il ne fait aucun doute qu'il s'agit là du programme voltairien presque complet de rénovation urbaine à Paris.

Si Voltaire connaît fort bien l'histoire de Paris, il connaît encore mieux le Paris du dix-huitième siècle, qu'il décrit également dans sa correspondance comme dans divers écrits. De manière générale, le Paris physique de Voltaire est comme son Paris intellectuel et social: un mélange des contraires; c'est encore une fois la statue de Nabuchodonosor, moitié or, moitié boue, qui lui sert de comparaison; ce 'contraste de splendeur et de misères' n'est pas seulement évoqué par Voltaire; la plupart des philosophes et des écrivains du siècle ne disent pas autrement. Montesquieu, dans l'*Esprit des lois*, évoque une capitale boulimique, 'qui engloutit tout'; il dénonce le 'luxe affreux dans la capitale'.[5] Diderot est plus explicite: 'Cependant l'histoire du luxe est écrite sur toutes les portes des maisons de la capitale [...] Il s'établit, par mille funestes moyens qu'il est inutile d'exposer, une incroyable inégalité de fortune entre des citoyens. Il s'y forme un centre d'opulence réelle; autour de ce centre d'opulence, il existe une immense et vaste misère.'[6] Mais ces lignes de Diderot, écrites en 1773, ne sont déjà que l'écho presque littéral de ce que Rousseau avait déjà dénoncé à maintes reprises, et notamment sous la plume de Saint-Preux. L'amant de Julie, quelques jours à peine après son arrivée dans la capitale, a déjà vu l'essentiel: 'c'est peut-être la ville du monde où les fortunes sont le plus inégales,

---

[4] *Le Temple du gout*, éd. Carcassonne (Paris 1938), pp.94-95.

[5] *Œuvres complètes de Montesquieu*, éd. André Masson (Paris 1950), i.57.

[6] *Entretiens avec Catherine II*, chapitre 5, 'Du luxe', in *Œuvres politiques*, éd. Paul Vernière (Paris 1963), p.285.

et où règnent à la fois la plus somptueuse opulence et la plus déplorable misère' (*NH*, p.208).

C'est donc une idée répandue, ou plutôt une constatation évidente, que Voltaire fait sienne. Mais – et c'est là que l'on découvre sa touche personnelle – au lieu de répéter ce qui pouvait n'être à la fin qu'un lieu commun, il analyse et quantifie le phénomène. Il commence tout d'abord par déterminer qui habite la capitale, et quelles sont ces 'fortunes' et cette 'opulence'.

Voltaire estime, en 1749, que la population parisienne se monte à 'sept cent mille citoyens' (*Des embellissements de Paris*, M.xxiii.297). Il ne se trompait guère de beaucoup, à une époque où les recensements et les publications statistiques n'existaient pas. Albert Babeau, dont l'œuvre, quoique vieillie, reste précieuse, calcule, d'après un relevé des Archives nationales, que la ville de Paris comptait, en 1780, 625.376 habitants, tandis que la population de la généralité (ce que nous appellerions aujourd'hui le grand Paris) se montait à 1.156.194 personnes.[7] Léon Cahen estime, pour sa part, que la population de la ville se chiffrait entre 500.000 et 600.000 âmes, mais son évaluation vaut pour les années 1750.[8]

Or, bien qu'une fraction relativement restreinte de cette population concentrât entre ses mains la majeure partie des richesses, celles-ci se montaient néanmoins à des sommes fabuleuses. Voltaire reconnaît que 'nous [les Parisiens] possédons dans Paris de quoi acheter des royaumes'; il se renseigne auprès d'un commis de la ferme du marc d'or et d'argent et révèle, stupéfait, à un de ses correspondants, que 'dans Paris il y a pour onze cent milions de vaiselle ou d'orfèvrerie'.[9] Il a calculé lui-même qu'au bas mot, il s'échange dix millions de francs par année sur les tables de jeux de Paris (*Des embellissements*, M.xxiii. 299). Et quand il compare les richesses de Paris avec celles des autres grandes villes d'Europe, il ne peut s'empêcher d'être saisi d'un mouvement d'orgueil:

On remarqua ensuite que ce qui rend Paris la plus florissante ville du monde n'est pas tant ce nombre d'hôtels magnifiques où l'opulence se déploie avec quelque faste, que ce nombre prodigieux de maisons particulières où l'on vit

[7] *La Province sous l'ancien régime* (Paris 1894), i.329.
[8] 'La population parisienne au milieu du xviiième siècle', *La Revue de Paris*, 26ème année, tome cinquième (sept.-oct. 1919), p.148.
[9] Best.D2922. Dans la *Lettre à l'occasion de l'impôt sur le vingtième*, il dira par ailleurs que dans toute la France il existe pour douze cent millions d'argent orfèvré.

avec une aisance inconnue à nos pères, et à laquelle les autres nations ne sont pas encore parvenues. Comparons, en effet, Paris et Londres, qui est sa rivale en étendue de terrain, et qui est assurément bien loin de l'être en splendeur, en goût, en somptuosité, en commodités recherchées, en agréments, en beaux-arts, et surtout dans l'art de la société. Je ne craindrai point de me tromper en assurant qu'il y a cinq cents fois plus d'argenterie chez les bourgeois de Paris que chez les bourgeois de Londres. Votre notaire, votre procureur, votre marchand de drap, sont beaucoup mieux logés, mieux meublés, mieux servis, qu'un magistrat de la première cité d'Angleterre.

Il se mange en un soir, à Paris, plus de volailles et de gibier que dans Londres en une semaine; il s'y brûle peut-être mille fois plus de bougies: car à Londres, si vous exceptez le quartier de la cour, on ne connaît que la chandelle. Je ne parlerai point des autres capitales. Amsterdam, la plus peuplée de toutes après Londres, est le pays de la parcimonie; Vienne et Madrid ne sont que des villes médiocres; Rome n'est guère plus peuplée que Lyon, et je doute fort qu'elle soit aussi riche. En faisant ces réflexions, nous jouissions du plaisir de nous rendre compte de notre félicité, et si Rome a de plus beaux édifices, Londres des flottes plus nombreuses, Amsterdam de plus grands magasins, nous convînmes qu'il n'y a point de ville sur la terre où un aussi grand nombre de citoyens jouisse de tant d'abondance, de tant de commodités, et d'une vie si délicieuse.[10]

Une première constatation s'impose donc à Voltaire: Paris est une ville riche, ou du moins qui renferme de grandes richesses. Et pourtant il ne cesse de critiquer et de vitupérer les pouvoirs publics aussi bien que les citoyens de la ville, car selon lui, celle-ci est mal gérée, mal entretenue, et ses richesses ne sont pas utilisées à bon escient. Elargissant le débat, le transposant au plan de la morale civique, Voltaire déplore surtout que les Parisiens soient 'insensibles au bien public' (Best.D14977).

Tout en reconnaissant qu'il existe à Paris une criante inégalité de fortune, le philosophe ne préconise nulle part une redistribution plus ou moins directe de l'argent entre les différentes classes sociales. Mais il demande inlassablement la circulation continuelle de l'argent, par le biais de grands travaux de rénovation qu'entreprendraient les citoyens riches et les pouvoirs publics. Ces travaux, tout en embellissant et assainissant la ville, procureraient du travail et des revenus décents à la grande masse des miséreux; cette idée, centrale dans la pensée économique de Voltaire, sera le fondement même du programme d'urbanisme

---

[10] *Lettre à l'occasion de l'impôt du vingtième* (M.xxiii.306).

qu'il élabore dans ses moindres détails. Mais auparavant il dénonce énergiquement les laideurs et les pestilences parisiennes.

Imaginons un étranger s'approchant de Paris. Soixante lieues avant d'arriver dans la capitale, il rencontre de grands chemins, des routes pavées, des allées droites, bordées d'arbres (*Le Siècle de Louis XIV*, M.xiv.498). Cet étranger, l'esprit plein de la réputation de Paris, bien disposé par ces abords si prometteurs, se félicite déjà du moment délicieux qu'il vivra en entrant dans la capitale. Hélas! il doit vite déchanter, car il 'arriva dans cette ville immense par l'ancienne entrée, qui était toute barbare, et dont la rusticité dégoûtante offensait les yeux'.[11] Cette ancienne entrée, c'est le faubourg Saint-Marceau, où pénètre Candide quand il se décide à venir à Paris, et où 'il crut être dans le plus vilain village de la Vestphalie' (Bénac, p.190). Cet étranger et Candide ont bien raison de s'indigner, car les abords de Paris étaient effectivement peu attirants:

Malheureusement, c'est [...] par les faubourgs Saint-Denis, Saint-Antoine ou Saint-Marcel qu'ils [les étrangers] entrent généralement dans Paris. Ils arrivent les yeux tout éblouis [par les descriptions qu'ils ont lues] et voilà que de misérables masures s'offrent à leurs regards. Des exhalaisons infectes, venues des gadoues et des ordures répandues sur le sol, les accueillent. Ce ne sont point des rues qu'ils longent, qu'ils traversent, mais des sentines où grouillent, dans une pestilence insupportable, des loqueteux, des enfants presque nus. Les maisons, trop hautes, ne permettent pas à l'air de circuler. Nos voyageurs avancent dans une sorte de pénombre, car la lumière du jour ne parvient jamais aux étages inférieurs.[12]

Une fois les faubourgs franchis, l'impression est-elle meilleure? Non, pas encore, répond Voltaire, qui condamne le tracé insensé des rues, leur saleté repoussante et leur étroitesse, qui en font de véritables cloaques. 'Nous rougissons, avec raison, de voir les marchés publics établis dans des rues étroites, étaler la malpropreté, répandre l'infection, et causer des désordres continuels [...] Des quartiers immenses demandent des places publiques[13]; [...] le centre de la ville, obscur, resserré, hideux, représente le temps de la plus honteuse barbarie.'[14]

---

[11] *Le Monde comme il va: vision de Babouc*, Bénac, p.68. Il s'agit de Persépolis-Paris.

[12] Kunstler, *La Vie quotidienne sous Louis XVI*, p.192.

[13] ce verdict sévère s'applique, dans la pensée de Voltaire, à toute la grande agglomération parisienne; pour ce qui est de l'absence de places publiques, il vise cependant surtout le faubourg Saint-Germain. Cf. Best.D15187.

[14] *Des Embellissements de Paris* (M.xxiii.297-98). A propos de la 'malpropreté' et des 'désordres' de Paris, Boileau ne s'exprimait pas autrement:

Les carrefours sont 'gothiques', l'enceinte de la ville 'irrégulière et crottée', et, faisant d'une pierre deux coups, Voltaire dénonce dans le même texte deux de ses bêtes noires: l'incohérence des lois et le tracé fantaisiste des rues: 'On les [les lois] a faites à mesure, au hasard, irrégulièrement, comme on bâtissait les villes. Voyez à Paris le quartier des Halles, de Saint-Pierre-aux-Bœufs, la rue Brise-Miche, celle du Pet-au-Diable, contraster avec le Louvre et les Tuileries: voilà l'image de nos lois.'[15]

Que cet étranger dont nous parlions tantôt, fatigué de suivre des rues étroites, sombres, nauséabondes, 'où les boucheries [. . .] répandent en été une odeur cadavéreuse capable d'empoisoner tout un quartier' (Best.D14977), dégoûté de patauger dans des flaques pestilentielles, relève la tête et regarde autour de lui, que verra-t-il? 'un assemblage de palais et de mazures, de magnificence et de misères, de beautés admirables et de défauts dégoûtants' (Best.D19635), répond Voltaire, qui donne ainsi le ton de toutes ses réflexions sur les monuments de Paris, réflexions innombrables, et encore une fois disséminées dans toute son œuvre. A côté des masures, des taudis qui enserrent de partout les 'palais' des riches, Voltaire dénonce également certains édifices et monuments publics. Il en a tout particulièrement à St-Sulpice, ce 'monument de mauvais goust' (Best.D2294), et surtout à l'Hôtel de Ville, place de Grève, à l'égard duquel il n'a pas de termes assez durs: il est 'du plus mauvais goût du monde', et Voltaire voudrait bien qu'on

> En quelque endroit que j'aille, il faut fendre la presse
> D'un peuple d'importuns qui fourmillent sans cesse [. . .]
> Moi donc, qui dois souvent en certain lieu me rendre,
> Le jour déjà baissant, et qui suis las d'attendre,
> Ne sachant plus tantôt à quel saint me vouer,
> Je me mets au hasard de me faire rouer,
> Je saute vingt ruisseaux, j'esquive, je me pousse;
> Guénaud sur son cheval en passant m'éclabousse;
> Et n'osant plus paraître en l'état où je suis,
> Sans songer où je vais, je me sauve où je puis.

(*Satires*, éd. Charles-H. Boudhors (Paris 1966), pp.244-46: *Satire VI*, lignes 21-22 et 63-70).

[15] *Questions sur l'Encyclopédie*, article 'Lois', 1ère section (M.xix.613-14). Au moment où il écrivait ce texte, en 1771, Voltaire n'avait pas revu Paris depuis 21 ans. On ne sait ce qu'il faut le plus admirer, de sa mémoire ou de son intérêt pour sa ville natale. Quant à la jurisprudence de Paris, Voltaire ne cesse de l'attaquer: 'il y a vingt-cinq commentaires sur la coutume de Paris; c'est à dire on a prouvé vingt-cinq fois que la coutume de Paris est équivoque; et, s'il y avait vingt-cinq chambres de juges, il y aurait vingt-cinq jurisprudences différentes' (*DP*, art. 'Des lois', p.284).

129

tourne contre lui les canons que l'on tire à l'occasion des festivités publiques, pour en bâtir un autre (Best.D2062; cf. également 1649). Il conseille également 'd'abattre les maisons qui nous cachent la façade de Saint-Gervais' et dénonce l'architecture 'barbare' de Notre-Dame, partageant en cela les préjugés de son siècle contre le gothique.

Voltaire ne se contente pourtant pas, en cette matière, de critiquer; il nous révèle également ce qu'il aime, et par exemple, ce portail de Saint-Gervais dont il déplore qu'il soit caché; il admire l'Observatoire, érigé par Louis XIV, et la chapelle des Invalides, 'la plus belle de Paris' (*Le Siècle*, M.xiv.506); il trouve que l'arc de triomphe de la porte Saint-Denis et la statue équestre de Henri IV, les quais de la Seine, les Tuileries, les Champs-Elysées, 'égalent ou surpassent les beautés de l'ancienne Rome'; la fontaine de la rue de Grenelle, faubourg Saint-Germain, et la fontaine des Innocents, au coin des rues aux Fers et Saint-Denis, 'frapp[ent] les yeux par leur beauté'; il ne cesse enfin de louer les ponts de Paris, tout en souhaitant ardemment qu'on détruise les maisons qui les encombrent. Il rejoint là un vœu assez répandu au dix-huitième siècle,[16] et qui se réalisera d'ailleurs du vivant de l'auteur.

Voltaire a souvent déploré que Paris ne possédât aucune salle de théâtre ou d'opéra digne de ce nom.[17] Pour lui, amant fou de la scène, c'était là le signe suprême de la barbarie et les Italiens avaient bien raison de le reprocher aux Français (*Vie de Molière*, M.xxiii.92). Les salles existantes 'sont sans magnificence, sans goût, sans commodités, ingrates pour la voix, incommodes pour les acteurs et pour les spectateurs. Ce n'est qu'en France qu'on a l'impertinente coutume de faire tenir debout la plus grande partie de l'auditoire' (*Le Temple du goût*, p.95, note 2 de Voltaire). En 1748, il rassemble tous ces griefs dans la *Dissertation sur la tragédie*, qu'il avait mise en tête de sa tragédie *Sémiramis*. Et il prouve que le problème dépassait de loin la simple question de la commodité et du confort. Le théâtre est fait de telle manière que la

---

[16] Prévost avait écrit dans son journal le *Pour et contre*: 'Les François ont le même reproche à faire à leurs Ponts de Paris [que les Anglais à celui de Londres]. La beauté du Pont-Neuf et du Pont-Royal doivent leur faire sentir quelle perte c'est pour leur capitale d'être comme étouffée par plusieurs Ponts [...] La Seine gémit de voir une partie de ses agréments cachés, elle qui a cet avantage sur la Tamise, que ses bords étant revêtus de quais magnifiques, elle pourroit se montrer partout avec honneur, et faire le principal ornement de Paris' (cité in Marie-Rose de Labriolle, *Le* Pour et contre *et son temps*, Studies on Voltaire 34-35 (1965), ii.573).

[17] cf. Best.D2062; également un opuscule intitulé *Ce qu'on ne fait pas et ce qu'on pourrait faire* (M.xxiii.186).

foule des spectateurs se presse sur la scène avec les acteurs, ce qui empêche 'toute action grande et pathétique'; et Voltaire avertit: tant que nous aurons des théâtres si mal construits, nous ne pourrons jamais atteindre à un certain degré de perfection, et nous risquons d'étouffer le génie de certains auteurs, qui ne peut se développer qu'avec une totale liberté d'action, et l'espace nécessaire pour une mise en scène somptueuse (M.iv.499). Les critiques de Voltaire seront entendues et la scène française sera débarrassée en avril 1759 des spectateurs; à côté de ses hardiesses de mise en scène et de versification, voilà encore un apport du philosophe à la lointaine genèse du drame romantique.

Voltaire a également beaucoup parlé des fontaines de Paris. Il regrette leur petit nombre et leur mauvais goût, ce sont de véritables 'fontaines de village'. Il faudrait même les détruire, pour en reconstruire de plus dignes. Et quand on les reconstruira, il faudra éviter qu'elles ne soient adossées à un mur, ou cachées à moitié par une maison; il faudra surtout leur ajouter plus de deux robinets, car comment voulez-vous que les porteurs d'eau puissent remplir leurs seaux à même deux misérables robinets (Best.D1757, D15187)?

Mais il est sans conteste un monument dont Voltaire a fait le centre de ses propos chaque fois qu'il parle de Paris, et c'est le Louvre. Voltaire a été un grand amoureux du Louvre, un ardent partisan de son parachèvement et de son nettoyage. Il rappelle dans ses écrits historiques les différentes étapes de la construction du palais; il se complaît surtout à raconter, avec une fierté affichée, qui devrait porter à réfléchir ceux qui voient en l'ennemi des Welches un anti-patriote, comment le Bernin, appelé de Rome par Lous XIV pour terminer le palais, ne put que s'incliner devant le génie de Perrault qui achevait la façade extérieure.[18] Malheureusement, la colonnade, ainsi que le palais lui-même, avaient depuis lors été, selon les termes d'un autre amoureux du Louvre, Petit de Bachaumont, 'offusqué[s] par de vilaines et chétives maisons, qui en dérobent à la vue les plus considérables parties'.[19]

[18] ce détail a tellement frappé Voltaire que, non content de le narrer dans son *Siècle de Louis XIV* et de le rappeler à plusieurs de ses correspondants, il l'a également mis en vers dans son troisième *Discours sur l'homme*, intitulé 'De l'envie' (*Mélanges*, p.223):
> A la voix de Colbert Bernini vint de Rome;
> De Perrault, dans le Louvre, il admira la main:
> 'Ah! dit-il, si Paris renferme dans son sein
> Des travaux si parfaits, un si rare génie,
> Fallait-il m'appeler du fond de l'Italie?'

[19] *Essai sur la peinture*, cité in Robert Tate, jr., *Petit de Bachaumont: his circle and the Mémoires secrets*, Studies on Voltaire 65 (1968), p.87.

Voltaire et Bachaumont vont s'unir dans une espèce de campagne d'opinion pour faire achever le palais, et détruire les 'mazures' qui l'enlaidissent. La contribution la plus importante de Voltaire à cette campagne est une *Ode sur le Louvre*, qui date de 1749. En quatre strophes, le poète fait un vibrant plaidoyer pour qu'on poursuive la construction du Louvre et déplore par ailleurs certains projets de construction, dans la cour du palais, de maisons qui allaient l'enlaidir. Dans une apostrophe directe à la résidence royale, Voltaire veut flatter la vanité de Louis xv, pour inciter le souverain à s'occuper de l'héritage de ses aïeux (M.viii. 520):

> Louvre, palais pompeux dont la France s'honore!
> Sois digne de Louis, ton maître et ton appui;
> Sors de l'état honteux où l'univers t'abhorre,
> Et dans tout ton éclat montre-toi comme lui.

A plusieurs reprises, Voltaire, et plus tard Bachaumont, crurent que leurs appels avaient été enfin entendus. En 1755 et en 1768, Louis xv donna des ordres pour achever le palais, mais les travaux ne commencèrent jamais effectivement. Ce sera l'œuvre des deux Napoléons et de leurs ministres, au siècle suivant, de terminer le palais et de raser les 'bâtiments de Goths et de Vandales' qui le masquent.

Voltaire n'a donc pas été un thuriféraire aveugle de Paris, non plus d'ailleurs qu'un critique perpétuel. Il a su relever les beautés de la ville dans des textes dont certains sont parmi les plus admirables qui soient sortis de sa plume; mais il a su également dénoncer impitoyablement les laideurs de la capitale, qui choquaient souvent les étrangers.[20] Ce faisant, Voltaire n'a pas hésité à heurter de front l'immense vanité des Parisiens, qui avaient conscience d'habiter la première ville d'Europe, et qui n'hésitaient pas à l'encenser sans la moindre vergogne: 'le centre unique des arts, des idées, des sentiments et des ouvrages de littérature', 'un point unique sur le globe, [. . .] le modèle des nations', 'on entend parler de Lyon, de Bordeaux, de Marseille, de Nantes; on croit à l'opulence de ces villes, mais point à leurs amusements, à leurs plaisirs, encore moins à leurs goûts, le titre d'académicien de province fait rire'.[21]

---

[20] le poète italien Alfieri écrit que 'Paris n'est qu'une affreuse Babylone, un immense cloaque, un fétide hôpital où l'on ne trouve que des incurables et des fous' et dont 'la mauvaise odeur et le vacarme' lui 'font se boucher le nez et les oreilles' (cité in Kunstler, *La Vie quotidienne sous Louis XVI*, p.187).

[21] diverses citations d'écrits contemporains compilés par Brelingard, *La Vie parisienne à travers les âges*, iii.199.

Leur morgue était légendaire, et Diderot, qui a pourtant appuyé les parlementaires lors de la révolution du chancelier Maupeou, dénonce leur hauteur à l'égard de leurs collègues des villes de province.[22]

Les Parisiens ne pouvaient pourtant guère faire de reproches à Voltaire, car il ne s'est pas contenté de louer ou de critiquer, il a surtout élaboré un plan d'action et de rénovation complet; il ne s'est d'ailleurs pas contenté d'y penser par à-coups, ou d'émailler ses œuvres ou ses lettres de réflexions circonstancielles. Il a composé et publié quatre courts écrits qui traitent directement de la question. Les deux plus importants sont le dialogue intitulé *Des embellissements de la ville de Cachemire*, et un opuscule: *Des embellissements de Paris*. Quoique publié en 1756, le dialogue doit avoir été composé en même temps que l'écrit sur Paris, qui date de 1749, puisqu'il traite sur le ton badin et ironique de ce que l'opuscule traitait plus longuement et plus sérieusement. Ajoutons également la *Lettre à l'occasion de l'impôt du vingtième*, datée précisément du 16 mai 1749, et qui dissèque longuement un des aspects du programme de Voltaire, le financement des travaux à entreprendre à Paris, et enfin un très court texte de 1742, *Ce qu'on ne fait pas et ce qu'on pourrait faire*, qui n'est qu'une fable à peine déguisée dans laquelle Voltaire expose déjà succinctement les idées qu'il allait développer quelques années plus tard.

En rédigeant ces différents programmes, Voltaire n'est pas à proprement parler un innovateur, car en ces années 1740-1750, on s'agitait beaucoup à Paris sur la nécessité d'un urbanisme renouvelé, et de nombreux penseurs de salon se croyaient obligés d'y aller de leur avis sur la question.[23] Mais, et c'est ce que Voltaire reproche nommément à ses concitoyens, on s'agitait beaucoup, on dissertait savamment, on discutait longuement, mais on ne faisait rien. C'est donc un pressant appel à l'action que Voltaire adresse alors aux Parisiens; et, pour éviter des palabres inutiles, il attaque de front et longuement la question principale qui fournissait aux Parisiens le prétexte de leur inaction: le financement des travaux; on gémissait sur les tribulations de la politique extérieure de la France, et on affirmait que Louis xv, ayant à mener de

[22] 'La classe [des parlementaires de la capitale], pleine d'une sotte morgue, dédaignait les autres' (*Entretiens avec Catherine II*, chapitre 1, 'Essai historique sur la police de la France depuis les origines jusqu'à son extinction actuelle', *Œuvres politiques*, p.237).

[23] nous avons déjà évoqué l'un de ces écrits, l'*Essai sur la peinture* de Bachaumont, mais il s'agit probablement d'un des ouvrages contemporains les mieux documentés sur les monuments de Paris.

multiples guerres contre ses ennemis, ne pourrait jamais trouver dans ses coffres les sommes importantes nécessaires pour les travaux.

Soit! rétorque Voltaire, mais pourquoi le roi devrait-il financer ces travaux? Qui vit à Paris, qui profite de la ville, de ses commodités, de ses monuments, sinon les Parisiens? Pourquoi ceux-ci devraient-ils s'en remettre toujours au souverain qui, 'après tout, [...] n'est pas plus roi des Parisiens que des Lyonnais et des Bordelais'. La 'métropole doit se secourir elle-même', et 'ce n'est donc pas au roi, c'est à nous à présent de contribuer aux embellissements de notre ville';[24] d'ailleurs, les Parisiens ont assez de richesses pour cela; une infime partie de ce qu'ils dépensent en équipages brillants et en festins ruineux pour la santé suffirait pour embellir leur cité.

Langage peu courant, dans un pays où le centralisme règne en maître. Mais la hardiesse du philosophe ne s'arrête pas là: aux Parisiens trop pusillanimes ou trop parcimonieux pour délier les cordons de leur bourse, il prouve, démonstration à l'appui, que ces largesses n'auraient pas seulement des effets esthétiques, mais également économiques et financiers. Car enfin, tout cet argent dépensé n'ira-t-il pas dans les goussets des artistes et des ouvriers? Et ceux-ci, privés de tout aujourd'hui, ne dépenseront-ils pas cet argent pour acheter les nombreux biens auxquels ils aspirent? Cet argent remis en circulation n'enrichira-t-il pas ceux qui l'auront déboursé, après avoir soulagé bien des misères et embelli la capitale?[25] Dans une langue heureusement fort

[24] on s'étonne, devant ces textes non équivoques des *Embellissements de Paris* (M.xxiii. 297-305, *passim*), de l'opinion de Robert Tate, jr., qui estime que 'it never occurred to Voltaire, any more than to Bachaumont, that the initiative for reform and beautification might come from any source other than the monarchy itself' (*Petit de Bachaumont*, p.93).

[25] encore une fois ici, Voltaire est en accord avec la pensée de nombre de ses contemporains. Dans l'*Esprit des lois*, paru quelques mois à peine avant ces opuscules, Montesquieu estime lui aussi que le luxe est nécessaire, mais que les riches n'en ont que plus d'obligation à dépenser leur argent: 'Comme, par la constitution des monarchies, les richesses y sont inégalement partagées, il faut bien qu'il y ait du luxe. Si les riches n'y dépensent pas beaucoup, les pauvres mourront de faim. Il faut même que les riches y dépensent à proportion de l'inégalité des fortunes; & que, comme nous avons dit, le luxe y augmente dans cette proportion. Les richesses particulières n'ont augmenté que parce qu'elles ont ôté à une partie des citoyens le nécessaire physique: il faut donc qu'il leur soit rendu' (livre vii, chapitre 4, i.132-33).

Et Diderot renchérit: il ne faut opposer aucune limite à la croissance de la capitale, car on gênerait l'enrichissement de tout le pays: 'Je ne sais même, quand tout d'ailleurs est bien ordonné, s'il [le ministère] doit fixer les limites à la capitale.

'Le cœur ne devient trop gros que si le reste de l'animal est malade.

'C'est ainsi que s'engendre ce que l'on appelle la circulation intérieure, qu'on ne gêne jamais par aucune institution, sans nuire à toute la machine' (*Entretiens avec Catherine II*,

éloignée du jargon des économistes actuels, Voltaire esquisse le cycle classique de la circulation monétaire que le capitalisme moderne devait ériger en dogme. Et le philosophe pressent que là réside le secret de l'enrichissement collectif, le fondement de cette société que Diderot à son tour entreverra quelque vingt ans plus tard, et que l'auteur des *Entretiens avec Catherine II* désignera d'un mot destiné à une singulière fortune: la société de consommation.[26]

Pour combattre les habitudes de thésaurisation, la mentalité 'bas de laine' des Parisiens, après avoir fait la démonstration des bienfaits de l'effort qu'il leur demande, Voltaire flatte leur amour-propre. Qui, en effet, peut avancer cet argent, sinon les citoyens riches de la ville? Et si même, en contribuant, par exemple, pour cent mille livres, ils n'en retiraient aucun bénéfice et devaient se contenter de rentrer dans leur argent, la gloire de voir leur nom attaché à celui de la grande ville n'est-elle pas un aiguillon suffisant? Voltaire rappelle en cent endroits, dans ses pamphlets, dans sa correspondance, dans *Le Siècle de Louis XIV*, un exemple et un précédent: celui du maréchal de La Feuillade qui fit ériger une statue de Louis XIV place des Victoires, 'monument de sa grandeur d'âme et de sa reconnaissance pour son souverain' (*Le Siècle*, M.xiv.494). L'auteur souligne que cette statue coûta au maréchal cinq cent mille livres, qui représentaient près d'un million de la monnaie de 1740. Mêlant la flatterie au pragmatisme le plus terre à terre, il demande aux fermiers généraux de donner l'exemple les premiers, puisque l'enrichissement des Parisiens augmenterait le produit de la ferme et les enrichirait donc eux-mêmes.

Mais si, en dépit de tout, la bonne volonté des citoyens de Paris ne suffisait pas? Si l'argent ainsi amassé ne procurait pas les fonds nécessaires pour achever les travaux? Voltaire n'est pas à court d'idées. Il propose une série de mesures complémentaires.

chapitre 6, 'De la capitale et du véritable siège d'un empire, par un aveugle qui jugeait des couleurs', *Œuvres politiques*, p.307). Dans 'Le débat en France sur le luxe: Voltaire ou Rousseau', *Studies on Voltaire* 161 (1976), pp.205-17, R. Galliani montre toute la complexité de la question du luxe au dix-huitième siècle, qui provoque 'l'affrontement entre différentes conceptions de la société' (p.217).

[26] 'La capitale attire tout à elle. C'est elle qui absorbe et qui reçoit. C'est le coffre-fort de la nation. On n'y fait rien. Sa fonction est comme le cœur dans l'animal: la fonction du cœur est de prendre et de renvoyer du sang; celle de la capitale est de recevoir et de renvoyer de l'or, en échange de ce que le tout fournit à sa voracité. C'est le lieu de la grande consommation' (*Œuvres politiques*, p.307).

Que le corps de ville demande seulement permission de mettre une taxe modérée et proportionnelle sur les habitans, ou sur les maisons, ou sur les denrées: cette taxe presque insensible pour embellir notre ville sera, sans comparaison, moins forte que celle que nous supportions pour voir périr nos compatriotes sur le Danube; que ce même Hôtel de Ville emprunte en rentes viagères, en rentes tournantes, quelques millions qui seront un fonds d'amortissement; qu'il fasse une loterie bien combinée; qu'il emploie une somme fixe tous les ans; que le roi daigne ensuite, quand ses affaires le permettront, concourir à ces nobles travaux, en affectant à cette dépense quelques parties des impôts extraordinaires que nous avons payés pendant la guerre, et que tout cet argent soit fidèlement économisé; que les projets soient reçus au concours; que l'exécution soit au rabais: il sera facile de démontrer qu'on peut, en moins de dix ans, faire de Paris la merveille du monde.[27]

Ces mesures n'ont pas de quoi surprendre le lecteur informé des finances municipales des grandes métropoles modernes. On voit que tout y est: taxation proportionnelle (similaire à cette 'taxe locale d'embellissement' des villes canadiennes), emprunts, soumissions publiques, et même une loterie.

Le programme de rénovation que propose Voltaire a donc, déjà, deux avantages immédiats: enrichir la ville, et l'embellir. Bienfaits économiques, opération esthétique. Voltaire lui trouve un troisième avantage, d'ordre social cette fois, et qui revêt à ses yeux une semblable importance: ces mesures procureraient du travail aux chômeurs de Paris, à l'énorme masse des mendiants qui encombrent ses rues. Elles permettraient aussi de rendre productifs deux corps de citoyens fainéants, qu'on obligerait au travail: les soldats mercenaires, et les moines, 'beaux animaux à deux pieds, portant petit manteau par-dessus longue jaquette, capuce pointu sur la tête, ceinture de corde sur les reins'.[28] Les effectifs de chacune de ces deux catégories sont estimés par Voltaire à près de cent mille personnes. Voilà donc deux cent mille vigoureux gaillards, quatre cent mille bras qu'on utiliserait à bon escient pour assainir la ville. Si cette injection de main-d'œuvre se révélait insuffisante, si les artistes, sculpteurs, tailleurs de pierre, si les ouvriers en général ne suffisaient plus à la tâche, il faudrait avoir recours à une mesure que Voltaire a vigoureusement préconisée toute sa vie durant, et encore en 1771 dans ses *Questions sur l'Encyclopédie*, l'abolition d'une bonne

[27] *Des embellissements de Paris* (M.xxiii.302).
[28] *Des embellissements de la ville de Cachemire*, in *Dialogues philosophiques*, éd. Raymond Naves (Paris 1966), p.6.

partie des jours fériés et des fêtes nationales et locales. Ces congés, que Voltaire calcule se monter à cent vingt jours par année, ne servent qu'à enrichir le cabaretier et à débaucher l'ouvrier. Que l'on travaille donc tant qu'on peut, puisque travail il y aura, et tout le monde ne s'en portera que mieux.

Supposons réglée la question du financement: mille artistes, mille ouvriers se mettent au travail sous le regard bienveillant de riches mécènes: que feront-ils? Quel est le programme des travaux? Encore là, Voltaire n'est avare ni d'idées ni de suggestions. Il n'est même pas à l'abri des rêves ni de la tentation d'angélisme. Il imagine une belle ville dans le pays d'Eldorado, tel que le visite Candide (Bénac, p.180):

En attendant, on leur fit voir la ville, les édifices publics élevés jusqu'aux nues, les marchés ornés de mille colonnes, les fontaines d'eau pure, les fontaines d'eau rose, celles de liqueurs de canne de sucre qui coulaient continuellement dans de grandes places pavées d'une espèce de pierreries qui répandaient une odeur semblable à celle du gérofle et de la cannelle. Candide demanda à voir la cour de justice, le parlement; on lui dit qu'il n'y en avait point et qu'on ne plaidait jamais. Il s'informa s'il y avait des prisons, et on lui dit que non. Ce qui le surprit davantage, et qui lui fit le plus de plaisir, ce fut le palais des sciences, dans lequel il vit une galerie de deux mille pas, toute pleine d'instruments de mathématique et de physique.

Mais Candide quitte bientôt cette ville, dans le plan de laquelle entrent des réminiscences de la période studieuse et scientifique de Cirey, et dont certains aspects ne sont pas sans rappeler l'une des 54 cités de l'*Utopie* de Thomas More; le jeune voyageur westphalien, en remettant les pieds en Europe, retrouve la dure réalité des vraies villes, sans belles fontaines, sans pierreries, sans palais des sciences; Voltaire, à son égal, ne s'attarde pas longuement aux chimères, et, partant de l'état actuel de Paris, propose des solutions concrètes.

Il faut d'abord 'élargir les rues étroites et infectes'; ce n'est pas, certes, tâche facile, car Voltaire sait qu'une telle mesure implique des démolitions. Parfois, furieux, l'écrivain demande aux Parisiens s'ils attendent qu'un incendie rase complètement leur ville, pour prendre les décisions nécessaires, hypothèse moins fantaisiste qu'il ne paraît, car 'Londres n'est devenue digne d'être habitée que depuis qu'elle fut réduite en cendres. Les rues, depuis cette époque, furent élargies et alignées: Londres fut une ville pour avoir été brûlée'.[29]

---

[29] *Questions sur l'Encyclopédie*, article 'Lois' (M.xix.614). Cf. également: 'Quand Londres fut consumée par les flammes [...] Elle fut rebâtie en deux ans et le fut avec

Une fois les rues 'alignées', il faut multiplier les places publiques, au lieu de ces 'carrefours irréguliers' qui font des voies de la ville un dédale incohérent. Voltaire avait surtout à cœur la création de places publiques dans le faubourg Saint-Germain, où il n'en existait alors aucune; une telle mesure aurait rehaussé, à son avis, le cachet du faubourg, que déjà la construction de somptueux hôtels particuliers avait commencé à embellir.

Quand le réseau des rues et des places publiques sera amélioré, il faut s'attaquer, dit Voltaire, aux monuments qui ornent Paris; il faut abattre les vieilles maisons qui cachent certaines façades, comme les façades de Saint-Gervais ou du Louvre, et il faut ériger d'autres monuments, notamment un nouvel hôtel de ville. Il faut aussi contribuer à l'embellissement de la ville en multipliant les statues; il faut que celles-ci soient de marbre, plutôt que de pierre. Voltaire a été un fervent partisan de l'érection d'une statue de Louis xv au milieu d'une nouvelle place qu'il proposait de créer entre le Louvre, la Seine et la vieille église de Saint-Germain l'Auxerrois; la place et la statue seront finalement réalisées, mais un peu plus loin, à l'emplacement de l'actuelle place de la Concorde. Enfin, pour le philosophe, Paris aurait fort bien pu rivaliser avec Athènes et Rome, puisque 'nous avons parmi nous des Phidias et des Praxitèles' (*Des embellissements de Paris*, M.xxiii.300).

Les fontaines ont tenu une grande place dans les écrits de Voltaire sur l'urbanisme de Paris. Il voulait en faire tout à la fois des monuments utiles et beaux. Utiles, puisqu'elles contribueraient à la distribution de l'eau potable dans les maisons, qui est, comme nous allons le voir, une des préoccupations majeures de Voltaire. Beaux, parce qu'on pouvait les décorer de statues. Il décrit par exemple avec enthousiasme une fontaine que Colbert voulait faire construire:

Un de ses projets étoit de faire une grande place de l'hôtel de Soissons; on auroit creusé au milieu de la place un vaste bassin, qu'on auroit rempli des eaux qu'il devoit faire venir par de nouveaux aqueducs. Du milieu de ce bassin, entouré d'une balustrade de marbre, devoit s'élever un rocher, sur lequel quatre Fleuves de marbre auroient répandu l'eau, qui eût retombé en nappe dans le bassin, et qui de là se seroit distribuée dans les maisons des citoyens. Le marbre destiné à cet incomparable monument étoit acheté. Mais ce dessein fut oublié avec M. Colbert, qui mourut trop tôt pour la France.[30]

magnificence. Quoi! ne sera-ce jamais qu'à la dernière extrémité que nous ferons quelque chose de grand? Si la moitié de Paris était brûlée, nous la rebâtirions superbe et commode; et nous ne voulons pas lui donner aujourd'hui, à mille fois moins de frais, les commodités et la magnificence dont elle a besoin' (*Des Embellissements de Paris*, M.xxiii.304).

[30] *Le Temple du goût*, p.95, note 3 de Voltaire.

Il se félicite par ailleurs de la nouvelle fontaine de la rue de Grenelle, dont le prévôt des marchands, Turgot, a confié l'exécution au sculpteur Bouchardon, tout en souhaitant qu'elle ne soit pas adossée à un mur ou cachée par une maison, mais que, à l'exemple des fontaines romaines, elle soit élevée dans une place publique, de sorte que 'ces beaux monuments soient vus de toutes parts'.[31] Enfin, Voltaire propose d'agrandir les quais, de les prolonger et de construire un nouveau pont de pierre pour relier la ville à la Cité.

Parmi les monuments dont Voltaire a longuement parlé, les théâtres, nous l'avons vu, ne sont pas les moindres. S'il critique les théâtres contemporains, il ne manque pas de proposer des solutions de rechange, et même un plan précis, où les préoccupations du futur architecte doivent rejoindre les soucis du dramaturge:

Un théâtre construit selon les règles doit être très-vaste; il doit représenter une partie d'une place publique, le péristyle d'un palais, l'entrée d'un temple. Il doit être fait de sorte qu'un personnage, vu par les spectateurs, puisse ne l'être point par les autres personnages, selon le besoin. Il doit en imposer aux yeux, qu'il faut toujours séduire les premiers. Il doit être susceptible de la pompe la plus majestueuse. Tous les spectateurs doivent voir et entendre également, en quelque endroit qu'ils soient placés. Comment cela peut-il s'exécuter sur une scène étroite, au milieu d'une foule de jeunes gens qui laissent à peine dix pieds de place aux acteurs? De là vient que la plupart des pièces ne sont que de longues conversations; toute action théâtrale est souvent manquée et ridicule. Cet abus subsiste, comme tant d'autres, par la raison qu'il est établi, et parce qu'on jette rarement sa maison par terre, quoiqu'on sache qu'elle est mal tournée. Un abus public n'est jamais corrigé qu'à la dernière extrémité.[32]

Voltaire s'est, de plus, beaucoup préoccupé des questions d'hygiène dans la ville. On le voit, à maintes reprises, déplorer la saleté des rues; les marchés publics sont sa principale cible; ils servaient à l'occasion d'abattoirs, et le sang des bêtes égorgées s'écoulait dans la rue, épaississant les ruisseaux, rendant l'atmosphère déjà alourdie encore plus fétide; Voltaire y revient constamment: 'Vos marchés publics devraient être à la fois commodes et magnifiques.' Il vilipende l'habitude d'enterrer les paroissiens dans les églises de certains faubourgs, car 'les exhalaisons des morts tuent les vivants' et dénonce les charniers des Saints-Innocents, qui ne sont qu'une barbarie qui ravale Paris 'fort au-

---

[31] Best.D1757. Ce Turgot fut le père du ministre de Louis XVI.
[32] *Dissertation sur la tragédie* (M.iv.500).

dessous des Hottentots et des nègres' (Best.D14977). Il veut également rationaliser l'administration des hôpitaux, la soustraire à l'Eglise pour la confier aux autorités municipales, car dans l'Hôtel-Dieu 'règne une contagion éternelle, où les malades entassés les uns sur les autres se donnent réciproquement la peste et la mort' (Best.D14977). Il prend exemple sur ce qui se passe à Lyon et à Amsterdam; il propose les hôpitaux de ces deux villes en modèles; encore une fois, 'l'écrivain ne se borne pas à constater; il propose des exemples à imiter'.[33]

Mais la question de salubrité publique qui a le plus passionné Voltaire est celle de l'eau potable; il veut absolument qu'on trouve un moyen d'amener l'eau dans toutes les maisons; il s'indigne avec véhémence de la carence des autorités et propose à cor et à cri le modèle de Londres, où 'presque toutes les maisons [. . .] ont deux sortes d'eau qui servent à tous les usages'. Il exige des aqueducs 'dignes d'Auguste'. En 1765, un certain François d'Auxiron publie un *Projet patriotique sur les eaux de Paris*, et Voltaire de s'exciter, de se procurer l'ouvrage, de harceler ses correspondants parisiens pour savoir si le 'projet patriotique' avait reçu un début d'exécution.[34] Mais voilà qui est plus sérieux encore. Antoine Deparcieux, un 'philosophe' de second rang, soumet un projet détaillé pour détourner les eaux de la rivière Yvette et les amener par un aqueduc à Paris. Voltaire correspond immédiatement avec Deparcieux, suit de près tout le bruit fait autour du projet, traite les 'Welches' parisiens de 'francs badauds' s'ils ne mettent pas le projet à exécution, et s'attriste de trouver dans la capitale 'peu d'âmes fortes'. En 1769, il se procurera encore un second ouvrage de François d'Auxiron, *Comparaison du projet fait par m. de Parcieux [. . .] pour donner des eaux à la ville de Paris, à celui que m. d'Auxiron [. . .] a donné sur le même objet*. Bref, dans l'affaire de l'eau, Voltaire apporte la même conviction, le même enthousiasme, la même persévérance que dans l'affaire de l'inoculation. Malheureusement, sa campagne n'aboutira qu'après sa mort. C'est, en effet, dans les dix dernières années de l'ancien régime que la ville de Paris commercera à se doter d'un embryon de système d'adduction d'eau.

Voltaire, on le voit, avait, sur l'urbanisme de la capitale, des idées bien précises, le tout formant un plan cohérent. Il faut le reconnaître, ce plan

---

[33] Jeroom Vercruysse, *Voltaire et la Hollande*, Studies on Voltaire 46 (1966), p.72.

[34] cet ouvrage se trouve dans le catalogue des livres de Voltaire. Cf. Mikhaïl P. Alexeev et Tatiana N. Kopreeva (Moscou, Leningrad 1961), p.148, no.228. *Bibliothèque de Voltaire: catalogue des livres*.

était hardi, et hardiment moderniste. Voltaire ne plaidait pas pour des replâtrages, mais pour une politique suivie et globale. Sur le point capital des dépenses municipales, on peut dire qu'il a entrevu avec une singulière perspicacité l'évolution de l'avenir. En proclamant bien haut que c'était au citoyen ordinaire de prendre en main l'aménagement de son milieu de vie, au lieu de s'en remettre à une quelconque autorité, souvent bien lointaine (Versailles, par exemple), il inaugurait un courant qui devait se répandre et s'élargir singulièrement dans les deux siècles suivants, et aboutir à ces gouvernements locaux que nous connaissons aujourd'hui dans les pays d'Occident, à ces communautés urbaines, à ces groupes de quartier, à ces organisations 'de base' que l'on voit se multiplier partout. Quant aux modifications de tout ordre qu'il ré-clamait dans les domaines de l'architecture, de la salubrité, de l'hygiène, de l'aménagement du tissu urbain, elles se sont presque toutes réalisées. L'eau potable a été amenée dans les maisons dès après la mort du pa-triarche, les hôpitaux relèvent dorénavant de l'autorité publique et non d'un quelconque organisme de charité, les abattoirs sont nettement séparés des marchés qui ne sont plus, à leur tour, 'dégoûtants'; les masures qui masquaient certains édifices publics ont été rasées, le Louvre a été achevé, les fontaines se sont multipliées à Paris, dont les places publiques ne sont pas un des moindres orgueils. Quant aux rues de Paris, il a fallu un véritable séisme pour redresser leur tracé et les élargir: ici encore, on admirera la prescience de Voltaire, fasciné par l'incendie de Londres, qui, en rasant tout, avait permis de tout recons-truire. Dans le cas de la Ville lumière, ce ne fut pas un incendie, mais l'œuvre énergique, radicale même du baron Haussman, qui jouera un rôle décisif. Le préfet de Napoléon III, sans se préoccuper de considé-rations financières, humaines ou sociales, en rasant des quartiers entiers, en nivelant les débris de milliers de maisons, en négligeant les souffrances causées par le déracinement et la transplantation de milliers de Parisiens, put reconstruire le cœur de Paris selon un plan directeur où les rues étaient enfin, selon le vœu de Voltaire, larges et droites; et ces immenses et belles avenues donnent à la capitale française un cachet et un charme tout particuliers.

Il peut sembler difficile, aujourd'hui, de prendre la mesure exacte du génie de Voltaire, qui rêvait d'une ville belle et harmonieuse comme l'Athènes ou la Rome antiques. Nous sommes tellement accoutumés à l'eau courante, aux rues larges, aux fontaines de Paris ou à la sobre élégance de la colonnade du Louvre, que nous risquons de méconnaître le mérite de Voltaire. Essayons pourtant d'imaginer l'avenir de nos cités modernes; pouvons-nous concevoir, même avec une grande marge d'erreur, le visage qu'elles auront dans cent ou deux cents ans? C'est pourtant ce qu'a fait Voltaire, dont la vision, fondée sur un pragmatisme certain, s'abreuve aux plus grands modèles de beauté, d'harmonie et d'équilibre des cités antiques. Dans ce domaine comme dans tant d'autres, l'influence de Voltaire a été durable. Songeant aux grands travaux de ravalement des façades des monuments parisiens, qu'André Malraux fit entreprendre quand il était ministre de la culture en France, Robert Tate écrit fort justement: 'The *urbaniste* tradition of [. . .] Voltaire is still alive today – we can see it in the extensive face-lifting of Paris in the 1960s' (*Petit de Bachaumont* 95, souligné par l'auteur).

Voltaire a toujours eu l'ambition, par les exhortations de ses écrits et de ses lettres, d'éveiller le zèle d'un 'édile courageux' qui se hausserait au-dessus de la médiocrité des responsables à Paris et commencerait résolument à embellir sa ville. Dans sa brochure intitulée *Ce qu'on ne fait pas et ce qu'on pourrait faire*, il imaginait un banquet réunissant les sénateurs et les principaux responsables de Rome; un honnête 'citoyen' de la ville leur fait remettre un bref mémoire dans lequel il fustige leur indolence, et où on retrouve en quelques lignes tout le programme de rénovation urbaine et d'embellissement de Paris que Voltaire devait défendre toute sa vie. Le consul, l'édile, les invités écoutent la lecture du mémoire, puis parlent d'insipidités. Mais l'audace de l'obscur 'citoyen', qui n'est que l'une des multiples incarnations de Voltaire, ne tardera pas à être récompensée: 'Cependant le sénateur Appius, qui avait été touché en secret de la lecture du mémoire, construisit quelque temps après la voie Appienne; Flaminius fit la voie Flaminienne; un autre embellit le Capitole; un autre bâtit un amphithéâtre; un autre, des marchés publics. L'écrit du citoyen obscur fut une semence qui germa peu à peu dans la tête des grands hommes' (M.xxiii.187).

Voltaire pouvait être fier. La semence qu'il avait répandue à profusion devait, en ce domaine comme en tant d'autres, germer et donner d'innombrables fruits.

12

La mort de l'âge d'or, ou la cité aliénante

LA vie que Voltaire menait à Paris a toujours été trépidante. Ses contemporains ont dépeint à souhait l'agitation qui s'empare de lui quand il se trouve dans la capitale. Les vingt-quatre heures d'une journée lui suffisent à peine pour mener de front les multiples tâches qu'il s'impose alors, et il en demande 'bien pardon' (Best.D2070) à ses amis qui le sollicitent de mille manières; la plupart de ces tâches relevaient, en effet, essentiellement de l'art du mondain et de la vie en société: visites reçues ou faites, dîners, soupers, multiples réunions. Lui-même, d'ailleurs, nous révèle en partie ses activités: non pas tant qu'il se confesse ou qu'il étale complaisamment son emploi du temps; mais les multiples billets échangés avec ses voisins et ses amis dans la capitale nous donnent une idée assez précise, sinon du détail de sa vie, du moins du rythme et de l'intensité de ses occupations.

Prenons par exemple l'automne de 1739, a son retour à Paris après l'exil de Cirey. Nous avons vu qu'alors la ville le fascine et qu'il se plonge avec délices, pendant quelques semaines, dans ses 'tourbillons'. Voulant dépeindre au 'cher gros chat', mme de Champbonin, demeurée dans la 'douceur' de Cirey, le train de vie qu'il mène, il a recours à une succession vertigineuse de verbes, derrière lesquels le lecteur, essoufflé, ne cesse de courir: 'Je ne vis point: je suis porté, entraîné, [. . .] Je vais, je viens, je soupe [. . .] il faut voler à l'opéra, [. . .] voir [. . .] embrasser [. . .] faire et recevoir [. . .] pas le temps d'écrire, de penser ni de dormir' (Best.D2082). Ce n'est certes pas là seulement un procédé de style.[1]

---

[1] Voltaire retrouve, à six ans de distance, en janvier 1745, le même style et la même énumération pour marquer son épuisement. Il écrit à Cideville: 'Mais ne plaindrez vous pas un pauvre diable qui est boufon du roy à cinquante ans, et qui est plus embarrassé avec les musiciens, les décorateurs, les comédiens, les comédiennes, les chanteurs, les danseurs, que ne le seront les huit ou neuf électeurs pour se faire un césar allemand? Je cours de Paris à Versailles, je fais des vers en chaise de poste. Il faut louer le roy hautement, madame la dauphine finement, la famille royale tout doucement, contenter la cour, ne pas déplaire à la ville [. . .] Bonjour mon cher amy, je cours à Paris pour une répétition, je reviens pour une décoration' (Best.D3073). On lira également avec intérêt une autre lettre de janvier

A Maupertuis, qui ne se doutait pas encore qu'il serait un jour la cible de la diatribe du Docteur Akakia, Voltaire se plaint qu'il 's'est présenté vingt fois' à sa porte, et qu'il veut avoir 'la consolation de [lui] faire [sa] cour' (Best.D2077). Auprès de du Resnel, il s'excuse d'être dans l'impossibilité de le recevoir le matin, car 'tout malade' qu'il est, il doit sortir. Mais il l'invite à venir manger 'la poularde du malade' le soir même chez lui, en compagnie de Cideville et de Dupré de Saint-Maur.[2] Les exemples sont multiples: quel que soit le ton que Voltaire adopte, quel que soit le correspondant, quelles que soient les sempiternelles doléances sur ses maladies, on voit toujours en filigrane le programme d'une de ses journées; programme agencé minutieusement, précis comme celui d'un homme d'affaires; Voltaire organisait ses plaisirs et ses mondanités de rigoureuse manière, recevant chez lui pendant une partie de la journée, rendant des visites le reste du temps (quand il n'est pas à une répétition à la Comédie-Française), ne mangeant presque jamais seul, ni au dîner, ni au souper, mais toujours entouré de quelques amis. Nous verrons d'ailleurs plus loin l'importance du rite du 'souper' dans la vie de société à Paris. Par ailleurs, Voltaire n'hésite pas à allier l'utile à l'agréable. Ainsi le verra-t-on fréquenter assidûment maints cercles mi-mondains, mi littéraires, tel ce salon de mme Doublet, où, à côté de l'hôtesse et de ses aimables amies, il côtoie Sainte-Palaye, Mairan, Pidansat de Mairobert (homme redoutable: il était censeur royal), Moufle d'Angerville, Chauvelin, l'abbé de Voisenon, etc.[3] Encore ce salon était-il recommandable: Voltaire ne devait pas, par contre, se flatter devant tout le monde d'assister fréquemment aux représentations plus que licencieuses qui se donnaient sur la scène du théâtre privé du duc d'Orléans; ces spectacles scandaleux étaient destinés à un public

1745, cette fois-ci aux d'Argental (Best.D3064), et encore à Cideville, en mars 1742: 'je mène une vie désordonnée, soupant quand je devrois me coucher, me couchant pour ne point dormir, me levant pour courir, ne travaillant pas' (Best.D2598).

[2] Best.D2087, 7 octobre 1739. Le même style de 'billets' se retrouve à toutes les époques de sa vie où Voltaire a vécu quelque temps à Paris. Les années qui suivirent le succès d'*Œdipe*, et les débuts de la gloire mondaine du poète 'Arrouët de Voltaire', nous en donnent plusieurs exemples: Best.D90, entre autres, où il proteste à Louis Racine qu'il a frappé deux fois à sa porte, qu'il ne l'a pas trouvé, qu'il est invité à dîner dans le quartier où demeure le fils du grand tragique, et qu'il se propose d'en profiter pour aller causer avec lui. Cf. également, à Louis Racine, un dimanche d'octobre 1718 (Best.D68), le billet où Voltaire raconte avoir passé la journée chez le duc d'Orléans.

[3] sur l'importance et le rôle du salon de mme Doublet, on consultera Jean Hervez, *Les Sociétés d'amour au XVIII ème siècle* (Paris 1906), pp.85-87.

restreint et souvent choisi, au sein duquel Voltaire, grâce à son esprit étincelant, avait pu se faufiler.[4]

Quand l'on pense que Voltaire devait encore trouver du temps pour travailler, l'on demeure confondu. L'écrivain n'a jamais pu écrire d'œuvre élaborée ou sérieuse à Paris, il nous l'a dit lui-même souvent dans sa correspondance. Mais il devait certainement se réserver quelques heures de lecture par jour: il y était contraint, car c'est à Paris, et à Paris seulement, qu'il pouvait trouver les archives et les bibliothèques nécessaires pour engranger les matériaux dont il édifiait ensuite ses sommes historiques ou dont il lardait ses pamphlets polémiques. Sur l'importance des bibliothèques parisiennes dans la gestation des œuvres de Voltaire, aucun doute n'est permis: l'écrivain l'a lui-même confirmé à plusieurs reprises dans sa correspondance, notamment quand il se plaint de la pauvreté des bibliothèques lorraines ou allemandes par rapport à celles de Paris.[5]

Babouc, dont la *Vision* fut écrite un peu après cette époque, ne nous livre pas un témoignage différent sur cette vie haletante. Le Scythe apprend, avec mille autres choses, ce que pouvait être une journée à Persépolis: il arrive le matin dans cette ville immense et assiste dans un 'temple' de banlieue à un enterrement; il est cependant près de midi, et Babouc doit aller dîner 'à l'autre bout de la ville'; il a le temps de faire 'plusieurs tours dans Persépolis', avant d'assister à une leçon vivante de l'aptitude à l'amour des femmes de Persépolis, chez une 'dame' dont le mari est à la guerre; après dîner, il assiste à une homélie dans un autre 'temple', puis à une représentation théâtrale qui le transporte tant qu'il va féliciter l'actrice principale dans sa loge. Et comme si tout cela n'était point suffisant, le Scythe enthousiaste va 'passer sa soirée chez des marchands de magnificences inutiles', où il achète maints colifichets, avant de retourner se reposer chez lui, et de recommencer, le lendemain, une journée tout aussi ahurissante.

Il est, bien entendu, exclu de donner aux contes, et à celui-là comme aux autres, une valeur autobiographique précise, ou d'établir un

---

[4] G. Capon et R. Yve-Plessis, *Les Théâtres clandestins: Paris galant au XVIIIème siècle* (Paris 1905), pp.110-11.

[5] au début du siècle, les principales bibliothèques de Paris étaient les suivantes: Collège Louis-le-Grand: 46.000 volumes; Bibliothèque royale: 70.000 volumes; le Cabinet des livres du roi au Louvre: 12.000 volumes; l'Abbaye royale de Sainte-Geneviève-du-Mont: 45.000 volumes; le Collège des Quatre-Nations: 36.000 volumes (Charles Kunstler, *La Vie quotidienne sous la régence* (Paris 1960), p.185).

parallèle exact entre le programme du Scythe à Persépolis et l'activité de Voltaire à Paris. Pourtant, les indications de temps sont suffisamment précises pour qu'on y voie l'effet du hasard: Babouc passera trois jours à Persépolis, et chaque minute de ces trois journées est minutieusement marquée, chaque déplacement du voyageur exactement délimité dans le temps: 'le soleil approchait du haut de sa carrière', 'après dîner', 'dès le lendemain matin' (Bénac, pp.66-80, *passim*), etc. Si Voltaire a estimé que Babouc pouvait, en une seule journée, tourner dans la ville, assister à un enterrement, dîner chez une dame, écouter un sermon, aller au théâtre et faire des achats, on ne peut qu'imaginer avec frémissement la précipitation continuelle dans laquelle le poète se trouvait, aussi inéluctablement et presque aussi naturellement que le Scythe à Persépolis, entraîné à Paris.

Quelques semaines, quelques mois, au plus deux ou trois années après ses mutiples retours à Paris, Voltaire se lassait profondément de cette agitation et commençait, nous l'avons vu, à geindre et à gémir; il voulait quitter Paris, mais cette distance qu'il mettait ou désirait mettre graduellement entre lui et la capitale n'était pas seulement physique, mais également psychologique. Il se produisait alors un phénomène très curieux: Voltaire, en percevant de plus en plus les difficultés et les fatigues de sa vie présente à Paris, imaginait un Paris différent, un Paris selon son cœur, un Paris taillé à sa mesure, et où ses penchants, son tempérament, ses goûts pourraient enfin être comblés sans en payer le prix en épuisement nerveux et physique. Dans ce phénomène de distanciation, plus le Paris réel s'éloignait, plus il était compensé par un Paris plus ou moins mythique, auquel s'accrochait l'écrivain, et dont il faisait un point de référence pour mieux vitupérer ses contemporains.

Voltaire a donc, un peu comme Rousseau, lancé ses foudres contre son univers, et à l'exemple du citoyen de Genève, il a élaboré un mythique âge d'or qui lui donnait facilement raison dans ses dénonciations du présent.[6] En ce domaine comme en bien d'autres, le philosophe est certes moins éloigné de Rousseau que de la génération des encyclopédistes, d'un Diderot ou d'un Jaucourt par exemple, peu portés à 'décrocher' du présent, à rechercher dans le passé une quelconque compensation à leurs déboires ou à leurs frustrations.

Dans cette élaboration d'un Paris mythique, ou plus précisément d'un Paris enjolivé et poétisé, le dix-septième siècle a joué un grand

---

[6] sur l'idéalisation du passé dans l'œuvre de Rousseau, on consultera Jean Terrasse, *Jean-Jacques Rousseau et la quête de l'âge d'or* (Bruxelles 1970).

rôle. Le parallèle entre le Paris de Louis xiv et la ville du dix-huitième siècle est une constante sous la plume de Voltaire. Il ne s'agit pas seulement de cette propension universellement répandue à voir dans le 'bon vieux temps' plus ou moins proche le parangon des vertus et de la joie de vivre; Voltaire, avec sa prodigieuse sensibilité d'imagination, s'identifie littéralement à un Parisien du siècle précédent: il n'est pas loin d'estimer qu'il s'est trompé de siècle: 'Le sentiment, l'imagination et les grâces sont bannies [de Paris]. Un homme qui auroit vécu sous Louis i4 et qui reviendroit au monde ne reconaîtroit plus les français. Il croiroit que les allemans ont conquis ce pays cy' (Best.D863). Ce désabusement de vieillard est de 1735, d'un Voltaire jeune, au faîte de ses moyens. Mais ce sera une rengaine qu'il répétera volontiers, à tout bout de champ, à propos de n'importe quoi, et par exemple à propos du mariage, en 1739, de Philippe d'Espagne avec la fille de Louis xv, Louise-Elisabeth: 'On ne parle à Paris que de fêtes, de feux d'artifices,' annonce-t-il à Frédéric; 'on dépense beaucoup en poudre et en fusées. On dépensait autrefois davantage en esprit et en agréments; et quand Louis xiv donnait des fêtes, c'était les Corneille, les Molière, les Quinault, les Lulli, les le Brun, qui s'en mêlaient' (Best.D2062). Et, comme il lui arrive si souvent quand une idée personnelle le préoccupe ou le poursuit longuement, ou quand une expérience vivante le marque profondément, Voltaire se décide un jour à élargir cette comparaison dans une œuvre destinée à la publication. Ce sera, vers le milieu de 1760, le *Dialogue d'un Parisien et d'un Russe*, où le procédé favori de Voltaire pour exposer ses vues sur la capitale est encore une fois mis à contribution: un étranger vient à Paris pour voir, d'un œil neuf, cette légendaire cité; cet étranger, un Russe, n'est ni neutre, ni indifférent: il est plein de préjugés favorables à la capitale de la France; en fait, le Paris qu'il imagine, le Paris qu'il vient visiter, est un Paris mythique, chargé de légende, le Paris que s'est forgé Voltaire en s'hypnotisant sur quelques éléments du dix-septième siècle. Malheureusement pour lui, ce Russe rencontre un Parisien qui, curieusement, a le ton, la tournure d'esprit et les arguments de Voltaire, et qui s'emploie à doucher, le plus sarcastiquement du monde, son enthousiasme.

Le Russe donc, dès le départ, dévoile à son interlocuteur d'où lui viennent ses préventions favorables (M.x.121-22):

J'ai voulu voir Paris: les fastes de l'histoire
Célèbrent ses plaisirs et consacrent sa gloire.
Tout mon cœur tressaillait à ces récits pompeux

De vos arts triomphants, de vos aimables jeux.
Quels plaisirs, quand vos jours marqués par vos conquêtes
S'embellissaient encore à l'éclat de vos fêtes!
L'étranger admirait dans votre auguste cour
Cent filles de héros conduites par l'Amour;
Ces belles Montbazons, ces Châtillons brillantes,
Ces piquantes Bouillons, ces Nemours si touchantes,
Dansant avec Louis sous des berceaux de fleurs,
Et du Rhin subjugué couronnant les vainqueurs;
Perrault du Louvre auguste élevant la merveille;
Le grand Condé pleurant aux vers du grand Corneille;
Tandis que, plus aimable, et plus maître des cœurs,
Racine, d'Henriette exprimant les douleurs,
Et voilant ce beau nom du nom de Bérénice,
Des feux les plus touchants peignait le sacrifice.

Puis, estimant sans doute qu'à Paris comme ailleurs le progrès est une règle constante, le voyageur s'attend à trouver plus de 'culture', plus de 'splendeur de l'Etat', bref un 'nouvel éclat' dans la Ville lumière. Mais le Parisien le détrompe en brossant un sinistre tableau du Paris contemporain, où règnent en maîtres le fanatisme et la bêtise, où jansénistes et molinistes se livrent une lutte à mort, où il faut, au moment du trépas, se munir 'de billets sacrés payables chez les morts', où les gloires de la littérature s'appellent Lefranc de Pompignan et Palissot, où les principales gazettes sont le *Journal du chrétien* et le *Journal de Trévoux*; et la longue énumération se poursuit de manière presque mécanique: au Cygne de Cambrai et à l'Aigle de Meaux, le Parisien oppose Abraham Chaumeix et Nonotte, comme à Molière il oppose Ramponneau.

Le Russe est désespéré de voir ses rêves s'écrouler; il tire de tant de décadence une conclusion que Voltaire partage pleinement.

Votre nuit est venue après le plus beau jour.
Il en est des talents comme de la finance;
La disette aujourd'hui succède à l'abondance:
Tout se corrompt un peu, si je vous ai compris.

Le philosophe répète en effet cette leçon à satiété dans tous ses écrits. Il a le sentiment que le Paris de son temps est comme victime d'une perte de substance vitale; il n'est pas loin de penser que cette décadence est inéluctable, et que la capitale, comme un organisme vivant, a atteint son plein développement quelque cent ans plus tôt, et qu'elle est entrée depuis lors en décrépitude; Voltaire aurait, certes, appliqué à Paris le mot célèbre de Valéry sur les civilisations.

La fin de la pièce est encore plus significative, dans sa forme, des intentions et des sentiments profonds de Voltaire. Le Russe, à force d'insister, oblige le Parisien à reconnaître que tout n'est pas absolument désespéré à Paris. Ce dernier admet qu'il existe encore des 'cœurs bien faits' et 'de bons esprits' qui peuvent 'Ramener au droit sens [sa] patrie égarée' (M.x.131). Mais cette conclusion est forcée et artificielle; quatre vers, extorqués au Parisien après mainte insistance, ne font pas le poids devant un réquisitoire de quinze pages, où les dénonciations précises, qui pleuvent dru comme grêle, les noms cités, le sarcasme omniprésent et presque grinçant ne laissent pas que de nous faire frémir. La rapidité de la chute, le brièveté de cette finale sont plus significatifs que tout le reste. Et Voltaire a le dernier mot, qu'il place cette fois-ci dans la bouche du Russe, quand ce dernier annonce avec désinvolture: 'Adieu, je reviendrai quand ils seront changés' (M.x.131).

On aura remarqué également que cette obsession de l'âge d'or est en contradiction assez évidente avec le *Mondain*, qui chantait les louanges de 'ce siècle de fer'. Mais c'est le *Mondain* qui est un peu déphasé par rapport au reste de l'œuvre, par rapport à la pensée de Voltaire telle qu'elle s'est exprimée de manière fidèle et constante pendant au moins les quarante dernières années de sa vie. A plus d'un titre, le *Mondain* a été une parenthèse circonstancielle et polémique. Et même si Voltaire n'a jamais nié la séduction qu'exerçaient sur lui le confort et l'amour des beaux objets (c'est cet aspect du poème de 1736 qui est le plus révélateur de son tempérament), il n'en demeure pas moins que les hommes qui se meuvent dans ce décor raffiné de Paris sont d'une qualité différente, d'une texture amoindrie par rapport à leurs prédécesseurs. A la perte de substance de la ville se greffe une perte d'énergie vitale de ses habitants. Les Parisiens ne sont plus tout à fait des hommes, ils sont devenus des 'petits bouts d'homme', comme le dit dans son langage sans détour la verte marquise qu'il met en scène dans sa comédie *Nanine*.

> votre grand-père:
> [. . .] c'était un homme, lui;
> On n'en voit plus de sa trempe aujourd'hui.
> Paris est plein de ces petits bouts d'homme,
> Vains, fiers, fous, sots, dont le caquet m'assomme,
> Parlant de tout avec l'air empressé,
> Et se moquant toujours du temps passé.

> J'entends parler de nouvelle cuisine,
> De nouveaux goûts; on crève, on se ruine:
> Les femmes sont sans frein, et les maris
> Sont des benêts. Tout va de pis en pis.[7]

Et comme la courte pièce de vers est décidément le moyen préféré de Voltaire pour exhaler ses états d'âme, il compose un jour un poème intitulé *Voyage aux environs de Paris*, dont il ne nous reste que des fragments. Après avoir longtemps rêvé aux poètes qui avaient enchanté sa prime jeunesse, Courtin, La Fare et Cheaulieu; après avoir évoqué leur art délicat, leur vie douce et sans acrimonie, Voltaire revient au temps présent (M.xxiii.409-10):

> Où trouver encor dans Paris
> Des mœurs et des talents semblables?
> Il n'est que trop de beaux esprits,
> Mais qu'il est peu de gens aimables!

Le dix-septième siècle est le siècle d'or de Paris, le dix-huitième siècle celui de sa décadence. Par delà la multitude de détails qu'il accumule pour accabler la ville et ses contemporains, Voltaire fait un reproche majeur à la capitale: elle est incapable de procurer le vrai bonheur; elle étouffe l'instinct, l'impulsion, le débordement vital de chacun de ses habitants; elle empêche l'homme de s'épanouir et de donner sa pleine mesure. Si Voltaire avait pu pressentir le jargon qu'on emploie aujourd'hui, il aurait certes parlé de cité aliénante. Cette aliénation du Parisien se traduit de plusieurs manières.

Il existe tout d'abord dans la capitale une confusion totale des cœurs et des esprits. Les Parisiens, entraînés dans un tourbillon continuel, sont incapables de s'arrêter un instant pour réfléchir, incapables par conséquent de savoir l'exacte mesure de chaque chose et l'exacte place de chacun. Candide, pendant son séjour à Paris, discute avec un savant qui brosse un tableau succint mais terrible de la ville (Bénac, p.195):

je trouve que tout va de travers chez nous; que personne ne sait ni quel est son rang, ni quelle est sa charge, ni ce qu'il fait, ni ce qu'il doit faire, et qu'excepté le souper, qui est assez gai, et où il paraît assez d'union, tout le reste du temps se passe en querelles impertinentes: jansénistes contre molinistes, gens du parlement contre gens d'église, gens de lettres contre gens de lettres, courtisans

---

[7] M.v.49-50, acte II, sc.xii. *Nanine* est de juin 1749.

contre courtisans, financiers contre le peuple, femmes contre maris, parents contre parents; c'est une guerre éternelle.

Les Parisiens, dans ce passage, ne sont pas loin de ressembler à des marionnettes, ou plutôt à des robots qui s'agitent inutilement. Le bonheur est hors de leur portée, c'est entendu; mais même le plaisir, cet ersatz du bonheur, leur est souvent refusé, par leurs excès mêmes.

Sybarites tranquilles dans le sein de nos cités florissantes, occupés des raffinements de la mollesse, devenus insensibles à tout, et au plaisir même, pour avoir tout épuisé; fatigués de ces spectacles familiers dont le moindre eût été une fête pour nos pères, et de ces repas continuels, plus délicats que les festins des rois; au milieu de tant de voluptés si accumulées et si peu senties, de tant d'arts, de tant de chefs-d'œuvre si perfectionnés et si peu considérés, enivrés et assoupis dans la sécurité et dans le dédain, ... Les paisibles habitants de Paris se rendent le soir au spectacle, où l'habitude les entraîne plus que le goût.[8]

Voltaire est ici d'autant plus méprisant que lui-même a été bien souvent séduit par les plaisirs de la grande ville. Avant la révolution qui s'opère en lui à partir de 1748, il est capable, quand il est reposé physiquement et psychologiquement, de goûter en esthète raffiné toutes les joies délicates de l'esprit et surtout des sens, que l'on ne rencontre qu'à Paris. Il a quelquefois des accents qui rappellent les certitudes euphoriques d'un autre chantre du bonheur humain, le Gide des *Nourritures terrestres*: 'Dieu a daigné mettre sur la terre mille nourritures délicieuses pour l'homme: la gourmandise de ceux qui ont tourné cette nourriture en poison mortel pour eux ne peut servir de reproche contre la Providence' (*Traité de métaphysique, Mélanges*, p.195).

Quand le bonheur est inexistant et le plaisir insipide, que reste-t-il? Le vide, répond Voltaire. Nous voilà au cœur même des griefs de l'écrivain à l'endroit de la capitale. Ce travailleur implacable accepte difficilement de perdre son temps à Paris. 'Tourbillons' et 'chimères' sont alors ses mots-clés. Il finit, par son insistance à souligner que 'dans le tumulte de Paris' on passe son temps à 'sortir pour ne rien faire,

---

[8] *Eloge funèbre des officiers qui sont morts dans la guerre de 1741* (M.xxiii.253). On pense également à Babylone qui, plongée dans la 'mollesse oisive', devient le théâtre d'une guerre civile (*Zadig*, Bénac, p.45). Le philosophe Martin, quant à lui, a une opinion exactement semblable à celle exprimée dans l'*Eloge funèbre*. 'Oui, j'ai vu Paris; il tient de toutes ces espèces-là; c'est un chaos, c'est une presse dans laquelle tout le monde cherche le plaisir, et où presque personne ne le trouve, du moins à ce qu'il m'a paru' (*Candide*, Bénac, p.189).

et [à] parler pour ne rien dire' (Best.D12009), par donner l'impression un peu irréelle d'une agitation incohérente et sans but. Un peu comme les derviches tourneurs, qui tournent et tournent et tournent inlassablement sur eux-mêmes, au milieu des mélopées obsédantes, 'dans Paris on ne sait jamais rien, on n'est instruit de rien, on ne sçait à qui s'adresser, on ignore tout au milieu du tumulte' (Best.D17410). Cette vie est désséchante, et Paris devient 'une ville assiégée, où la nourriture de l'âme n'entre plus' (Best.D17410). Marionnettes, robots, mirages: ces évocations que les textes de Voltaire nous suggèrent ne sont pas gratuites; le poète lui-même parle des 'fantômes de Paris', derrière lesquels il est inutile de courir, car on est las 'de cette malheureuse inutilité dans laquelle on passe sa vie, [. . .] de ces visites insipides, et du vide qu'on sent dans son âme après avoir passé sa journée à faire des riens et à entendre des sottises' (Best.D8861).

Cette notion de vide à Paris est centrale dans l'expérience de Voltaire, nous hésitons à dire dans son œuvre. Il a rarement parlé de ces problèmes dans des textes très étoffés, mais si l'on en juge par la correspondance, c'est là son sentiment le plus intime, sa réaction la plus viscérale et la moins élaborée ou maquillée; c'est ce qu'il ressent à l'état brut, et ce qu'il livre à l'état brut à ses correspondants, d'une manière fragmentaire mais semblable à la vie même, avec des formules dont certaines ne sont pas loin de ressembler à des aphorismes. L'on ne peut certes parler de dépit, car ces textes sont souvent écrits de Paris même, au milieu même de ce vide qu'il dénonce. Ce n'est pas non plus la réaction d'un vieillard blasé qui s'est abreuvé à tous les plaisirs de la ville; dès ses lettres de jeunesse, Voltaire se plaint qu' 'on ne pense point au milieu du tintamarre de cette maudite ville' (Best.D419, juillet 1731). Cette dénonciation rejoint ce qui est au fond son souci majeur, son œuvre et ses écrits: nul doute n'est permis là-dessus quand Voltaire répète, à toutes les étapes de sa vie, qu'en dehors de Paris on peut 'penser', tandis que dans la capitale on passe sa vie à 'courir'.[9] Opposition centrale, s'il en est.

Ce 'vide' de Paris a des conséquences multiples, et non seulement sur l'œuvre ou le message de l'écrivain. Il attaque une des valeurs voltairiennes par excellence, l'amitié. L'écrivain a longuement traité, dans ses différentes œuvres, de l'amitié. En fait, pour qui parcourt

---

[9] cf. par exemple, en juillet 1731, Best.D418, en septembre 1739, Best.D2074, en novembre 1764, Best.D12214, en novembre 1766, Best.D13688.

les cinquante-deux tomes de ses *Œuvres complètes* dans l'édition Moland, il est aisé d'établir une fort substantielle anthologie de l'amitié.

Tout d'abord, il faut dire que peu d'œuvres de Voltaire portent sur l'amitié en tant que telle: une pièce en vers, *Le Temple de l'amitié*, consacrée presque exclusivement à dénoncer férocement les fausses amitiés; un article du *Dictionnaire philosophique*, auquel on a ajouté dans l'édition Moland quelques paragraphes des *Questions sur l'Encyclopédie*, et où, à part une vigoureuse définition de l'amitié, on ne trouve que des considérations historiques: c'est tout. Mais par contre, dans ses tragédies, dans ses odes, ses stances, ses épîtres, sa correspondance, quelle extraordinaire profusion de termes pour chanter l'amitié, la magnifier! On peut même dire que quelques-uns des vers les mieux frappés de Voltaire sont ceux où il célèbre 'la première de toutes les vertus, parce qu'elle est la première de nos consolations' (Best.D3053).

Quelle est la définition de l'amitié? Elle est 'le mariage de l'âme, et ce mariage est sujet au divorce. C'est un contrat tacite entre deux personnes sensibles et vertueuses. Je dis sensibles, car un moine, un solitaire peut n'être point méchant et vivre sans connaître l'amitié. Je dis vertueuses, car les méchants n'ont que des complices, les voluptueux ont des compagnons de débauche, les intéressés ont des associés, les politiciens assemblent des factieux, le commun des hommes oisifs a des liaisons, les princes ont des courtisans; les hommes vertueux ont seuls des amis' (*DP*, article 'Amitié', p.15).

La vraie amitié est rare. Trônant en son temple, la déesse Amitié annonce qu'elle décernera un prix aux deux meilleurs amis qui se présenteront devant elle. Tout Paris se presse sur le parvis du temple: poètes, courtisans, ecclésiastiques, amants et maîtresses. A la première épreuve imposée à leur vanité, leur amour-propre, leurs intérêts, ils s'entre-déchirent tous (*Le Temple de l'amitié*, M.ix.372-73).

Ailleurs, Voltaire est plus catégorique; il sait que le temps de l'épreuve est fatal à la plupart des amitiés (*La Prude*, M.iv.400-401):

> Mais des cœurs adroits, des âmes élevées,
> Que les destins n'ont jamais captivées
> Et qui se font un plaisir généreux
> De rechercher un ami malheureux,
> J'en connais peu.

Si l'amitié est rare, elle devient d'autant plus précieuse quand on finit par la découvrir; elle est alors un bien réel, tangible, qui transcende par sa valeur toutes les vanités de ce monde; en effet, 'un héros, un grand homme a beau faire, il ne remplace point un ami';[10] bien mieux: 'Ne sois plus un marquis; toutes les grandeurs de ce monde ne valent pas un bon ami.'[11]

L'amitié, aux yeux de Voltaire, doit être spontanée. 'Elle ne se commande pas plus que l'amour et l'estime' (*DP*, article 'Amitié', p.15). Elle comporte des obligations qui sont 'plus fortes et plus faibles selon les degrés de sensibilité et le nombre des services rendus' (*DP*, p.16). Il faut pourtant se défier 'des beaux amis du monde'. Autrement dit, il ne faut pas confondre la vraie amitié avec l'éternelle comédie qu'impose la vie en société. Un personnage de l'*Enfant prodigue* demande: 'Comment sont faits les gens qu'on nomme amis!' Et Euphémon fils de lui répondre (M.iii.476):

> Tu les as vus chez moi toujours admis,
> M'importunant souvent de leurs visites
> A mes soupers délicats parasites,
> Vantant mes goûts d'un esprit complaisant,
> Et sur le tout empruntant mon argent;
> De leur bon cœur m'étourdissant la tête,
> Et me louant moi présent.

Inutile de préciser que bien des fois dans sa vie, Voltaire, pourtant facile à s'enivrer des encens, a dû se tenir le langage qu'il mettait dans la bouche d'Euphémon fils.

Les flagorneurs et les parasites ne sont pas les seuls qui soient incapables d'une véritable amitié. Plus on grimpe dans l'échelle sociale, plus ce sentiment devient difficile à ressentir. Et quand on est au sommet, il est impossible de l'éprouver; pour Voltaire, l'adage voulant que le pouvoir corrompe et que le pouvoir absolu corrompe absolument était surtout vrai – et vérifiable – en amitié (Taylor, p.561):

> Amitié, que les rois, ces illustres ingrats,
> Sont assez malheureux pour ne connaître pas!

Voilà, dira-t-on, un écho des déboires du philosophe à Versailles et surtout à Berlin. Mais ces vers, tirés de la *Henriade*, furent écrits bien avant que Voltaire ne connaisse Frédéric! Par contre, les vers suivants,

---

[10] Best.D4342. Voltaire, s'adressant à d'Argental, parlait de Frédéric.
[11] *Histoire de Jenni* (Bénac, p.533). Ces mots avaient déjà été textuellement utilisés par l'auteur dans *Jeannot et Colin* (Bénac, p.136).

mis dans la bouche de Don Pèdre, héros de la tragédie du même nom, semblent se ressentir directement de l'aventure de Francfort (M.vii.293):

> De l'amitié des rois l'univers se défie;
> Elle est souvent perfide, elle est souvent trahie.

On se méfierait peut-être de ces vers: certains, dans les *Odes*, les *Impromptus*, les *Stances*, pourraient n'être que de circonstance. Voltaire ne dit pourtant pas autre chose dans son *Discours de réception* à l'Académie française. On s'étonne de trouver, dans cette pièce consacrée à l'apologie de la langue française, l'éloge de l'amitié (*Mélanges*, p.248):

Il [l'abbé d'Olivet] peut vous dire avec plus d'éloquence, mais non avec plus de sensibilité que moi, quel charme l'amitié répand sur les travaux des hommes consacrés aux Lettres; combien elle sert à les conduire, à les corriger, à les exciter, à les consoler; combien elle inspire à l'âme cette joie douce et recueillie, sans laquelle on n'est jamais le maître de ses idées.

Enfin, quel témoignage plus irrécusable que celui de la correspondance, où Voltaire, s'épanchant à cœur ouvert et dans l'intimité, avoue que 'l'amitié est la consolation de ceux qui se trouvent accablés par les sots et les méchants' (Best.D9777, à d'Helvétius); opine que 'la vieillesse rend l'amitié bien nécessaire; elle est la consolation de nos misères et l'appui de notre faiblesse, encore plus que la philosophie' (Best.D12991, à mme Du Deffand); conseille à son correspondant d'être 'sensible à l'amitié; elle seule adoucit les maux de la vie' (Best.D13459, à La Harpe); considère les 'téâtres et les cours comme des illusions. L'amitié seule est réelle' (Best.D5048, à d'Argental); ou constate, amer: 'La philosophie, dit-on, peut faire suporter tant de disgrâces. Je le crois, mais je compte beaucoup plus sur vôtre amitié que sur ma philosophie' (Best. D13878, au même).

Un sentiment si intensément vécu, senti, ne pouvait que stimuler le génie de ce joaillier, de ce ciseleur de la langue. En matière d'amitié, certains vers ou certaines expressions de Voltaire sont faits pour devenir proverbes: 'Mais on n'a point d'amis alors qu'ils sont payés' (*Les Scythes*, M.vi.312); ou encore: 'C'est d'un ami qu'on emprunte l'argent' (*La Prude*, M.iv.407); et cette phrase fulgurante, qui jette un éclairage éblouissant sur les expériences et les mésaventures de Voltaire à Paris: 'Où est l'amitié est la patrie.'[12]

---

[12] citée par Gustave Desnoiresterres, *Voltaire et la société au XVIIIème siècle* (Paris 1869-1876), ii.48.

On remarquera encore que les pièces poétiques de Voltaire consacrées à ses amis morts sont parmi les plus lyriques de son œuvre; pensons à l'*Ode sur la mort de mlle Lecouvreur*, à l'*Epître aux mânes de m. de Génonville*, ou aux quelques vers consacrés au président de Maisons dans le *Temple du goût*; à chaque fois nous trouvons des accents pathétiques, un lyrisme vrai, des envolées ou tendrement mélancoliques, ou poignantes de regrets, ou grondantes d'indignation. Ce sont quelques-uns des rares vers sortis de la plume de Voltaire où le sentiment prend le pas sur la raison, où nulle thèse, nulle idée, nul combat ne vient s'interposer entre le mot et l'effusion du cœur.

Il nous semble qu'on ne saurait mieux clôturer ce rapide survol de ce que Voltaire a dit de l'amitié qu'en citant l'admirable finale du quatrième *Discours sur l'homme*, intitulé 'De la modération en tout, dans l'étude, dans l'ambition, dans les plaisirs' (*Mélanges*, pp.224-27), qui synthétise dans la spontanéité d'un bel élan ce que nous pouvons appeler à juste titre maintenant le culte de l'amitié chez Voltaire.

> Pour les cœurs corrompus l'amitié n'est point faite.
> O divine amitié! félicité parfaite,
> Seul mouvement de l'âme où l'excès soit permis,
> Change en bien tous les maux où le ciel m'a soumis;
> Compagne de mes pas dans toutes mes demeures,
> Dans toutes les saisons et dans toutes les heures:
> Sans toi tout homme est seul; il peut par ton appui
> Multiplier son être et vivre dans autrui.
> Idole d'un cœur juste, et passion du sage,
> Amitié, que ton nom couronne cet ouvrage!
> Qu'il préside à mes vers comme il règne en mon cœur!
> Tu m'as appris à connaître, à chanter le bonheur.

Quelle est, sur ce sentiment si fort, si vrai et si intensément ressenti par Voltaire, l'influence de Paris? Elle est véritablement destructrice. Nous avons vu, au hasard des citations, que l'amitié et la vertu sont indissolublement liées, que la corruption des cœurs est incompatible avec ce sentiment, que l'amour-propre et la vanité des Parisiens les chassent du Temple de l'amitié; Voltaire répète souvent que l'amitié ne peut s'épanouir au milieu des 'grandeurs de ce monde'; la pratique des 'beaux amis du monde' n'est qu'un vaste leurre, dont profitent seuls les 'parasites'. D'ailleurs, plus on est petit et humble dans l'énorme foire aux vanités de la société, plus on peut goûter pleinement les douceurs de l'amitié. Les rois, eux, sont des 'malheureux' qui vivent d''illusions'!

Voilà pour les fondements théoriques qui font que l'amitié est anémique à Paris. Mais le procès va plus loin: sur le simple plan pratique, l'on ne peut non plus cultiver ses amitiés dans la capitale. Tout d'abord, 'quelle ville que Paris pour ne point voir les gens qu'on aime!' Cette plainte, Voltaire la répète continuellement en gémissant: on ne peut s'entretenir doucement avec ses amis dans ce tumulte, les consoler, jouir de leur présence. Si, à Rouen, Cideville et Voltaire pouvaient se voir tous les jours, à Paris, c'est à peine s'ils se croisent entre deux portes, une fois la semaine. Et quand l'ami rouennais, de retour dans sa ville natale, se plaint de ne pas recevoir de lettres de son ami parisien, celui-ci incrimine encore une fois la grand-ville.

> Oh qu'il est plus doux mille fois
> De consacrer son harmonie
> A la tendre amitié dont le s^t nœud nous lie!
> Qu'il vaut mieux obéir aux loix
> De son cœur et de son génie
> Que de travailler pour des rois![13]

Paris provoque la confusion des cœurs et des esprits, Paris amène la satiété et l'écœurement en tout, Paris tue l'amitié, ce bien précieux entre tous. Mais la ville tentaculaire n'arrête pas là ses méfaits: elle imprime sur les cœurs comme sur les visages un masque. C'est véritablement la ville des doubles visages, car 'l'on n'[y] vit point pour soy même' (Best.D2074), mais pour les autres. Voltaire a fort bien percé l'éternelle dichotomie entre l'être et le paraître: à Paris l'apparence prime sur l'essence à un point tel qu'on n'hésitera pas à se prostituer pour avoir un nom, une place, une gloire, si éphémère fût-elle, un peu de fumée. Toutes les imprécations de Voltaire portent à leur revers comme la nostalgie d'une simplicité et d'une authenticité perdues.

---

[13] Best.D3073. Est-il besoin de souligner, encore une fois, les rapprochements frappants avec ce que disait Rousseau? Seulement, pour Rousseau, le sentiment important, c'est l'amour: une fois établie cette distinction, le reste de l'argumentation est similaire: 'L'amour et la raison' s'unissent en Saint-Preux pour le dégoûter des mondanités parisiennes; mais il se laisse peu à peu envahir par 'l'ivresse où cette vie agitée et tumultueuse plonge ceux qui la mènent', il en est rempli de dégoût, il 'voi[t] ainsi défigurer ce divin modèle qu'[il] porte en [lui]' et, pour se purifier et se régénérer, il lui suffit de penser à Julie, d'évoquer les liens qui les unissent; instantanément, il 'reprend[s] avec [s]on amour tous les sentiments sublimes qui le rendent digne de son objet' (NH, pp.221-33, *passim*).

Ville des masques, ville de l'absurde érigé en activité quotidienne, et où la perte du sens des valeurs amène en définitive une espèce de perversion. L'abbé de St Yves ne reconnaît-il pas, dans *L'Ingénu*, qu' 'il y a [. . .] beaucoup d'inconstants et de fripons parmi nous, et il y en aurait autant chez les Hurons s'ils étaient rassemblés dans une grande ville' (Bénac, p.240)? A quoi Voltaire fait écho quand il écrit de Ferney, après avoir évoqué les mille futilités qui emplissent la journée d'un Parisien: 'Nous n'avons pas parmi nous un seul païsan perverti' (Best. D19860).

On croit rêver, en lisant ces textes. N'est-ce point là du Rousseau? La corruption des mœurs citadines, n'est-ce point là le cheval de bataille du Citoyen de Genève? Voltaire serait-il, selon le mot d'Arnold Ages, rousseauiste?

Il est de fait qu'encore une fois Voltaire et son inséparable adversaire dans les livres des critiques se rejoignent – et sont même très proches sur des choses essentielles. Gardons-nous pourtant de croire que l'idée du masque qui voile les vrais visages et les vraies consciences soit leur création exclusive. Le masque et le jeu multiple et ondoyant des miroirs sont des notions centrales au dix-huitième siècle; en ce domaine comme en beaucoup d'autres, Montesquieu a été le pionnier, avec son Usbek et son Rica, qui s'affublaient du masque par excellence: une exotique tête de Persan; on sait quelle fut la prodigieuse lignée des *Lettres persanes*; mais parallèlement au roman de Montesquieu, Marivaux créait au théâtre des personnages pour qui le masque et le déguisement étaient le pain quotidien de la vie, comme une seconde nature; c'était là une attitude dangereuse, car à force de porter les habits des autres on pouvait en arriver à assumer tout l'autre. Trivelin, valet du Chevalier dans *La Fausse suivante*, se plaint de cette aliénation de l'être derrière l'apparence: 'C'est mon habit qui est un coquin; pour moi, je suis un brave homme, mais avec cet équipage-là, on a de la probité en pure perte; cela ne fait ni honneur ni profit.'[14] Pourtant, après Montesquieu et Marivaux, Crébillon fils reprend, au milieu du siècle, dans ses œuvres romanesques, la description d'une société fardée par le mensonge. Il dénonce les 'grimaces' de l'homme en société; il veut dépeindre, comme le dit Alcibiade, un de ses héros, un homme habité de la fureur 'de conquérir':

---

[14] *Théâtre complet de Marivaux*, éd. Frédéric Deloffre (Paris 1968), *La Fausse suivante ou le fourbe puni*, p.454. Les titres de Marivaux sont significatifs: *Le Prince travesti*, *La Méprise*, *Les Fausses confidences*, etc.

Je veux, du moins, que les hommes s'occupent de moi; & c'est avec tant d'ardeur que je le desire, qu'il m'est encore plus doux qu'ils en disent du mal, que de n'en entendre rien dire. Il y a là-dedans, j'en conviens, une vanité bien insatiable, & peut-être, fort déréglée; mais la vanité est mon foible. Ces dons de la nature qui me rendent si recommandable, ne me satisferoient pas, s'ils ne servoient qu'à mon bonheur. Plaire, être même passionnément aimé, [...] ne me flatte que par le bruit que font nécessairement des triomphes si suivis.[15]

D'autres héros de Crébillon veulent 'ne ressembler à personne, soit par les idées, soit par les façons', ou encore 'être singulier[s]'. 'En réalité,' observe finement un critique de l'œuvre de Crébillon, 'être original de cette manière, c'est sacrifier l'être au paraître, se plier au conformisme le plus sot et s'affubler de ridicule.'[16]

Que ces écrivains et leurs innombrables émules moins connus aient voulu être le reflet de leur société, ou qu'ils aient, par leurs écrits, contribué à façonner de quelque façon que ce soit le Français du dix-huitième siècle, n'est guère essentiel. Ce qui l'est, c'est cette société factice et ondoyante de fin de monde que Voltaire et Rousseau, chacun à sa manière, ont dénoncée avec véhémence, c'est cet 'obstacle' qui, selon le mot de Starobinski, trouble et obscurcit la 'transparence' des cœurs et des consciences. Nous avons vu comment Voltaire, malgré sa réputation, ne s'est pas laissé prendre aux apparences et a déploré le 'vide' de Paris et tous ses méfaits. Il n'est guère besoin de reprendre la même démonstration chez Rousseau, tout le monde connaît les pages incisives de la seconde partie de *La Nouvelle Héloïse*. Mais ce qui est plus instructif, c'est le rapprochement même des termes chez les deux écrivains.

Quand Voltaire évoque le 'vide', l'inutilité' de la vie à Paris, Rousseau écrit: 'J'entre avec une secrète horreur dans ce vaste désert du monde. Ce chaos ne m'offre qu'une solitude affreuse où règne un morne silence. Mon âme à la presse cherche à s'y répandre, et se trouve partout resserrée. "Je ne suis jamais |moins seul que quand je suis seul", disait un ancien: moi, je ne suis seul que dans la foule, ... Mon cœur voudrait parler, il sent qu'il n'est point écouté; il voudrait répondre, on ne lui dit rien qui puisse aller jusqu'à lui. Je n'entends point la langue du pays,

---

[15] Claude Jolyot de Crébillon, *Lettres Athéniennes, extraites du porte-feuille d'Alcibiade*, lettre 104. *Œuvres complètes* (Londres 1777), xiv.68. Des idées similaires sont exprimées dans la lettre 64 (xiii.68-73), et dans *Les Egarements du cœur et de l'esprit* (tome iii, *passim*).

[16] Henri Coulet, *Le Roman jusqu'à la Révolution* (New York, Saint-Louis, San Francisco 1967), p.367.

et personne ici n'entend la mienne' (*NH*, p.207). Là où Voltaire se plaint des 'tourbillons', des 'chimères', des faux amis et des conversations vaines, inutiles et mensongères, Rousseau demande (*NH*, p.209):

Mais au fond, que penses-tu qu'on apprenne dans ces conversations si charmantes? A juger sainement des choses du monde? A bien user de la société? A connaître au moins les gens avec qui l'on vit? Rien de tout cela, ma Julie. On apprend à y plaider avec art la cause du mensonge, à ébranler à force de philosophie tous les principes de la vertu, à colorer de sophismes subtils ses passions et ses préjugés, et à donner à l'erreur un certain tour à la mode selon les maximes du jour.

Et Rousseau retrouve, à près de quarante ans de distance, les mêmes termes que Marivaux utilisait déjà, la même opposition entre l'homme et son habit, et conclut en utilisant très explicitement l'image du masque (*NH*, p.209):

Quand un homme parle, c'est pour ainsi dire son habit et non pas lui qui a un sentiment; et il en changera sans façon tout aussi souvent que d'état. Donnez lui tour à tour une longue perruque, un habit d'ordonnance, et une croix pectorale, vous l'entendrez successivement prêcher avec le même zèle les lois, le despotisme et l'inquisition. Il y a une raison commune pour la robe, une autre pour la finance, une autre pour l'épée. Chacun prouve très bien que les deux autres sont mauvaises, conséquence facile à tirer pour les trois. Ainsi, nul ne dit jamais ce qu'il pense, mais ce qu'il lui convient de faire penser à autrui; et le zèle apparent de la vérité n'est jamais en eux que le masque de l'intérêt.

Tout le reste de cette capitale lettre 14 de la seconde partie du roman de Rousseau, ou encore de substantiels extraits de la lettre 16 et de celles qui suivent, seraient à citer. On est véritablement frappé de voir les mêmes images et les mêmes termes revenir sous la plume des deux écrivains. L'on a déjà vu comment Paris présente à Voltaire un visage mouvant et imprécis, comment le philosophe a évoqué les 'fantômes' de la grand-ville; Rousseau dit exactement la même chose, dans ses effusions lyriques (*NH*, pp.211-12):

juge si j'ai raison d'appeler cette foule un désert, et de m'effrayer d'une solitude où je ne trouve qu'une vaine apparence de sentiments et de vérité, qui change à chaque instant et se détruit elle-même, où je n'aperçois que larves et fantômes qui frappent l'oeil un moment et disparaissent aussitôt qu'on les veut saisir. Jusques ici j'ai vu beaucoup de masques, quand verrai-je des visages d'hommes?

En fait, ce que les deux écrivains ont dénoncé unanimement, c'est le relatif qui règne en maître à Paris. Là réside pour eux la pollution urbaine par excellence. Rien de stable, rien de clair, rien de définitif, rien de carré à Paris; partout le clair-obscur, les demi-mots, les demi-vérités, l'inachevé, l'arrondi; ils ont profondément vu que 'L'honnête homme d'une maison est un fripon dans la maison voisine: le bon, le mauvais, le beau, le laid, la vérité, la vertu, n'ont qu'une existence locale et circonscrite' (*NH*, p.210). La vérité, l'unité profonde de chacun, l'essence même de chaque homme, ce qu'ils appellent tous deux 'l'âme', ils les voient bafouées et reniées, car ils constatent qu''il faut qu'à chaque visite il [le Parisien] quitte en entrant son âme, s'il en a une; qu'il en prenne une autre aux couleurs de la maison, comme un laquais prend un habit de livrée; qu'il la pose de même en sortant et reprenne, s'il veut, la sienne jusqu'à nouvel échange'.[17] Bref, ils ont déploré chacun à sa manière que les Parisiens 'cannot and dare not recognize the significance of content, only that of form'.[18]

On est véritablement stupéfait, devant ces rapprochements évidents, de voir la réaction de Voltaire au roman de Rousseau. Dès février 1761, il laisse éclater ses sarcasmes dans les *Lettres à m. de Voltaire sur la Nouvelle Héloïse (ou Aloïsia) de Jean-Jacques Rousseau, citoyen de Genève* (*Mélanges*, pp.395-409); ces quatre lettres, dans lesquelles Fréron s'indignait de trouver 'pareilles indécences' contre Rousseau, sont signées très complaisamment du marquis de Ximénès. Voltaire y reproche presque tout à l'œuvre. Il relève particulièrement mille exemples de ce qu'il considère être des incorrections de français ou des hardiesses stylistiques ridicules. Ce qui est plus inexplicable, c'est que Voltaire s'étende longuement sur les passages du roman consacrés à Paris, pour en prendre l'exact contrepied. Il se gausse par exemple du terme 'marionnettes' que Rousseau applique aux Parisiens; il prend l'attitude du Français outragé qui s'indigne de voir 'cet homme [...] marquer un profond mépris pour notre nation' (*Mélanges*, p.398); il nie que l'on mange du pain bis à Paris et affirme qu''il s'en faut beaucoup que M. Volmar, et son baron, et sa Julie, aient mangé du pain aussi blanc qu'en mange le dernier des pauvres à Paris [...] vaste et opulente

---

[17] *NH*, p.210. Cf. Voltaire: 'Rustan était fort joli: c'est presque toujours ce qui décide de la faveur publique' (*Le Blanc et le noir*, Bénac, p.124).

[18] Lionel Gossman, 'The worlds of *La Nouvelle Héloïse*', *Studies on Voltaire* 41 (1966), p.244.

ville' (*Mélanges*, p.405). Il prend la défense des Parisiennes, 'charmantes et respectables beautés'.

Parmi les multiples raisons qui peuvent expliquer de tels textes, l'animosité aveugle entre les deux hommes n'est pas la moindre. Au moment où paraissait le roman de Rousseau, puis ces *Lettres*, le scandale des représentations de théâtre à Tournay avait consommé la rupture entre les deux écrivains et creusé entre eux un fossé qui se révélera infranchissable. Quel qu'ait pu être alors le roman de Rousseau, Voltaire y aurait toujours trouvé à redire. C'est ce parti-pris qui l'a sans doute empêché de voir la justesse des observations de Rousseau sur la ville, à quel point elles coïncidaient avec son sentiment profond, avec ses expériences personnelles, telles qu'il ne cessait de les décrire dans ses lettres, ou encore dans ce *Dialogue d'un Parisien et d'un Russe* qu'il venait de publier à peine quelques mois plus tôt. L'occasion était, par ailleurs, trop tentante de se draper dans le manteau du citoyen vertueux blessé dans son nationalisme pour ne pas taper allégrement sur l'étranger qu'était Rousseau.

Il y a aussi une autre différence, plus profonde, plus essentielle, entre les deux hommes, qui permettrait de comprendre, à tout le moins en partie, pourquoi Voltaire n'a pas été plus sensible à la démonstration de Rousseau. Et c'est justement parce que c'est une démonstration. Dans son style inimitable, Rousseau nous livre en fait un mini-traité de sociologie urbaine, où les prémisses sont claires, les développements rigoureux, les conclusions nécessaires. D'ailleurs Rousseau est conscient de son rôle d'analyste scientifique de la réalité parisienne; bien plus, pour lui Paris n'est pas une fin en soi, mais un cas, un cas-type si l'on veut, qui lui permet d'élargir le débat à toutes les grandes villes; Paris est le cobaye qu'il va mettre sous son microscope pour dégager toutes les lois qui régissent l'espèce; il le dit expressément sous la plume de Saint-Preux (*NH*, pp.218-19):

Je n'ignore pas que les capitales diffèrent moins entre elles que les peuples, et que les caractères nationaux s'y effacent et confondent en grande partie, tant à cause de l'influence commune des cours qui se ressemblent toutes, que par l'effet commun d'une société nombreuse et resserrée, qui est le même à peu près sur tous les hommes et l'emporte à la fin sur le caractère originel [. . .] Ce ne sont point les Parisiens que j'étudie, mais les habitants d'une grande ville; et je ne sais si ce que j'en vois ne convient pas à Rome et à Londres, tout aussi bien qu'à Paris.

Ces lignes remarquables, qui sont le fondement de tout le développement ultérieur des sciences de l'urbanisme et de la sociologie urbaine, de toutes les constatations que l'on fait aujourd'hui partout dans le monde sur la similitude des problèmes des grandes mégapoles, ne pouvaient qu'être parfaitement étrangères à Voltaire. C'est que Voltaire n'a jamais voulu, consciemment ou non, faire œuvre de théoricien. Il n'a jamais réfléchi de manière structurée et suivie sur le problème de la ville, ou des grandes villes. Il a toujours réagi à une entité bien précise, presque personnalisée, Paris. Enorme différence. Tout ce qu'il dit sur la capitale est le fruit immédiat et brut de sensations, de sentiments ou d'expériences personnelles non ordonnés. A part quelques rares exceptions, amenées dans l'œuvre de manière incidente, Voltaire n'a jamais parlé de telle ou telle caractéristique qui serait le propre d'une grande ville. Ce qu'il dit de Paris relève surtout d'un sentiment – amour, fascination, exaspération, révolte, haine – presque charnel. Tout ce qu'il dit de Paris concerne strictement Paris, et non Rome, Londres ou Berlin. On voit donc, par ce bref parallèle, comment les stéréotypes sur les deux écrivains peuvent parfois être éculés. Les écrits et les réflexions de Voltaire, ses références à Paris dans son œuvre et sa correspondance procèdent d'une expérience personnelle profondément ressentie et sont la traduction de toute une vie; voilà des éléments que l'on a traditionnellement liés à la seule œuvre de Rousseau, et que l'on ne pouvait de toutes manières pas associer à un 'singe', fût-il 'de génie'!

Confusion des valeurs, affadissement de la vie, hébétude continuelle, mort des relations humaines les plus chaleureuses et les plus sacrées, comme l'amitié, mensonge et comédie: Voltaire, comme Rousseau, mais de manière différente, a perçu avec acuité et dénoncé de façon souvent véhémente les conséquences de l'urbanisation galopante qui s'amorçait au dix-huitième siècle, à l'aube de la civilisation industrielle; il a précédé ainsi, avec les esprits les plus éminents de son époque, l'infinie chaîne des plaintes et des récriminations contre la déshumanisation de la vie dans les grandes villes, cette forme radicale de pollution urbaine qu'est la dépossession de soi dans la collectivité aveugle et sourde; mais, deux cents ans après sa mort, sur bien des points du diagnostic qu'au fil des événements et des circonstances il a porté sur la vie à Paris, il est difficile d'aller plus loin et de voir plus juste qu'il ne l'a fait.

13

La nature au service de l'homme

⚜

PARIS est à la croisée des chemins, géographiques tout autant que spirituels, de Voltaire. Une grande partie de ses réflexions sur les problèmes vitaux de la vie en société, sur le destin des hommes, s'ordonne autour de Paris. La capitale incarne véritablement pour Voltaire le modèle de vie à propos duquel il réfléchit constamment. Elle nourrit également de dense substance toutes ses pensées, et par voie de conséquence, tous ses écrits sur ces questions.

Mais la capitale est un modèle polyvalent. Elle peut être un exemple à imiter, ou à ne pas imiter, selon les cas. Elle peut être un prototype positif tout autant que négatif. Elle est un pôle, mais c'est tout autant un pôle d'attraction que de répulsion. Et dans ce dernier cas, quand, exaspéré pour mille raisons qu'il estime fort bonnes, et qui sourdent souvent de sa sensibilité ou de son amour-propre blessés, Voltaire veut vouer Paris aux gémonies, il imagine un modèle qui sera un substitut à la capitale, et qui dressera, face à la trouble et fragile statue de Nabuchodonosor, ses charmes imaginés ou souhaités.

Ce modèle de substitution, de compensation ou d'idéalisation peut se situer dans le temps – et c'est l'âge d'or, le Paris des Lulli, des Corneille et des Molière, d'où la bêtise, l'outrecuidance et l'étroitesse d'esprit sont bannies; mais il peut également se situer dans l'espace, et c'est alors la campagne, l'insertion dans la nature – au milieu d'une certaine nature, propre à Voltaire et qui est, on s'en doute, radicalement différente de celle d'un Rousseau par exemple.

La campagne est ainsi, dans la trame de la géographie, le seul substitut à la vie de Paris; car pour Voltaire, point de milieu; entre ces deux extrêmes, Paris et la campagne, c'est le vide, le néant le plus désespérant, c'est à dire la province; il n'imagine tout simplement pas de vivre dans une de ces 'villes de province insipides et tracassières',[1]

---

[1] Best.D8913. Cf. également: 'j'ai toujours pensé qu'il fallait vivre dans une grande ville comme Paris et Londres, ou à la campagne' (Best.D19993). Bruxelles n'échappe pas aux

164

il les traite par le silence, ce mépris dédaigneux et tranquille, et ne s'en préoccupe que quand il s'agit de faire une civilité à un quelconque 'confrère', académicien de province, qui recherche ses suffrages; quand Voltaire a vécu hors de Paris ou de Berlin, il a élu son domicile à la campagne, ou alors dans une ville, si petite soit-elle, où résidait une cour – Nancy ou Lunéville par exemple.

La campagne, dans les écrits de Voltaire, et surtout dans sa correspondance, apparaît toujours, et dès le début, sous un double aspect: elle est utile, et elle est propice à la vertu. L'écrivain module ces deux qualités selon les époques de sa vie, mettant l'accent tantôt sur l'une, tantôt sur l'autre; on peut simplement observer que l'utilité de la campagne a paru évidente à Voltaire très tôt dans sa vie, tandis qu'on assiste à une courbe montante, à une découverte progressive de son climat lénifiant. Quand on aura remarqué que ces bienfaits de la campagne sont systématiquement opposés aux méfaits de Paris, et que son utilité ne se limite pas seulement au domaine de l'économie, mais déborde également sur la tâche et la mission de l'écrivain, puisque celui-ci y peut facilement trouver l'inspiration, chose malaisée sinon impossible à Paris, on aura fait un tour succinct mais complet de la vision voltairienne de la nature, et plus précisément de la vie à la campagne.

L'utilité de la campagne est une notion qui n'est pas pour surprendre sous la plume de Voltaire. Elle participe de cette obsession qu'il avait, sur tous les plans, de l'utilité et de la productivité du labeur humain, de cette horreur du 'vide' et de la 'mollesse oisive'; elle correspond parfaitement à son tempérament de bûcheur. C'est pour cela que Voltaire a été sensible à l'évolution qu'a subie au dix-huitième siècle l'image que projetait dans la société l'énorme masse des paysans. On peut même dire que Voltaire a contribué dans une mesure non négligeable à cristalliser le nouveau rôle et la nouvelle dignité du paysan, qui allaient trouver leur point culminant dans le mouvement des physiocrates, si chaleureusement appuyés par l'écrivain.

Le paysan et son labeur en étaient restés, au début du siècle, aux clichés et aux raccourcis du siècle précédent; on n'évoquait les habitants des campagnes qu'en rappelant le mot de Boileau sur l'animal à deux pattes, ou alors en se perdant dans les ramifications poétiques des bergeries et autres pastorales, dont la mode, héritée du dix-septième

sarcasmes: 'les arts n'habitent pas plus à Bruxelles que les plaisirs [. . .] Cette vie douce [à Bruxelles] ressemble si fort à l'ennui, qu'on s'y méprend très aisément' (Best.D2033).

siècle, se trouva renforcée par l'œuvre d'un Fénelon, ou par les mignardises qui étaient monnaie courante sous la plume des écrivains et des poètes 'mondains' de la Régence et des débuts du règne de Louis xv. Sur l'importance économique de la paysannerie, sur son rôle de pilier éminent, et presque unique à cette époque, de la richesse nationale, pas un mot. En termes de rapports de force sociaux, la disproportion était scandaleuse entre l'importance réelle des paysans et l'indifférence hautaine dans laquelle les tenaient nobles et bourgeois des villes, qui pourtant vivaient le plus souvent du labeur de la campagne.

De là vient l'intérêt de l'attitude de Voltaire. L'écrivain n'a pas été le premier en son siècle à évoquer les paysans avec sympathie: d'autres l'ont fait, mais plus obscurs que le poète, et sans l'immense retentissement de sa voix et de sa plume. Surtout quand cette voix s'élève au milieu d'une des enceintes les plus prestigieuses de Paris, l'Académie française, à l'occasion d'une cérémonie dont toute l'Europe cultivée a suivi avec intérêt les moindres péripéties. C'est, en effet, dans son *Discours de réception* à l'Académie que Voltaire attaque les préjugés contre l'agriculture, préjugés issus 'de notre mollesse orgueilleuse, dans le sein du repos et du luxe de nos villes', et qui déprécient 'ces travaux champêtres, [...] ces arts utiles, que les maîtres et les législateurs de la terre cultivaient de leurs mains victorieuses' (*Mélanges*, p.243).

En cette année 1746, l'accent est mis par Voltaire sur les conséquences du labeur paysan. C'est la richesse ainsi créée qui lui tient à cœur, c'est la germination de la terre, le foisonnement des fruits, le bourgeonnement des plantes qui sont importants. Le paysan est certes l'agent de cet enrichissement, c'est le 'laboureur habile' qui

> Par des efforts industrieux,
> Sur un champ rebelle et stérile
> Attira les faveurs des cieux;
> Sous ses mains la terre étonnée
> Se vit de moissons couronnée
> Dans le sein de l'aridité.[2]

---

[2] *Ode sur la félicité des temps ou l'éloge de la France* (1746) (M.viii.459). Cet éloge fut prononcé par Voltaire devant l'Académie française, en août 1746, trois mois après sa réception. Il est intéressant de noter que l'auteur revient à deux reprises, dans un bref laps de temps, sur cette question devant une assemblée dont les préoccupations étaient fort éloignées de l'économie et de l'agriculture.

Mais c'est un agent qui n'occupe pas encore le devant de la scène; son sort, ses conditions de travail et de vie sont à peu près passés sous silence. Voltaire, à l'époque, les ignore totalement; bien plus, par un raisonnement abstrait, il en vient à imaginer que les 'habitants de la campagne' doivent jouir 'd'un sort [...] heureux'. La richesse de nos villes, dit-il, ne provient que de la culture des campagnes voisines. Or, si nos villes sont opulentes, si l'argent y coule à flots, c'est la preuve irréfutable que nos campagnes sont riches; et, hardiment, il demande à ses détracteurs: 'dans quel temps vous pensez que les habitants de la campagne [...] aient eu plus de facilité dans le débit de leurs denrées, aient été mieux nourris et mieux vêtus?'[3] Ces assertions de Voltaire sont partiellement vraies, car la production agricole n'a cessé d'augmenter au dix-huitième siècle, grâce aux nouvelles techniques d'ensemencement et d'assolement et à la suppression des jachères; il en était résulté un enrichissement relatif des paysans; mais, outre que le poids croissant des taxes n'a cessé tout au long du siècle de priver les paysans d'une partie de leurs revenus, cet enrichissement était fort inégalement réparti; les paysans de certaines provinces, ceux de Normandie par exemple, étaient plus prospères et heureux que ceux d'autres régions de la France, qui évoquaient encore bien souvent 'l'animal à deux pattes'; les paysans du pays de Gex, que Voltaire connaîtra plus tard, étaient particulièrement miséreux, et le philosophe, mieux au fait de leur sort, corrigera inlassablement ses propos trop optimistes sur les 'campagnes . . . riches' et les 'paysans . . . heureux'.

Le poète commence alors l'élaboration tranquille et progressive de cette facette de sa personnalité dont il tirera le plus de vanité, celle de gentleman-farmer. Les modèles lui viennent peut-être d'Angleterre, mais le personnage s'impose lentement à lui pour plusieurs raisons qui tiennent à son tempérament et à son expérience mêmes. En premier lieu, le gentleman-farmer est un personnage éminemment utile et concret, deux qualités proprement voltairiennes. Et puis, cette utilité s'impose d'autant plus à Voltaire qu'elle contraste avec le combat de l'écrivain à la ville, combat jamais complètement gagné, et qu'il faut toujours recommencer. Le gentleman-farmer a prise sur le réel, et il peut jouir des fruits de son travail, contrairement à l'écrivain qui n'est abreuvé que de dégoût. Cette image du défricheur et du fermier, Voltaire ne l'a pas élaborée après coup, c'est-à-dire après son installation aux Délices et

---

[3] *Lettre à l'occasion de l'impôt du vingtième* (1749) (M.xxiii.307-308).

à Ferney. Ses souvenirs de la poésie latine, ses lectures de Virgile et surtout d'Horace l'ont aidé à façonner abstraitement le mythe du 'bon laboureur'. Déjà, au milieu même des cours royales et de la gloire qu'il y trouve, il l'évoquait avec nostalgie. En 1752, il compose à Berlin, bien avant sa brouille avec Frédéric, son *Poème sur la loi naturelle*; or on y trouve une évocation tout attendrie de 'l'heureux cultivateur' dont le labeur est toujours fécond, qui travaille 'un docile terrain', qui produit d'innombrables fruits, mais surtout qui 'n'est pas traversé dans ses heureux desseins' (*Mélanges*, p.286), et dont

> Un jardinier voisin n'eut jamais la puissance
> De diriger des dieux la maligne influence,
> De maudire ses fruits pendants aux espaliers,
> Et de sécher d'un mot sa vigne et ses figuiers.

On sent ici sourdre l'impatience, la nervosité de Voltaire, toujours 'traversé' dans ses 'desseins' par maints 'voisins' qui attirent facilement sur lui 'la maligne influence' des autorités de tous bords. Cet état heureux du cultivateur, maître chez lui, et surtout libre, totalement libre, rejoint un des courants persistants qui nourrissaient l'inconscient de Voltaire. Quelques années plus tard, à peine installé aux Délices, il exulte: 'Je suis encor plus jardinier que poète. C'est que je jouis de mon jardin' (Best.D7659).

A partir de ce moment-là, et jusqu'à sa mort, Voltaire ne cessera de chanter sur tous les tons son action de 'laboureur'. La fierté qu'il étale dans sa correspondance, le ton faraud qu'il prend pour évoquer ses travaux champêtres, deviennent presque émouvants, tant ils sont puérils. On ne soulignera jamais assez que la réponse de Voltaire à l'absurdité du monde est sa propre utilité et son propre labeur. Lui, le poète-né, le plus grand tragique de son siècle, qui se reconnaît successeur de Racine et de Corneille, il en vient à opposer Pomone à Melpomène, et à donner souvent la primauté à celle-là; il est devenu, 'de tous les poètes [. . .] le plus utile à la France', parce qu'il a 'défriché une lieue de pays' et 'renoncé au tumulte de Paris', où l'on 'perd son temps', tandis que 'ici [à Ferney, il] l'emploie' (Best.D9414). C'est une opposition qu'il ne cessera de souligner: le 'poète' risque de devenir l'antithèse de l'homme 'utile'; écrire peut se révéler un exercice stérile: 'un bon vieillard' qui vivait autrefois en Perse où il 'cultivait son jardin' nous en donne une éclatante illustration; 'ce vieillard n'écrivait ni sur la population ni sur l'agriculture, comme on faisait par passe-temps à Babylone, ville qui tire son nom de Babil; mais il avait défriché des terres incultes, et triplé le nombre des habitants autour de sa cabane'.[4]

En se moquant de ceux qui écrivaient sur 'la population' et sur 'l'agriculture', Voltaire ne donnait pas un coup d'épée dans l'eau. Le mouvement qu'il avait été un des premiers à amorcer, la réhabilitation de l'agriculture, avait connu un développement prodigieux, dont les physiocrates et les écrits de Rousseau avaient été, directement ou indirectement, une des manifestations. A partir de 1760 environ, des 'Sociétés d'agriculture' se mettent à fleurir partout. Nombre d'Académies proposent des prix pour des ouvrages consacrés à l'agriculture; l'Académie de Châlons prend pour devise: 'A l'utilité'. On couronne des mémoires intitulés *La Culture du chanvre* ou *L'Amélioration de la condition des laboureurs*.[5] Voltaire, au lieu de rédiger un recueil de plus sur ces questions, au lieu de concurrencer Quesnay, Le Mercier de La Rivière ou Turgot, voulait donner l'exemple. Comme toute chose en sa vie, il assuma ce rôle de modèle avec ferveur, enthousiasme, une certaine naïveté, et surtout, comme nous l'apprend l'histoire, un succès certain, puisqu'il fut vraiment le bienfaiteur et le 'père' du pays de Gex.

Voltaire était gentleman-farmer depuis plus de douze ans déjà quand parut à Paris un livre qu'il accueillit avec un enthousiasme délirant. C'était le poème des *Saisons* de son ami Saint-Lambert. L'ancien amant de mme Du Châtelet, l'ami heureux de mme d'Houdetot avait mis, dit-on, quelque vingt ans pour composer son poème, imité des *Saisons* de l'Ecossais Thomson. L'ouvrage de Saint-Lambert est un poème académique comme il y en eut tant au dix-huitième siècle. Le poète fait force appels à 'l'Etre supême', à Bacchus, Cérès, Pomone, Vertumne et tous leurs émules. Sans être absolument insipide, l'ouvrage révèle plus de bonne volonté que de génie. Un critique récent, qui souligne la 'sécheresse [et] la lourdeur' de certains passages des *Saisons,* y décèle néanmoins, 'sinon le sentiment profond, du moins l'amour de la nature'.[6]

Saint-Lambert a suivi les divisions de Thomson, commençant par 'Le Printemps' pour terminer par 'L'Hiver'. Chaque 'saison' comprend en gros deux parties: dans la première le poète décrit la campagne, et

---

[4] 'Epître dédicatoire' de la tragédie des *Scythes*, aux ducs de Praslin et Choiseul, en 1767 (M.vi.263).

[5] cf. Albert Babeau, *La Ville sous l'ancien régime* (Paris 1880), p.523, et surtout la belle synthèse de Daniel Mornet in *Le Sentiment de la nature en France de Jean-Jacques Rousseau à Bernardin de Saint-Pierre* (New York 1968), pp.108-17.

[6] Maurice Allem, *Anthologie poétique française, XVIIIème siècle* (Paris 1966), p.217.

dans la seconde il évoque en détail la vie qu'on peut y mener en cette saison précise. La campagne n'est donc plus seulement un lieu de vacances lors de la belle saison, mais un cadre de vie permanent. C'est déjà l'antithèse des vues du dix-septième siècle, illustrées par exemple par un Saint-Evremond.[7] On est également bien loin de ce que pensait, vivait ou disait le jeune Voltaire, quand le séjour à Sully ou à la Rivière-Bourdet n'était pour lui qu'une halte entre deux retours à Paris, un moment nécessaire pour reprendre son souffle.

Saint-Lambert peint une campagne belle et utile. On comprend que, disciple et collègue de Voltaire et des philosophes, il mette l'accent sur l'utilité de la campagne. En contemporain des physiocrates, il insiste de même sur la nécessité pour le gouvernement de protéger et de soulager les agriculteurs. Mais il oppose également le bonheur de la vie à la campagne au 'monde frivole' des villes, il exhorte sa bien-aimée à se 'dérober' au 'luxe des cités'.

O vallons, ô coteaux, champs heureux et fertiles,
Quels charmes ces beaux jours vont rendre à vos asiles
Oh! de quel mouvement je me sens agité
Quand je reviens à vous du sein de la cité!
Je crois rentrer au port après un long orage
Et suis prêt quelquefois d'embrasser le rivage;
Tous mes jours sont à moi, tous mes fers sont rompus.
Ici les vrais plaisirs me sont enfin rendus;

[7] le célèbre libertin s'exprime ainsi:

Puisque vous m'ordonnez
De vous parler des champs, voici ce que j'en pense:
Le séjour en est assez bon
Lorsque l'on trouve compagnie
Dans une agréable maison
De toutes choses bien fournie [. . .]
Mais dès que vient le mauvais temps, [. . .]
Déjà la nature malade
Rend le plaisir des champs bien fade, [. . .]
Je ne veux, durant la froidure
Que de grands feux et de bons vins.
Retournons à la bonne ville
En toutes choses si fertile

(Charles de Saint-Evremond, *Œuvres mêlées*, éd. Charles Girard (Paris 1866): 'A la duchesse de Mazarin', iii.164). Voltaire, à un moment de grande tension avec les autorités de Genève, avait également dit: 'Vous venez monsieur par un vilain temps dans un pays qu'il ne faut voir que dans le beau temps. Son seul mérite consiste dans des vues charmantes [. . .] La campagne est très agréable, mais ce n'est pas au mois de novembre' (Best.D9351, 26 octobre 1760).

J'y sens renaître en moi le calme, l'espérance,
Et le doux sentiment d'une heureuse existence.
Ah! le monde frivole où j'étois entraîné,
Et son luxe, et ses arts, ne me l'ont point donné.
Tout me rit, tout me plaît dans ce séjour champêtre;
C'est là qu'on est heureux sans trop penser à l'être.[8]

Et son interrogation angoissée 'O qui peut sans regret s'enfermer dans les villes?' (*Les Saisons*, p.126) rejoint parfaitement ce que le philosophe répétait sur tous les tons à ses correspondants depuis plus de dix ans.[9]

Voltaire s'enthousiasme. Dès sa parution, le poème de son ancien rival devient 'un ouvrage de génie'. Et comme pour mieux souligner les qualités des *Saisons*, il insinue que les Parisiens sont incapables 'd'en goûter le mérite', puisque leur goût est dépravé. Décidément ces pauvres Parisiens sont bien à plaindre: 'Ils ne connaissent les quatre saisons que par celle du bal, celle des Tuileries, celle des vacances du parlement, et celle où l'on va jouer aux cartes à deux lieues de Paris au coin du feu dans une maison de campagne. Pour moi qui suis un bon laboureur, je pense à la saint Lambert' (Best.D15509).

Saint-Lambert décrivait également une vie saine à la campagne: la pratique de la pêche, de la chasse, des sports, le repos, tout doit mener à la sérénité. Il met en scène un vieillard qui, après avoir goûté à toutes les gloires et à tous les honneurs, trouve enfin le vrai bonheur et les vraies valeurs à la campagne. Le vieillard raconte ses expériences, sa découverte progressive de la plénitude. Cette confession semble si bien cadrer avec le cheminement et l'expérience de Voltaire, ou du moins avec l'image et la version que Voltaire voulait donner de lui et de sa vie à Ferney, qu'on est tenté de trouver là plus qu'une simple coïncidence: Saint-Lambert a dû songer à Voltaire en composant les vers suivants (*Les Saisons*, pp.206-209):

[8] Charles-François de Saint-Lambert, *Les Saisons* (Paris 1823), p.30.
[9] est-il besoin de souligner qu'avant Thomson, Voltaire, Rousseau ou Saint-Lambert, Boileau avait déjà exploité ces thèmes? Dans sa première *Satire*, il met en scène le poète Damon qui, incapable de vivre à Paris à cause des vices et de l'injustice qui y règnent, condamne, en la quittant, cette ville où 'le mérite et l'esprit ne sont plus à la mode'. Dans sa célèbre *Epître VI*, il s'exclame: 'Oui, Lamoignon, je fuis les chagrins de la ville/Et contre eux la campagne est mon unique asile.' Et plus loin: 'Qu'heureux est le mortel qui, du monde ignoré, / Vit content de soi-même en un coin retiré!' (*Epîtres, Art poétique, Lutrin*, éd. Boudhors (Paris 1939), pp.207-208).

Les agréables soins d'un seigneur de château,
Les plaisirs d'une vie occupée et tranquille,
Me donnoient un bonheur plus pur et plus facile;
C'est aux champs que le cœur cultive ses vertus;
C'est aux champs, mon ami, qu'on peut, loin des abus,
De l'usage insensé, du fard, de l'imposture,
Etre ami de soi-même, amant de la nature [. . .]
A l'aride fougère, aux chardons inutiles,
Cérès avoit livré ses champs les plus fertiles;
Un peuple nourri d'herbe et vêtu de lambeaux
Vainement au fermier demandoit des travaux.
Je voulus réveiller cette triste indolence,
Et rappeler ici l'industrie et l'aisance.
Charmé de mes desseins, j'entrevis le bonheur, [. . .]
    L'indigent féconda la terre abandonnée,
Je payai ses moments. Du prix de sa journée
Il meubla sa cabane, et vêtit ses enfants;
Ils vivoient des moissons qui couronnoient mes champs.
    Il faut rendre meilleur le pauvre qu'on soulage:
C'est l'effet du travail en tout temps, à tout âge.
On vit dans mon château la veuve et l'orphelin
Rouler sur les fuseaux ou la laine ou le lin;
Les vieillards, par des soins, par des travaux faciles,
Pouvaient jouir encore du plaisir d'être utiles;
On paya les impôts sans se croire opprimé:
Tout fut riche et content, et moi je fus aimé.
    O mon ami, l'amour, les sens et la jeunesse,
Des plaisirs les plus doux m'ont fait sentir l'ivresse:
Mais protéger le foible, inspirer la vertu,
Est un plaisir plus grand qui m'étoit inconnu.
Ah! quand l'heureux fermier, l'innocente fermière,
Accourent pour me voir au seuil de leur chaumière;
Lorsque j'ai rassemblé ce peuple agriculteur,
Qui veille, rit, et chante, et me doit son bonheur,
Quand je me dis le soir sous mon toit solitaire,
J'ai fait ce jour encor le bien que j'ai pu faire;
Mon cœur s'épanouit; j'éprouve en ce moment
Une céleste joie, un saint ravissement;
Et ce plaisir divin souvent se renouvelle;
Le temps n'en détruit pas le souvenir fidèle,
On en jouit toujours; et dans l'âge avancé,
Le présent s'embellit des vertus du passé.

Du temps, vous le voyez, j'ai senti les outrages;
Déjà mes yeux éteints sont chargés de nuages;
Mon corps est affaissé sous le fardeau des ans:
Mais, sans glacer mon cœur, l'âge affoiblit mes sens;
J'embrasse avec ardeur les plaisirs qu'il me laisse;
De cœurs contents de moi j'entoure ma vieillesse;
Je m'occupe, je pense, et j'ai pour volupté
Ce charme que le ciel attache à la bonté.
　　Ainsi dans tous les temps jouit le cœur du sage.
Et son dernier soleil brille encor sans nuage.
Oui, l'arbitre éternel des êtres et des temps
Réserve des plaisirs à nos derniers instants.
　　O Dieu, par qui je suis, je sens, j'aime, et je pense,
Reçois l'hommage pur de ma reconnoissance;
Que nos voix, notre encens, s'élèvent jusqu'à toi!
Qu'ils volent de la terre au trône de son roi!
Du vide, du chaos, des ténèbres profondes,
Tu fis sortir le jour, l'harmonie, et les mondes.

A la lecture de ce portrait, Voltaire exulte. Ce n'est plus de l'enthousiasme, c'est du délire. Il veut faire 'tout ce que saint Lambert a si bien décrit' (Best.D15506). Il bâtit, il plante, il sème, il fait vivre directement deux cents paysans et indirectement des centaines d'autres. Quand il parle de la campagne, il est capable même de minauder: 'Vous n'aimez pas la chose rustique; et j'en suis fou. J'aime mes beufs, je les caresse, ils me font des mines' (Best.D9683). Et comme ce lyrisme doit s'épancher, 'Monsieur de Saint-Lambert' a droit à une épître où Voltaire confesse qu'il fait 'depuis 15 ans' ce que le poète chante; après avoir couvert d'éloges son vieil ami et vilipendé dans les règles Paris et sa société, pour laquelle 'le vrai séjour de l'homme [la campagne] est un exil', Voltaire va, dans le parallèle entre le 'poète' et le 'cultivateur', plus loin que jamais auparavant: il rappelle, avec force majuscules, que 'sur les pas du Travail' il a fait fleurir 'l'Abondance [...] la Paix et [...] l'Innocence' et, évoquant les hameaux qu'il a créés et les colons qu'il a établis, il risque l'hérésie suprême:

Ouvrages fortunés, dont le succès constant
De la mode et du goût n'est jamais dépendant;
Ouvrages plus chéris que *Mérope* et *Zaïre*,
Et que n'atteindront point les traits de la satire![10]

[10] *Epître à monsieur de Saint-Lambert* (1769) (M.x.407).

Rappelons ici brièvement un fait d'histoire littéraire: si Voltaire, pour nous, est surtout l'auteur de *Candide* et l'apôtre de la tolérance, pour ses contemporains il était avant toute chose le plus grand poète tragique du siècle; une quantité incommensurable de ses lettres porte sur ses tragédies; lui-même pensait que la postérité retiendrait surtout de lui son théâtre. Or, parmi ses pièces, *Zaïre* (et là la postérité a donné raison et à l'auteur et à ses contemporains) est le chef-d'œuvre incontesté. Que Voltaire, qui sait cela, aille jusqu'à dire que 'la chose rustique' lui est plus chère que *Zaïre*, voilà qui porte fort à la réflexion! Il faut, devant ces vers ahurissants, aller plus loin encore que l'explication récente de la critique, qui veut voir dans la période de Ferney une tentative de synthèse de la part de Voltaire entre un 'primitivisme' mitigé et la sauvegarde des valeurs culturelles.[11] Soyons clairs: Voltaire a tenté (et, à notre avis, réussi dans une grande mesure) cette synthèse; mais dans les moments de tension (ou de polémique, ou encore d'auto-défense, ou de justification a posteriori) il n'est pas certain qu'il ait toujours privilégié les manifestations de la culture, de la 'civilisation', au détriment de la vie 'simple' et 'naturelle'; nous aurons l'occasion plus loin de voir comment, dans cette perspective, Voltaire est beaucoup plus près de Rousseau qu'on ne le dit généralement.

Pourtant, l'*Epître à Saint-Lambert* n'est pas le document le plus important que le poème des *Saisons* ait inspiré à Voltaire. Le 7 juin 1769, le 'laboureur' écrit à Dupont de Nemours (qui émigrera plus tard aux Etats-Unis et sera le père du fondateur de la grande firme chimique américaine) une des plus longues et des plus passionnantes lettres de toute sa correspondance. Au jeune physiocrate qui venait de se signaler par ses écrits à l'appui des thèses de Quesnay, Voltaire parle longuement d'économie, et d'économie politique. Il place, bien sûr, l'agriculture au cœur de celle-ci et de celle-là. Il développe encore ses idées favorites, en déployant une connaissance précise de la paysannerie française, dont il n'avait pas, vingt ans plus tôt, la plus petite idée; il évoque le sort misérable des petits cultivateurs, qui ne sont sauvés que quand ils sont soutenus, encadrés et encouragés par les 'seigneurs'; ceux-ci doivent donc demeurer à la campagne la majeure partie de l'année; et par une relation nécessaire, Voltaire affirme donc que celui qui veut rendre service à la patrie doit demeurer à la campagne.

---

[11] 'Eighteenth-century primitivism was more often concerned with finding a balance between nature and culture' (R. S. Ridgway, *Voltaire and sensibility* (Montréal, London 1973), p.8).

Voltaire analyse ensuite longuement les *Saisons*, qu'il place à cent coudées au-dessus de l'ouvrage de Thomson. Il souligne qu'un des mérites importants de l'ouvrage de Saint-Lambert est 'la comparaison des travaux champêtres avec le luxe et l'oisiveté des villes', et la condamnation de l'"inutile vie" (Best.D15679) qu'on mène dans ces dernières. Enfin, Voltaire fait une esquisse détaillée de ce que devrait être, à son avis, une exploitation agricole moderne: au-delà des inévitables différences que le progrès technique a mises entre notre époque et la sienne, le philosophe avait vu juste sur un point capital: il préconisait le regroupement des petites fermes en de grands domaines où l'exploitation quasi-industrielle pourrait prendre son essor, et devenir le gage d'une rentabilité assurée; encore une fois, Voltaire avait vu juste, et encore une fois l'avenir lui donnera raison.

En devenant 'laboureur', Voltaire s'était peu à peu intéressé au sort des laboureurs. Celui-ci n'est plus ce Cincinnatus plus ou moins nébuleux qu'il chantait académiquement quand il était à Paris; ce n'est plus également cet 'habile laboureur' qui, au milieu des chants et de la joie, fouille profondément de son soc la terre pour la féconder. Les laboureurs deviennent alors ce Jean, ce Jacques, ce Pierre, ses voisins de Ferney et du pays avoisinant, ses métayers, ses fermiers, affligés d'une nombreuse progéniture, plus affligés encore par la misère, le fisc, et les seigneurs qui les accablent. Voltaire ne peut, littéralement, physiquement, supporter une telle déchéance; elle devient une obsession et il mène alors un double combat pour l'exorciser: le combat par la plume et le combat par l'exemple. On retient, de la période de Ferney, les grands moments de la lutte pour les Calas et pour les Sirven; celle que Voltaire mène pour les paysans, plus obscure, plus prosaïque, moins dramatique, n'en est pas moins aussi importante – et aussi significative du caractère de l'écrivain.

On ne rappellera pas les démêlés épiques de Voltaire avec les moines de Saint-Claude,[12] son inlassable campagne auprès du ministère pour obtenir des franchises pour son 'pays', on encore son combat pour l'affranchissement des serfs du Mont-Jura. La question des franchises surtout l'a obsédé, car un laboureur, 'après avoir payé la taille, le taillon, les aides et gabelles, le sou pour livre, la capitation et les vingtièmes, ne se trouv[e] pas puissamment riche au bout de l'année' (*Jeannot et Colin*, Bénac, p.129). Si les paysans sont par ailleurs 'imbéciles'

---

[12] dont un récit et une analyse fort complets ont été faits par Helen Hancock, 'Voltaire et l'affaire des mainmortables: un ultime combat', *Studies on Voltaire* 114 (1973), pp.79-98.

(entendons arriérés et débiles), c'est qu'ils sont 'trop négligés' (Best. D19378): c'est, encore une fois, la faute des Parisiens, qui ne font 'pas la moindre attention à ce qui peut faire le bonheur des provinces [. . .] on ne s'occupe [que] de souper et de dire son avis au hazard sur les nouvelles du jour' (Best.D17216). Voltaire revient d'ailleurs souvent sur le peu de cas qu'on fait à Paris du sort des paysans; cet abandon est d'autant plus injuste que, grâce aux paysans, les Parisiens vivent dans l'opulence; et quand c'est la crise, que le numéraire se fait rare et que l'économie est chancelante, il y aura toujours de l'argent à Paris, mais 'les peuples des campagnes n'en auront plus' (Best.D19779). En 1776, en composant son dernier écrit autobiographique, le *Commentaire historique sur les œuvres de l'auteur de la Henriade*, Voltaire y transcrit quelques passages des *Considérations sur le gouvernement* du marquis d'Argenson: c'est un tableau très sombre de la misère à la campagne et des malheurs des paysans (M.i.90). A ceux-ci, il ne reste plus qu'un privilège, celui de mourir 'avec une fermeté digne d'[. . .]éloges' (Best.D11864).

La campagne est donc, avant tout, utile. Sa raison d'être, la justification de sa dignité, est de fournir au bonheur des hommes. Mais en étalant ainsi ses richesses et en déversant à profusion les fruits de sa générosité, la campagne devient également belle. Voltaire le remarque quelquefois, de manière incidente; là, aucune commune mesure avec le lyrisme de Rousseau; le philosophe se contente de souligner que sa 'maison de campagne', près de Genève, a des 'environs [. . .] infiniment agréables, et où l'on jouit du plus bel aspect qui soit en Europe'.[13] Et sa seule contribution de quelque importance à la peinture des bois, des champs et des coteaux demeure son *Epître de l'auteur, arrivant dans sa terre, près du lac de Genève*.

> Que tout plaît en ces lieux à mes sens étonnés!
> D'un tranquille océan l'eau pure et transparente
> Baigne les bords fleuris de ces champs fortunés;

[13] *Commentaire historique* (M.i.97). Il précise en 1762: 'Je me fais à présent une espèce de parc d'environ une lieue de circuit et je découvre de ma terrasse plus de vingt lieues. Vous m'avouerez que vous n'en voyez pas tant de votre appartement de Versailles. Voyez donc comme j'irai à Paris au printemps prochain! Je me croirais le plus malheureux de tous les hommes si je voyais le printemps ailleurs que chez moi. Je plains ceux qui ne jouissent pas de la nature et qui vivent sans la voir. Chacun vante la retraite, peu savent y rester. Moi qui ne suis heureux et qui ne compte ma vie que du jour où je vis la campagne, j'y demeurerai probablement jusqu'à ma mort' (Best.D10825).

D'innombrables coteaux ces champs sont couronnés.
Bacchus les embellit; leur insensible pente
Vous conduit par degrés à ces monts sourcilleux
Qui pressent les enfers et qui fendent les cieux.[14]

Après quelques vers de la même facture, Voltaire se rabat bien vite sur un terrain qui lui est plus familier: l'évocation épique des héros qui hantèrent ces lieux, suivie d'un hymne exalté à la liberté.

Les années 1750 sont, à plus d'un titre, un tournant important dans le siècle. C'est alors que Rousseau, immédiatement acclamé et suivi, impose sur le devant de la scène la sensibilité, la vertu, la vie simple, le retour à la nature. Il s'agissait là de notions déjà plus ou moins diffuses. 'Primitivism encouraged the notion that the simple life in the midst of natural surroundings is more conducive to virtue than the over-refined atmosphere of the city, a view which appeared early in the works of Fénelon, Lamotte, and Prévost, and which was expressed with increasing frequency in the second half of the century' (Ridgway, p.10). A ces tendances quelquefois nébuleuses et souvent informulées, le génie de Rousseau donna immédiatement droit de cité.

Et pourtant, il est extrêmement curieux de constater que, très tôt dans sa vie, Voltaire a eu le pressentiment de cette révolution fondamentale. Il n'y est pas parvenu par un raisonnement abstrait, ni même en transposant dans son siècle ce que les grands auteurs classiques qu'il admirait, Virgile, Horace, avaient dépeint dans leurs poèmes. L'expérience personnelle vécue l'a, encore une fois, mené à des réflexions qu'il intégrera dans la trame de ses conclusions philosophiques ou sociales. Et plus l'expérience s'étendait et prenait de la densité, plus ses conclusions se faisaient claires et précises.

A l'âge de 21 ans, en 1715, il sait déjà qu'à la campagne il perdra 'tout le fiel dont [il se] nourri[t] à Paris' (Best.D28). A trente-et-un ans, le ton est désabusé et plus véhément (Best.D252):

ce qu'on apelle si faussement les plaisirs de la cour, ne vaut pas la satisfaction de consoler ses amis [...] je me suis trouvé presque toujours en l'air, maudissant la vie de courtisan [...] regrettant à mon ordinaire [...] votre campagne

---

[14] M.x.363. Lamartine a fait un vigoureux éloge de ce poème: 'Frappé de cette vue, il [Voltaire] éprouva plus qu'il ne l'avait éprouvé jusque-là la poésie de la nature inanimée. Il chanta son lac dans des vers inspirés où le génie du paysage et le génie de la liberté se confondaient pour exalter son âme au-dessus d'elle-même' (*Cours familier de littérature* (Paris 1856-1869), xxviii.239, cité in R. Ridgway, *Voltaire and sensibility*, p.83).

[...] Ah madame, je ne suis pas ici [à la cour] dans mon élément, aiez pitié d'un pauvre homme qui a abandonné la Riviere Bourdet sa patrie pour un pays étranger, insensé que je suis [...] Je songe à vous au milieu des occupations, des inquiétudes, des craintes, des espérances qui agitent tout le monde en ce pays cy.

La cour d'ailleurs lui 'a peut être ôté un peu de feu poétique'.

En 1738, ses *Discours en vers sur l'homme* marquent une étape importante dans cette réflexion. Le premier Discours, intitulé *De l'égalité des conditions*, évoque la dialectique du bonheur (*Mélanges*, p.212):

> On en peut dire autant du secret d'être heureux;
> Le simple, l'ignorant, pourvu d'un instinct sage,
> En est tout aussi près au fond de son village
> Que le fat important qui pense le tenir,
> Et le triste savant qui croit le définir.

Après l'énoncé théorique, l'exemple pratique: Colin et Perrette, son épouse, ont un sort rude, et travaillent intensément à défricher les champs: ils n'en sont pas moins heureux, et chantent, d'une 'voix fausse et rustique', leur plénitude; leur récompense est 'La paix, le doux sommeil, la force, la santé'; menez donc Colin à Paris; le fracas l'assourdit, il ne désire 'point ces plaisirs turbulents', il veut revenir aux champs. Damis, lui, petit-maître accompli, est haï de sa femme, trompé par sa maîtresse, et confond la 'volupté' avec le scandale et le bruit; Colin, épouvanté, s'en revient chez lui (*Mélanges*, p.21),

> Revole vers Lisette en la saison nouvelle;
> Il vient, après trois mois de regrets et d'ennui,
> Lui présenter des dons aussi simples que lui.
> Il n'a point à donner ces riches bagatelles
> Qu'Hébert vend à crédit pour tromper tant de belles;
> Sans tous ces riens brillants il peut toucher un cœur.
> Il n'en a pas besoin: c'est le fard du bonheur.

Ce Colin-là est déjà, sommairement, le Saint-Preux qu'épouvantera, vingt-trois ans plus tard, le 'fard' de Paris.

Mais au fil des événements et des tribulations, le grand concept dont Voltaire fera, après 1760, le fondement de sa vie et un des thèmes importants de sa correspondance, se dégage peu à peu: la solitude (et par conséquent la vie à la campagne) est plus compatible avec la vertu que la vie à Paris; la formulation en devient plus dense, et par un phénomène dont nous avons vu jusqu'à maintenant cent exemples, franchit le cadre de la correspondance pour s'affirmer dans l'œuvre (encore une fois en vers):

> Sous ses rustiques toits mon père vertueux
> Fait le bien, suit les lois et ne craint que les dieux.[15]

La campagne permet aussi une meilleure réflexion; elle est un ingrédient nécessaire dans l'alchimie de l'esprit; elle est 'plus propre pour le recueillement d'esprit que le tumulte de Paris' (Best.D6998); elle favorise donc l'éclosion des œuvres littéraires,[16] même si quelquefois le philosophe, excédé de 'l'yvroye' qu'il a récoltée à Paris, veut se détourner complètement d'écrire: 'La culture des champs est plus douce que celle des Lettres, je trouve plus de bon sens dans mes Laboureurs et dans mes vignerons, et surtout plus de bonne foi et de vertu, que dans les regrattiers de la Littérature, qui m'ont fait renoncer à Paris, et qui m'empêchent de le regretter' (Best.D8455). Bref, la 'vie frelatée' de Paris ne vaut assurément pas la 'vie pure' de la campagne.[17]

---

[15] *Mérope* (M.iv.214). La pièce est de 1743, au début de la période 'mondaine' de Voltaire.

[16] cette expérience fondamentale de Voltaire avait déjà été vécue par Boileau (*Epître VI*, p.98):

> Déjà, moins plein de feu, pour animer ma voix,
> J'ai besoin du silence et de l'ombre des bois.

[17] dans une lettre à d'Argental qui commence de manière gentiment humoristique et finit avec véhémence, Voltaire entremêle tous les thèmes et tous les griefs à l'égard de Paris: persécution, corruption des mœurs, esclavage: 'Nous déclarons plus sérieusement que nous ne serons jamais assez fou pour quitter notre charmante retraite; que quand on est bien, il faut y rester; que la vie frelatée de Paris n'approche assurément pas de la vie pure, tranquille et doucement occupée qu'on mène à la campagne; que nous faisons cent fois plus de cas de nos bœufs et de nos charrues que des persécutions de la philosophie et des belles lettres; que de toutes les démences, la démence la plus ridicule est de s'aller faire esclave quand on est libre, et d'aller essuyer tous les mépris attachés au plat métier d'homme de lettres, quand on est chez soi maître absolu; enfin, d'aller ramper ailleurs, quand on n'a personne au dessus de soi dans le coin du monde qu'on habite.

'Plus j'approche de ma fin [. . .] plus je chéris ma liberté' (Best.D8880). Quand Voltaire parle de la vie doucement occupée à la campagne, nous pouvons l'imaginer assez aisément par les mille descriptions que nous avons de sa vie à Ferney. On peut également demeurer rêveur devant l'évocation d'une vie parfaitement idyllique et naïve à la campagne, faite par un contemporain de Voltaire: Laurent de Franquières, un jeune gentilhomme, raconte: 'Nous passons donc ainsi dans la plus entière liberté les journées les plus agréables. Nous nous levons toujours à cinq heures du matin, nous déjeunons à sept, nous dînons avant midy et nous soupons à sept heures du soir; nous nous promenons ensuite à la fraîcheur jusqu'à dix heures, après quoi nous nous retirons dans nos appartements et nous nous mettons promptement au lit. L'après-dîner nous nous enfermons dans un salon très-frais, où nous passons quelques heures à jouer et à lire.' L'auteur donne ensuite une description détaillée de ses repas à la campagne, qui sont véritablement des festins gargantuesques (Anatole de Gallier, *La Vie de province au XVIIIème siècle* (Paris 1877), pp.58-59).

Ces quelques thèmes, ces quelques réflexions étaient fragmentaires et épars dans l'œuvre ou la correspondance. A partir de 1760, ils s'ordonnent et se gonflent de manière majestueuse, ils deviennent un fleuve qui charrie lettres, pamphlets, épîtres, articles de dictionnaire ou digression de conte. L'équation vie à la campagne=vertu devient une évidence pour Voltaire et un leitmotiv dans son œuvre. Cette évidence peut se refléter partout, dans les faits les plus curieux ou les plus anodins, et par exemple au détour du titre d'un opuscule. Quand Voltaire compose en 1761 ses *Entretiens d'un sauvage et d'un bachelier*, il met en scène deux personnages qui sont deux symboles: un sauvage de la Guyane, 'qui était né avec beaucoup de bon sens' (entendons un bon sauvage, et non une de ces brutes isolées que Voltaire croit découvrir dans l'œuvre de Rousseau), et un bachelier de Paris, condensé de tous les tics et de tous les travers de ses concitoyens. Le 'sauvage' triomphe aisément, dans ses entretiens, de l'hyper-civilisé. C'est que le sain d'esprit vient toujours à bout du pédant. Et ce 'sauvage'-là, pour appuyer ses raisonnements, n'a pas, comme son adversaire, le secours 'des rois [. . .], des spectacles, des couvents, des universités, [. . .] des bibliothèques et des cabarets' (*Mélanges*, p.429).

Les 'sauvages' ne peuvent être seuls, en ce domaine, les porte-parole de Voltaire. On risquerait de les soupçonner de prêcher pour leur paroisse. Un digne 'curé de campagne' vient donc répandre la bonne nouvelle. Ce Théotime est heureux de n'administrer qu'un petit troupeau, car il a des goûts simples, des ambitions simples, des recettes simples; bref, il veut mener une vie 'naturelle'; et il ne pourrait le faire s'il était nommé à la tête d'une paroisse urbaine. Son interlocuteur, Ariston, est ravi, car ce curé-là est vraiment un curé selon le cœur de Voltaire: 'Oh! le bon curé! le bon curé!' (*DP*, article 'Catéchisme du curé', pp.85-89), répète-t-il, enthousiaste.

Voltaire franchit bientôt un pas de plus; la nature, la campagne ne sont plus seulement synonymes de vertu; elles ont une dignité, une importance égale à celles des cours; cette importance est telle qu'elle mérite la consécration suprême, la consécration de la littérature; et sous sa plume se glisse une antithèse qu'on dirait sortie tout droit de la plume de Rousseau, l'opposition entre l'homme naturel et l'homme artificiel.

C'est une entreprise un peu téméraire d'introduire des pasteurs, des laboureurs, avec des princes, et de mêler les mœurs champêtres avec celles des cours [. . .]
    C'est ici, en quelque sorte, l'état de nature mis en opposition avec l'état de

l'homme artificiel, tel qu'il est dans les grandes villes. On peut enfin étaler dans des cabanes des sentiments aussi touchants que dans des palais.

On avait souvent traité en burlesque cette opposition si frappante des citoyens des grandes villes avec les habitants des campagnes; tant le burlesque est aisé, tant les choses se présentent en ridicule à certaines nations.

Voltaire n'hésitera pas quelquefois à faire un éloge dithyrambique de la nature. Il trouvera même, à l'occasion, des phrases où perce un certain lyrisme pour célébrer, 'la nuit [. . .] venue, l'atmosphère qui était une voûte d'azur transparent, semée d'étoiles d'or' (*Histoire de Jenni*, Bénac, p.540). Mais c'est le 'sauvage' naturel et vertueux qui continue à l'intéresser au plus haut point. Cet 'homme naturel idéal que s'est forgé Voltaire durant ses dix années de retraite, dans cette saine et robuste campagne du pays de Gex, pour l'imposer ensuite au monde' (Van Den Heuvel, *Voltaire*, p.297), c'est l'Ingénu. Ce conte est certes la quintessence et comme l'aboutissement à peu près définitif de la réflexion de Voltaire sur le parallèle entre la ville et la campagne, ou plus précisément l'état 'naturel' et l'état urbain. C'est un verdict somme toute équilibré, loin de toute outrance: ainsi, l'Ingénu n'abandonnera jamais la politesse, les bonnes manières, l'urbanité qui sont pour Voltaire une des principales conquêtes de la vie en société, et dont l'absence caractérise, selon lui, le 'sauvage' dépeint par Rousseau. Mais cet Ingénu est, en définitive, bien plus sympathique à Voltaire que tous les Français qu'il croise dans ses tribulations en Bretagne ou à Paris. Il a sur eux l'énorme avantage d'être sans préjugés, et de jouir d'une 'rectitude' totale 'd'entendement'. Et ce jugement sain lui fait condamner, en une phrase lapidaire, le pays ou il vient de débarquer: comparant, devant le janséniste Gordon qui partage sa cellule, ses 'compatriotes d'Amérique' avec les Français, il s'exclame: 'On les appelle *sauvages*; ce sont des gens de bien grossiers, et les hommes de ce pays-ci sont des coquins raffinés' (*L'Ingénu*, Bénac, p.249; souligné par Voltaire). C'est sans appel: le raffinement serait-il, pour Voltaire, consubstantiel à la coquinerie? Sans vouloir trancher dogmatiquement, on ne peut qu'être troublé de le voir accuser Paris d'être un 'beau contraste de splendeur et d'ordure', pour ajouter immédiatement que 'les campagnes sont plus simples et plus honnêtes' (Best.D16083). Il 'loue et révère' sa nièce, mme de Florian, ainsi que son mari, 'd'aimer la campagne, d'être détrompés des illusions de Paris, [. . .] et de sentir tout le néant du tumulte' (Best.D15410).

Les différences entre Voltaire et Rousseau sont multiples et faciles à cerner. Citons-en deux, qui intéressent plus particulièrement notre propos: Voltaire a toujours, inébranlablement, défendu l'importance de la connaissance, la primauté du savoir sur l'instinct;[18] et même quand il a chanté la vie à la campagne, le retour à la nature, il n'a jamais entendu par là un abandon de la science, de l'érudition ou de la culture; la meilleure démonstration qu'il en ait faite, c'est sa propre vie à Ferney, quand il organisait son temps de manière si studieuse.

Voltaire a ensuite, en nostalgique du grand siècle, révéré la politesse et les bonnes manières; il n'aurait par conséquent jamais accepté de participer à un repas comme celui de ces paysans du Valais que dépeint Rousseau dans sa *Nouvelle Héloïse*; ce qui est alors pour Rousseau de la simplicité de bon aloi devient pour Voltaire de la 'barbarie', terme qui à ses yeux doit vouer à l'exécration ceux qui ont le malheur d'en être affublé, et qui ne rappelle absolument en rien celui de 'sauvage'.[19]

Il est peut être plus intéressant de souligner en quoi, malgré les légendes et les traditions, le cheminement et les conclusions des deux auteurs ont été similaires. Nous avons vu comment, dès son plus jeune âge, Voltaire a pressenti le 'fiel', la corruption qui semble accompagner inéluctablement la vie à Paris. Rousseau aussi, très tôt, perçoit ce chancre: nous en trouvons l'écho dans ses premières pastorales.

Mais ensuite, comme pour Voltaire, l'expérience fut pour Rousseau le burin qui grava de manière indélébile les méfaits de Paris dans le vif de sa sensibilité. Et comme Voltaire, Rousseau a recherché un âge d'or qui soit une compensation à la corruption qu'il dénonçait; seulement, cet âge d'or avait pour Voltaire des limites historiques, et pour Rousseau le primitif 'état de nature'; mais tous les deux ont vu dans la campagne l'antidote par excellence à la corruption et aux misères de Paris.

[18] il n'a certes pas nié l'instinct, et lui a donné souvent une place d'une grande importance. Jean Ehrard fait remarquer que Voltaire, 'désormais soucieux d'édifier et de maintenir la morale naturelle tout autant que de combattre le "fanatisme"', a lutté non seulement contre l'infâme, mais pour l'instauration de la religion naturelle. Mais celle-ci 'est-elle la religion des premiers temps ou la religion raisonnable de l'humanité adulte? En réalité – et l'on retrouve ici le paradoxe essentiel de l'idée de nature – elle est à la fois l'une et l'autre; universelle dans le temps comme dans l'espace, primitive et toujours actuelle, c'est une donnée immédiate de la conscience aussi bien que le terme d'un raisonnement' (*L'Idée de nature en France dans la première moitié du XVIIIème siècle*, i.411).

[19] on peut encore ajouter que pour Rousseau la grande ville et l'amour sont antithétiques. Julie craint qu'à Paris l'amour que lui porte Saint-Preux ne s'affadisse. Voltaire n'a jamais pensé – ou jamais dit – une telle chose.

Pour Voltaire comme pour Rousseau, Paris était un 'désert', une 'illusion'; au milieu de la 'ville de bruit, de fumée et de boüe' qu'évoque Rousseau dans l'*Emile*, on est suprêmement solitaire. Saint-Preux l'affirme à Julie, et Voltaire à ses correspondants quand il se plaint que l'amitié est impossible à Paris. Cette 'solitude' que tous deux déplorent se manifeste également par la difficulté de communiquer. Saint-Preux, arrivant à Paris, découvre que le 'langage' des Parisiens lui est étranger, et Voltaire récrimine continuellement dans ses lettres parce qu'à Paris, on passe son temps à 'parler pour ne rien dire'.[20] Tous les deux sont, devant Paris, comme des entomologistes curieux: c'est un univers qui leur semble fascinant, et digne d'étude; Rousseau, lui, est né 'étranger' et a fait ensuite un choix conscient en devenant 'citoyen de Genève'; Voltaire, pour sa part, n'a pas cessé de poser à 'l'étranger' qui vient étudier cette ville curieuse: il est tour à tour Sirien, Perse, Russe, Wurtembourgeois, Asiatique.

Autant il est difficile de communiquer à Paris, autant, pour les deux écrivains, le calme de la campagne est propice à la conversation des cœurs et des esprits. A Clarens, Julie et Saint-Preux peuvent rester des heures silencieux: jamais ils ne se seront mieux dit leur amour; Voltaire pour sa part affirme à Cideville que c'est seulement à Rouen qu'il a pu converser avec lui, et il invite à Ferney les philosophes, et plus particulièrement un d'Alembert ou un Damilaville, pour mieux réfléchir ensemble sur la lutte contre l'infâme.

Le tumulte de Paris a une conséquence qui touche directement nos deux auteurs: il empêche de lire, et de goûter, l'œuvre littéraire. Rousseau le stipule expressément quand, dans sa 'Préface de Julie ou entretien sur les romans', il défend son roman d'amour (*NH*, p.745):

Plus on s'éloigne des affaires, des grandes villes, des nombreuses sociétés, plus [. . .] les livres peuvent avoir quelque utilité. Quand on vit isolé, comme on ne se hâte pas de lire pour faire parade de ses lectures, on les varie moins, on les médite davantage; et comme elles ne trouvent pas un si grand contrepoids au dehors, elles font beaucoup plus d'effet au dedans. L'ennui, ce fléau de la solitude aussi bien que du grand monde, force de recourir aux livres amusants, seule ressource de qui vit seul et n'en a pas lui-même. On lit beaucoup plus de

---

[20] cf. Marivaux: 'Mais, leur dis-je, [. . .] où est la fidélité, la probité, la bonne foi?' Ils [les Parisiens] ne m'entendent pas; ils ne savent ce que c'est que tout cela; c'est comme si je leur parlais grec [. . .] Ne valoir rien, tromper son prochain, lui manquer de parole, être fourbe et mensonger; voilà le devoir des grandes personnes de ce maudit endroit-ci' (Silvia, dans *La Double inconstance*, acte II, scène i. *Théâtre complet*, i.278).

romans dans les provinces qu'à Paris, on en lit plus dans les campagnes que dans les villes, et ils y font beaucoup plus d'impression: vous voyez pourquoi cela doit être.

Quant à Voltaire, c'est des dizaines de fois qu'il dira (surtout, fait curieux, quand il est encore très jeune, entre 1718 et 1730) que c'est à la campagne seulement qu'on peut avoir une 'conversation avec nos amis Horace et Virgile'. C'est des dizaines de fois qu'il répétera que ses pièces sont mieux 'appréciées', mieux senties en province qu'à Paris. C'est des dizaines de fois qu'il affirmera que ses tragédies sont mieux interprétées, avec plus de 'sensibilité', à Tournay ou à Ferney qu'à Paris. C'est que, pour les deux écrivains, non seulement on 'sent' mieux à la campagne, mais il semble même qu'on 'pense' mieux loin du 'fracas' parisien; Voltaire le dit en toutes lettres dans sa correspondance, ce à quoi Rousseau semble faire écho: 'Or le tumulte des grandes villes et le fracas du grand monde ne sont guéres propres à l'éxamen, les distractions des objets extérieurs y sont trop longues et trop fréquentes.'[21]

Enfin, le parallèle le plus important est celui que les deux dressent entre la ville corrompue et la campagne pure. Paris, ville des masques et ville de l'apparence, pour les deux; la campagne, plus propice à la vertu; le 'petit-maître', prototype du citadin, à la conscience fardée comme le visage; et les paysans qui, selon le mot de Voltaire, sont 'plus honnêtes'.

Evoquant Rousseau et Béat de Muralt, auteur des *Lettres sur les Français et les Anglais et sur les voyages*, Arthur Ferrazzini écrit: 'Ni Muralt ni Rousseau, au terme de leur expérience parisienne, ne verront un moyen de réformer les mœurs qu'ils critiquent [...] Par une démarche double, personnelle et philosophique, nous verrons leur critique des mœurs françaises amener sa contrepartie positive: la retraite à la campagne et la mise au point d'un idéal de vie fondé sur d'autres rapports sociaux.'[22] Ce jugement, à une restriction près, peut également s'appliquer à Rousseau et Voltaire. Le patriarche de Ferney, qui n'a jamais voulu sciemment faire œuvre de moraliste ou de sociologue, n'a jamais recherché activement les moyens de 'réformer les mœurs' qu'il critique; mais, à l'instar de Rousseau, il ordonne peu à peu une expérience personnelle pour en tirer une réflexion philosophique qui débouche

---

[21] lettre provisoirement datée de l'été 1738. Cf. Christie Vance McDonald, *The Extravagant shepherd, a study of the pastoral vision in Rousseau's* Nouvelle Héloïse, Studies on Voltaire 105 (1973), p.105.

[22] *Béat de Muralt et Jean-Jacques Rousseau,* p.109, cité par Vance McDonald, *The Extravagant shepherd,* p.95.

clairement, après 1760, sur la primauté d'un style de vie qu'il prône avec enthousiasme: la retraite à la campagne où les rapports sociaux sont plus 'naturels', et où la vie, plus calme, plus harmonieuse, plus pure, est aussi plus productive et plus utile. Et l'un des paradoxes – et non le moindre – est de réaliser que, si nous faisons abstraction de la jeunesse de Rousseau, nous constaterons qu'à partir du moment de son arrivée à Paris, et toutes choses par ailleurs égales, le philosophe de Genève, 'l'étranger' Rousseau, a vécu bien plus longtemps à Paris, ou dans sa périphérie immédiate, que l'ermite de Ferney, le 'Parisien' Voltaire.

14

Le zoo humain, ou l'enfance cruelle

∼∼∽❦∼∼

LORSQUE l'on évoque aujourd'hui Paris, toute une galerie d'images, toute une cascade de clichés déferlent dans l'esprit. Peu de villes ont un pouvoir évocateur aussi précis et aussi stable. La légende de Paris est tenace. Elle se compose d'éléments qui se transmettent de générations en générations de manière presque inchangée; le passage des ans, l'accélération du progrès, la chute des systèmes politiques, rien n'y fait: une fois retombée la poussière de l'histoire, Paris se détache toujours dans l'imagination sur un fond de Montmartre et de Rive gauche, au son d'un bal musette, dans le frou-frou chatoyant des élégantes, au milieu de lourds, capiteux et sensuels parfums. Paris est gai, Paris est léger, Paris est corrompu, Paris est superficiel; Paris, c'est la 'joie de vivre', le plaisir à fleur de peau, tous les problèmes ramenés à l'épiderme; Paris est trouble, attirant, inquiétant parfois – en tout cas déliquescent.

Ce qui est remarquable, c'est que cette réputation (méritée ou non, tel n'est absolument pas notre propos) remonte souvent à Voltaire et à ses écrits. L'image que le philosophe avait (ou qu'il voulait donner) de Paris, portée par sa correspondance, s'est imposée à un certain nombre de ses contemporains. Bien d'autres auteurs ont longuement parlé de Paris; bien des penseurs l'ont fait de manière plus systématique et plus scientifique que Voltaire; bien des écrivains français ont surtout décrit et analysé Paris de manière objective, contrairement à Voltaire qui en a surtout donné une image assez décousue, et somme toute impressionniste; bien des personnalités de génie ont eu une vision, une perception particulière de Paris, et nous l'ont restituée avec bonheur: pensons à Boileau, pensons à Montesquieu, à Rousseau, à Louis Sébastien Mercier, à Balzac, à Zola. Mais le Paris insouciant dont nous esquissions plus haut l'ébauche n'est exclusivement ni le Paris des *Lettres persanes*, ni celui de la *Comédie humaine*, ni celui des *Rougon-Macquart*; toutes ces œuvres et tous ces écrivains ont fourni des éléments dans l'élaboration du mythe de la capitale française; Balzac surtout, dans le creuset de son génie, en a fixé les caractères essentiels; on y retrouve pourtant, dans une large mesure, le Paris qu'à travers le prisme de ses déceptions, de ses déboires, de ses amertumes, de ses exaltations, de ses préventions et du démon de l'outrance qui l'habitait, Voltaire a peu à peu façonné et propagé, au gré de sa correspondance et de ses pamphlets, aux quatre coins de l'Europe. Serrons donc d'assez près l'image de ce Paris conventionnel, et nous retrouverons, comme en un écho légèrement déformé mais aussi singulièrement amplifié, la voix et la plume de Voltaire.

Malgré son goût de la concision et du burinage minutieux, le philosophe s'est laissé quelquefois aller au plaisir de peindre quelques fresques rassemblant des 'types' parisiens. D'un trait, d'un détail de l'habit, du langage ou de la mine, un personnage est saisi dans son attitude préférée, souvent la plus grotesque. Cet art minutieux, malgré cette apparence de royale facilité qui désespère tous ceux qui tentent d'imiter Voltaire, n'est pas loin de rappeler celui de La Bruyère – et toute la tradition des moralistes français qui, d'un trait de plume, immortalisent un caractère, un tic, un travers. Parcourons quelques-unes de ces galeries où Voltaire révèle un de ses talents, et non le moindre, d'autant plus curieux qu'on le lui a longtemps nié, son œil narquois d'ethnologue.

Suivons à la trace, encore une fois, le Scythe Babouc. Dans le premier 'temple' de Persépolis où il pénètre, il remarque l'air hébété' de la foule, les femmes qui 'se mettaient à genoux en faisant semblant de regarder fixement devant elles, et en regardant les hommes de côté'.

Bientôt, Babouc se retrouve chez une 'dame' dont le mari est à la guerre, mais qui 'parlait [...] tendrement [...] sur la fin du repas, à un jeune mage'. Ce prêtre dont Voltaire fustige ainsi le laxisme moral a bien des traits du type parisien par excellence, ce 'petit-maître' que l'écrivain traque dans toutes les classes sociales, et peut-être plus encore chez les 'abbés' qui pullulent dans les antichambres des riches Parisiens. Admirons ensuite ce court et éloquent croquis, qui est du pur Fragonard: 'Il vit un magistrat qui, en présence de sa femme, pressait avec vivacité une veuve; et cette veuve indulgente avait une main passée autour du cou du magistrat, tandis qu'elle tendait l'autre à un jeune citoyen très beau et tres modeste.' Nous faisons ensuite connaissance avec le 'directeur' de la femme du magistrat, 'homme éloquent' qui s'isole pour parler à sa dirigée avec 'tant de véhémence et d'onction' que la dame en est toute bouleversée, 'les yeux humides, les joues enflammées, la démarche mal assurée, la parole tremblante'.

L'avocat apparaît à Babouc sous les traits d'un 'homme grave, en manteau noir'. Le financier est un 'gros homme' qui salue 'très familièrement toute la compagnie'. Le prédicateur 'se passionn[e] froidement et sort [. . .] suant et hors d'haleine'. 'L'archimandrite', prieur probable d'une grosse abbaye, a 'cent mille écus de rente pour avoir fait vœu de pauvreté' et exerce 'un empire assez étendu en vertu de son vœu d'humilité'. Quant aux 'lettrés', ils ont la palme dans ce panthéon de l'hypocrisie et de la vulgarité: ils 'se press[ent] de manger et de parler; ils lou[ent] deux sortes de personnes, les morts et eux-mêmes, et jamais leurs contemporains, excepté le maître de la maison. Si quelqu'un d'eux di[t] un bon mot, les autres baiss[ent] les yeux et se mord[ent] les lèvres de douleur de ne l'avoir pas dit [. . .] Chacun d'eux brigue une place de valet et une réputation de grand homme; ils se dis[ent] en face des choses insultantes, qu'ils cro[ient] des traits d'esprit' (Bénac, pp.66-80, *passim*). En accablant ainsi de ses sarcasmes les classes sociales, Voltaire prenait ses exemples surtout à Paris; la stratification sociale n'est nulle part plus nette que dans la capitale; les classes sociales, avec leurs fonctions et leurs caractères particuliers, y étaient plus qu'ailleurs clairement déterminées.

Babouc, dans sa promenade à travers Persépolis, dévoile déjà les principaux types contre lesquels Voltaire aiguisera toujours sa plume: le lettré, le financier, les 'dames' de vertu plus ou moins petite, le directeur de conscience, les abbés de tous rabats, les hommes de loi de tout poil. On notera déjà que le 'type' du Parisien n'est pas précisément un 'caractère' à la mode de La Bruyère, mais le plus souvent le porte-étendard d'une profession ou d'une fonction. Comme si la profession faisait le personnage, et l'habit le moine. Nous verrons qu'aux yeux de l'écrivain les hommes de loi, par exemple, se caractérisent toujours par leur 'manteau noir', formant ainsi une longue théorie de personnages sinistres et équivoques, dont la seule apparition, comme celle des corbeaux noirs battant de l'aile, laisse déjà présager l'imminence des malheurs. De même, les 'directeurs' sont toujours pour Voltaire des 'véhéments' qui veulent s'isoler avec leur dirigée, pour mieux et plus commodément la chapitrer sur le bien et sur le mal.[1] L'envieux, pour Voltaire, ne se retrouvera pas à tous les échelons de la société de Paris;

[1] cette dénonciation des mœurs des directeurs de conscience est fort répandue au dix-huitième siècle. Diderot, par exemple, dans la présentation de ses *Bijoux indiscrets*, demande à sa lectrice Zima de ne pas laisser son directeur lui 'interpréter' les 'discours du Bijou voyageur' (*Œuvres romanesques*, éd. Paul Vernière (Paris 1963), p.1.)

on le rencontrera surtout chez les hommes de lettres, dont cela semble être un trait distinctif, exactement comme de barbouiller du papier. Plus qu'une coupe verticale, c'est plutôt en tranches longitudinales homogènes que Voltaire nous débite peu à peu la société de Paris.

Candide, qui arrive à Paris quelque vingt ans après que Babouc ait quitté Persépolis, rencontre les mêmes personnages: les médecins 'qu'il n'avait pas mandés', les dévotes (pour Voltaire comme pour Molière, plus que d'un trait de caractère, il s'agit là d'une profession – et fort absorbante au demeurant), les jansénistes qui viennent 'avec douceur lui demander un billet payable au porteur pour l'autre monde', les abbés 'serviables, effrontés, caressants, accommodants', qui veulent servir d'entremetteurs aux étrangers, les 'beaux esprits', pédants insoutenables, le lettré qui 'hait quiconque réussit, comme les eunuques haïssent les jouissants', les joueurs, 'tristes pontes [. . .] la pâleur sur le front', le théologien, 'ennuyeux mortel [. . .] qui discute pesamment' (Bénac, pp.190-98, *passim*).

Mais ces personnages que Babouc et Candide rencontrent dans leurs pérégrinations font partie d'un tableau plus vaste, d'un ensemble où la mise en relief des types parisiens ne tient qu'une place secondaire et somme toute anecdotique. Aussi Voltaire a-t-il éprouvé quelquefois l'envie de faire systématiquement des 'tableaux' parisiens, où nulle intention philosophique ne vient masquer ou assourdir l'ironie qui cingle la 'société' et le 'beau monde'.

Dans son *Epître à madame Denis*, nous voilà à nouveau sur la piste de 'l'indolente Glycère', courtisane à la cervelle d'oiseau, étouffant dans son ennui, dans l'insipidité de sa conversation, dans les corsets qui emprisonnent son corps. Mais bientôt entre le 'vrai maître du logis', 'monsieur l'abbé / Fade plaisant, galant escroc, et prêtre'. Voilà que pointe à l'horizon l'inquiétante silhouette d'un 'fat en manteau noir', cet avocat que nous avons déjà entrevu, et que suit immédiatement un autre singulier spécimen de la faune parisienne, un 'officier', matamore grotesque, qui fait longuement état d'exploits imaginaires que personne n'écoute. Ensuite

> Arrive Isis, dévote au maintien triste
> A l'air sournois: un petit janséniste
> Tout plein d'orgueil et de saint Augustin
> Entre avec elle, en lui serrant la main.

Le long défilé se poursuit, et chaque état vient ajouter une nuance différente, une couleur ou plus vive ou plus sombre, un trait ou risible ou inquiétant à tous ces personnages qui s'entassent comme en un tableau de genre: les 'Nobles, bourgeois, clerc, prélat, petit-maître / Femme surtout' (M.x.344-48, *passim*), papillonnent dans une ambiance fausse et bruyante.

En 1761, Voltaire compose une fable pleine de verve, *Les Chevaux et les ânes, ou étrennes aux sots*. L'histoire est courte: un Grec borné, se fiant aux belles promesses de son âne Bathos, veut, monté sur lui, faire la course avec un 'beau cheval de Thrace': la course risible fait la joie de la 'Grèce [...] railleuse'. La leçon est simple, et s'adresse à tous ceux qui veulent briguer la gloire, ou donner des lauriers: 'Distinguez bien les ânes des coursiers', car 'Vous avez plus d'un Bathos en France'. Voltaire esquisse ensuite le rapide portrait de tous les 'Bathos' de 'Paris [...] notre immense ville, [...] en sots toujours fertile'. En tête de ceux-ci, à tout seigneur tout honneur, viennent les 'faux talents', écrivaillons de tous bords, 'hardis, effrontés / Souples, adroits, et jamais rebutés'; parmi eux, Voltaire fait un sort spécial à

> ces gredins qui, d'un air magistral,
> Pour quinze sous griffonnant un journal,
> Journal chrétien, connu par sa sottise,
> Vont se carrant en princes de l'Eglise;
> Et ces faquins qui, d'un ton familier,
> Parlent au roi du haut de leur grenier.

Ensuite, chaque catégorie de 'Bathos' a sa pleine ration de sarcasmes: les 'étourdis calculants en finance', les 'bourgeois', le 'dévot', le 'robin', le 'moine fier', l'"avocat verbeux', les 'gens de greffe', etc. (M.x.132-36, *passim*).

Voltaire se complaît souvent à peindre cette société sur le vif, dans des attitudes qui lui sont familières; et encore une fois c'est le souvenir de La Bruyère qu'il faut évoquer ici. Deux de ces 'situations' où Voltaire semble avoir trouvé la quintessence de l'activité parisienne sont le 'souper' et la 'conversation', deux moments forts pour le petit maître.

Le souper à Paris! Sous la plume de Voltaire, il devient presque homérique! Il est le symbole même de ce 'vide', de cette perte de temps qu'il dénonce. Ce n'est pas que Voltaire n'en puisse goûter les plaisirs. Le moment du souper est un moment essentiellement 'gai' et cette gaîté dépend encore plus des convives que de la richesse du menu, puisque les Parisiens sont capables de faire des 'soupers [...] aussi gais avec de la vaisselle de terre qu'avec celle d'argent'.[2] Et en 1749 il approuve même un riche bourgeois qui accorde une importance primordiale aux choses de la table:

On loua beaucoup votre cuisinier, et on avoua que vous aviez raison de lui donner quinze cents francs de plus que ce que vous donnez au précepteur de monsieur votre fils, et près de mille francs au-delà des appointements de votre secrétaire. Quelqu'un de nous fit réflexion qu'il y avait dans Paris cinq ou six cents soupers qui ne cédaient guère au vôtre. Cette idée ne vous déplut point: vous n'êtes pas de ceux qui ne voudraient qu'eux d'heureux sur la terre.[3]

De même, un souper peut être une occasion idéale pour se rapprocher de ses amis; le souper peut ainsi devenir un ingrédient essentiel dans le renforcement et la préservation de la vertu première, l'amitié (cf. Best. D3753a, à Marmontel). Enfin, il vaut mieux 'souper en bonne compagnie que [faire] des réflexions',[4] que se claquemurer dans un stoïcisme hautain, ou se livrer à la pire des perversions mentales, la spéculation métaphysique.

Mais ce sont là de maigres contrepoids aux charges continuelles dont Voltaire accable par ailleurs le souper. On s'y trouve avec des 'gens qu'on fait semblant d'aimer' (Best.D8039), puisque ce sont souvent des 'parasites'. On y pérore sans arrêt pour, littéralement, ne rien se dire. Une chaleur animale annihile nos réflexes, le sang revivifié remonte les 'ressorts de l'homme machine', et 'l'estomac gouverne la cervelle' (*Epître à madame Denis*, M.x.346-47); tout le monde parle alors sans s'entendre. Un 'disciple' de Voltaire, Marmontel, se trouve également, après le succès de sa première tragédie *Denys*, 'emporté dans le tourbillon de Paris': 'Tous les jours invité à des dîners, à des soupers, dont les hôtes et les convives m'étoient également nouveaux, je me laissois comme enlever d'une société dans une autre, sans savoir bien souvent où j'allois ni d'où je venois: si fatigué de la mobilité perpétuelle de ce spectacle que, dans mes moments de repos, je n'avois plus la force de m'appliquer à rien.'[5]

---

[2] Best.D8550. Cf. également: 'L'union, la gaieté, l'esprit et les grâces furent l'âme de ce repas' (*Vision de Babouc*, Bénac, p.79).

[3] *Lettre à l'occasion de l'impôt du vingtième* (M.xxiii.305-306).

[4] Best.D2969, à l'abbé d'Olivet (8 mai 1744). Cette lettre se situe dans le contexte de la polémique entre Voltaire et son ancien maître sur le luxe et l'austérité, et est donc dans le prolongement des remous suscités par *Le Mondain*.

[5] *Mémoires*, éd. Maurice Tourneux (Paris 1891), i.182.

Candide aussi doit faire, en sus de tous ses malheurs, cette expérience; il participe à 'un souper [qui] fut comme la plupart des soupers de Paris: d'abord du silence, ensuite un bruit de paroles qu'on ne distingue point, puis des plaisanteries dont la plupart sont insipides, de fausses nouvelles, de mauvais raisonnements, un peu de politique, et beaucoup de médisance' (Bénac, p.193).

La seconde occupation des Parisiens est la conversation, qui d'ailleurs est très souvent liée au souper, puisque celui-ci est le prétexte de celle-là. Voltaire rappelle que 'mylord Bollinbroke apellait [Paris] la ville causeuse' (Best.D15738). Il l'approuve totalement, puisque l'étymologie de Babylone, qui n'est autre que Paris, est 'babil'. A en croire Voltaire (*Epître à madame Denis*, M.x.346), la capitale de la France ne serait qu'une immense volière où

> D'autres oiseaux de différent plumage
> Divers de goût, d'instinct et de ramage,
> En sautillant font entendre à la fois
> Le gazouillis de leurs confuses voix;
> Et dans les cris de la folle cohue
> La médisance est à peine entendue.

On rencontre là un vieil avare qui plaint le pays surchargé de taxes, gémit sur le sort des campagnes et sable le champagne. L'abbé veut raconter une histoire que personne ne croit; tout le monde interrompt tout le monde, et chacun à son tour veut prendre la parole (M.x.347):

> De froids bons mots, des équivoques fades,
> Des quolibets, et des turlupinades,
> Un rire faux que l'on prend pour gaîté
> Font le brillant de la société.

Zadig, qui est un sage, veut fuir la société de Babylone. Il ne peut s'habituer à 'ces propos si vagues, si rompus, si tumultueux, à ces médisances téméraires, à ces décisions ignorantes, à ces turlupinades grossières, à ce vain bruit de paroles, qu'on appelait *conversation* dans Babylone' (Bénac, p.2, souligné par Voltaire). Bref, 'Paris est plein de langues et d'oreilles, mais pour de bons yeux il n'y en a guères.'[6] Il faut croire que ces critiques de Voltaire ne réussirent pas à changer grand-chose à ce trait parisien, puisque, douze ans après sa mort, un autre auteur reprend les mêmes critiques. Louis Sébastien Mercier, dans son *Tableau de Paris*,

---

[6] Best.D19710. Cf. également Best.D10608, D19827.

établit le même lien quasi organique entre souper et conversation; il dénonce l'inutilité de celle-ci; il est sensible, comme Voltaire, à la 'médisance' qui en forme l'essentiel; et surtout, comme le philosophe, il ne trouve dans la conversation de Paris que faussetés, mensonges, relativisme, bref le 'masque' qu'on retrouve de Marivaux à Rousseau, en passant par Restif de La Bretonne, Crébillon fils et Voltaire: 'Avec quelle légéreté on ballotte à Paris les opinions humaines! Dans un souper, que d'arrêts rendus! On a prononcé hardiment sur les premieres vérités de la métaphysique, de la morale, de la littérature & de la politique: l'on dit du même homme, à la même table, à droite qu'il est un aigle, à gauche qu'il est un oison. L'on a débité du même principe, d'un côté qu'il étoit incontestable, de l'autre qu'il étoit absurde. Les extrêmes se rencontrent, & les mots n'ont plus la même signification dans deux bouches différentes.'[7]

Au fond, ce que Voltaire reproche surtout à la conversation des Parisiens, c'est qu'elle soit, comme l'amour-propre, une 'outre gonflée d'air', que la moindre piqûre dégonfle. Autrement dit, en dépit d'un impressionnant cliquetis de mots, 'on veut penser, et l'on ne pense rien'. Là encore, la boucle de la dénonciation est bouclée: c'est le vide, l'inutilité des propos qui horripilent le plus le philosophe; il a donné lui-même une éclatante illustration de cette phobie du 'ramage' indistinct: quand sa nièce quitte Ferney pour Paris en 1768, il décide que, dorénavant, on ne parlera plus à sa table; il impose silence aux cinq ou six intimes qui vivent avec lui à longueur d'année à Ferney; et pendant tout le repas, il se fait lire des ouvrages sérieux (Best.D15503); en racontant sa décision dans ses lettres à madame Denis, il n'est pas peu fier de rappeler qu'il adopte ainsi une coutume de moines!

Voltaire aimait, avons-nous dit, décrire les Parisiens selon leur état. On peut dégager des monographies assez substantielles des principales professions qui se partageaient la faveur de la bourgeoisie, grande et petite, de Paris. On pourrait, par exemple, rappeler l'infernal et comique tableau qu'il a fait de 'l'homme de lettres' professionnel, sa bête noire préférée. Nous nous arrêterons, pour notre part, sur le sort que Voltaire a fait à la Parisienne, qui occupe, dans sa perception de la société, une place spécifique, à l'égal de l'écrivain, de l'homme de loi ou du financier. Comme si être une femme devenait une profession!

[7] *Tableau de Paris* (Amsterdam 1782), i.28.

Le portrait que le poète fait des Parisiennes n'est guère flatté, c'est le moins qu'on puisse dire. Elles sont en continuelle représentation, et, au milieu des malheurs publics, elles continuent d'aller 'parer les loges' (Best.D5933) de l'opéra ou des théâtres. Elles tiennent, dans la cacophonie de la 'conversation' parisienne, une place de choix: 'antiques mijaurées, jeunes oisons ou bégueules titrées',[8] elles piaillent sans arrêt, 'disant des riens', ce qui ne les empêche pas de tricher au jeu! Elles sont d'ailleurs railleuses, sans pitié, méchantes mêmes! (*Memnon*, Bénac, p.83). Ce qui permet à Voltaire, l'âme en paix, de les traiter d'un peu haut. Le noble Pococuranté, ce vertueux sénateur de Venise, se fait son interprète: 'je suis bien las des dames de la ville, de leurs coquetteries, de leurs jalousies, de leurs querelles, de leurs humeurs, de leurs petitesses, de leur orgueil, de leurs sottises, et des sonnets qu'il faut faire ou commander pour elles' (*Candide*, Bénac, p.204). Voltaire peut même, à l'occasion, être grossier: 'la plupart [des] parisiennes' sont 'un gros cochon, Monsieur' (Best.D9138), et l'on ne sait exactement s'il fait ainsi allusion à leur être moral ou à leur être physique! Et pour terminer ce rapide survol de l'opinion de Voltaire sur les Parisiennes, l'on n'est pas peu étonné de le voir leur adresser un reproche toujours d'actualité: il se plaint qu'elles n'allaitent pas leurs enfants, et 'loue [le] beau dessein' de celles qui, bravant le monde, veulent nourrir leurs nouveaux-nés (Best.D17439).

Et si, au-delà de ces rapides croquis des Parisiennes, des lettrés, des dévots ou des financiers, l'on tentait de dégager ce qui, pour Voltaire, est l'essence même de la société parisienne? Si l'on tâchait de déterminer ce qui est commun aux dévots et aux dames comme aux financiers et aux lettrés? Il est certain que, pour Voltaire, il a existé une entité spécifique, vivante, caractérisée, qui était la société parisienne, ou un Parisien moyen qui synthétisait tous les travers et les ridicules, et aussi toutes les qualités de ses concitoyens.

S'il fallait caractériser d'un mot ce Parisien moyen, on dirait que c'est un grand enfant. Il en a toute la vivacité et tous les défauts. Il aime énormément s'amuser et ses hochets préférés sont des 'romans nouveaux et des opera comiques'.[9] Si on lui donne au surplus du 'pain

---

[8] *Epître à madame la marquise Du Châtelet sur la calomnie* (M.x.284). L'*Epître* est de 1733.

[9] Best.D18021. Cf. également *Jeannot et Colin*: 'Faites des romans, [...] dit un bel esprit qui était là; c'est une excellente ressource à Paris' (Bénac, p.135).

blanc' (Best.D16983), il est heureux et n'en demande pas plus. Pardon! j'allais oublier: il songe aussi à ses 'rentes et à ses maîtresses'. Il est exalté et excessif: il passe son temps 'à élever des statues et à les briser, [...] à sifler et à battre des mains' (Best.D7619). Il est très influençable et adopte facilement la première opinion venue; ce n'est guère étonnant quand on sait que 'trois ou quatre personnes suffisent pour faire tourner les girouettes de Paris' (Best.D19489). Sa crédulité lui fait commettre des bourdes énormes: la moindre rumeur qui court la ville grandit, s'enfle, devient tempête; un simple accrochage entre patrouilles russes et prussiennes pendant la Guerre de Sept ans devient à Paris une bataille homérique: voilà bien la naïveté bornée de notre Parisien, qui croit 'qu'on s'égorge tous les jours, comme les petites filles croient que les hommes bandent toujours!'[10] C'est bien là également cette indéracinable propension de notre Parisien à l'exagération (*Le Siècle de Louis XIV*, M.xiv.254); bref, pour tout dire, les habitants de la grande ville sont des 'marionettes des boulevards' (Best.D19117).

Notre Parisien est donc insouciant, gai, influençable, exalté. La mode 'lui tient lieu de raison'. Et comme il est oisif, il a beaucoup de temps à consacrer à des futilités: il a le temps qu'il faut pour mettre son nez partout, pour fouiner partout; il a fait de sa ville 'la capitale de la curiosité' (Best.D17346). Ce sont là certes de détestables défauts, mais qui, finalement, n'ont pas de conséquences tragiques, du moins à l'échelle sociale. Voltaire poursuit, en effet, son analyse du caractère parisien par la constatation qui revient le plus souvent sous sa plume: les Parisiens sont cruels, en dépit de leur gaîté; un enfant peut être cruel, cela tire peu à conséquence, car il n'a aucun moyen de traduire sa cruauté dans la réalité; mais quand on est adulte, et cruel comme un enfant, le résultat peut être terrifiant. Pour Voltaire, cette cruauté des Parisiens n'est pas une vue de l'esprit: elle se concrétise dans les tracasseries et les persécutions que s'infligent mutuellement les jansénistes et les molinistes; elle est encore plus horrible quand les fanatiques de tous bords s'unissent pour accabler d'autres citoyens; le cas-type en est le procès du chevalier de La Barre, et l'horrible supplice qui lui est infligé; Voltaire ne cessera de dire, à ce propos, que cette sauvagerie éclaire bien le caractère des Parisiens, et que, dans une autre ville, on n'aurait pas osé se rendre à de pareilles extrémités.[11] Il rappelle

---

[10] Best.D7887. Cf. également: 'tous tant que vous êtes à Paris, je vous ai comparés aux petites filles, qui s'imaginent que les hommes sont toujours debout' (Best.D7890).

[11] voir, parmi maintes allusions au supplice de La Barre, *La Princesse de Babylone* (Bénac, p.392).

d'ailleurs chaque année, à ses connaissances et à ses amis, le souvenir de la Saint-Barthélemy, manifestation exemplaire, si l'on ose dire, de la cruauté des Parisiens; il en souffre littéralement dans sa chair, puisque chaque année, au jour anniversaire du massacre, une forte fièvre le terrasse invariablement; le meurtre du maréchal d'Ancre, dont le cœur tout palpitant fut dévoré par la populace, est également une pièce importante dans son réquisitoire contre la cruauté des Parisiens; et comme ceux-ci ne peuvent tous les jours dévorer un seigneur fraîchement occis, leur cruauté latente se devine dans l'indifférence paisible avec laquelle ils accueillent l'annonce des calamités qui accablent partout l'homme; il frémit, quand 'Lisbonne est détruit', de voir que l''on danse à Paris'; d'ailleurs, les tremblements de terre semblent particulièrement peu propices à émouvoir les Parisiens: 'La gaieté de la nation semble inaltérable. On aprend à Paris le tremblement de terre qui a bouleversé trente lieues de païs à St Domingue, on dit, C'est dommage, et on va à l'opéra. Les affaires les plus sérieuses sont tournées en ridicule' (Best. D16575). D'ailleurs, pour le philosophe, les Parisiens ne s'émouvraient même pas si le ciel leur tombait sur la tête: 'Il y a des horreurs qui sont ignorées dans Paris où l'on ne s'occupe que de frivolités, de mensonges, de calomnies, de tracasseries, et d'opéras comiques. Tout le reste est étranger aux parisiens. Si on aprenait à dix heures du matin que la moitié du globe a péri, on irait à cinq heures au spectacle, et on arrangerait un souper' (Best.D19385).

En réalité, on aura remarqué que cette cruauté n'est que la manifestation extrême d'un autre travers des Parisiens: leur légèreté d'esprit. Celle-ci se traduit décidément par des chansons, comme si les Parisiens n'étaient que d'éternels, d'intarissables Gavroches. Résumant la situation de son pays en 1758, Voltaire note que les armées ennemies pourchassent les Français partout, qu'on leur a pris des vaisseaux, que les Prussiens assiègent une de leurs places fortes, que les Anglais menacent directement La Rochelle; mais 'le gouvernement fait de nouveaux emprunts, et Paris fait des chansons'.[12] Treize ans plus tard, grande affaire en politique intérieure: le roi dissout les parlements, à l'instigation du chancelier Maupeou: 'On était consterné dans Paris à Midy; on dansait à 8 heures du soir' (Best.D16996). Aussi Voltaire s'étonne-t-il que l'empereur Julien trouvât les Parisiens sérieux; il en infère qu'ils ont bien changé depuis! Il passe de l'horreur à l'agacement,

---

[12] Best.D7710. Voir également *Jeannot et Colin* (Bénac, p.133) et *La Princesse de Babylone* (Bénac, p.391).

de l'agacement à l'indulgence: il est vrai qu'on s'entretient 'à Paris plus volontiers de médisance, de calomnie, de vers satiriques, que d'un ouvrage utile. Cela doit être ainsi. Ce sont les bouteilles [bulles] de savon du peuple d'enfans malins qui habitent [cette] grande ville' (Best. D15 31). Or, quand on est un peuple de grands enfants, on fait des ouvrages d'enfants, on s'occupe de questions enfantines, on nage dans l'irréalité. L'ironie voltairienne, s'exerçant sur le dos des Parisiens, est quelquefois terrible, et plus ravageuse que toutes les charges et toutes les imprécations. Il félicite un jour Catherine II des victoires continuelles que les armées russes remportent sur les troupes du Sultan; ensuite, le plus simplement du monde, il fait à l'impératrice la chronique rapide des 'exploits' de sa 'patrie'.

Je veux aussi, Madame, vous vanter les exploits de ma patrie. Nous avons depuis quelque tems une danseuse excellente à l'opera de Paris. On dit qu'elle a de très beaux bras. Le dernier opéra comique n'a pas eu un grand succez, mais on en prépare un qui fera l'admiration *de l'univers*. Il sera éxécuté dans la première ville de *l'univers*, par les meilleurs acteurs de *l'univers*.

Nôtre controlleur général des finances qui n'a pas l'argent de *l'univers* dans ses coffres, fait des opérations qui lui attirent des remontrances et quelques malédictions.

Nôtre flotte se prépare à voguer de Paris à s^t Cloud.

Nous avons un régiment dont on a fait la revue; et les politiques en présagent un grand évênement.

On prétend qu'on a vu un détachement de Jésuites vers Avignon, mais qu'il a été dissipé par un corps de Jansénistes qui était fort supérieur. Il n'y a eu personne de tué, mais on dit qu'il y aura plus de quatre convulsionaires d'excommuniés.

Je ne manquerai pas, Madame, si Vôtre Majesté Impériale le juge à propos, de lui rendre compte de la suitte de ces grandes révolutions.

Pendant que nous fesons des choses si mémorables Vôtre Majesté s'amuse à prendre des provinces en terre ferme, à dominer sur la mer de l'archipel et sur la mer Noire, à battre des armées turques. Voilà ce que c'est que de n'avoir rien à faire, et de n'avoir qu'un petit état à gouverner.[13]

[13] Best.D17324, souligné par Voltaire. Moins d'un an plus tôt, en octobre 1770, la même ironie corrosive avait trouvé à se déployer: 'Nous ne laissons pas d'avoir de la gloire aussi. Il y a dans Paris de très jolis carrosses à la nouvelle mode; et on a inventé des surtouts pour le dessert, qui sont de très bon goût: on a même exécuté depuis peu un motet à grands chœurs, qui a fait beaucoup de bruit, du moins dans la salle où l'on chantait; enfin, nous avons une danseuse dont on dit des merveilles' (Best.D16683).

Ainsi donc, les Parisiens sont, aux yeux de Voltaire, sociables et gais, mais bavards, influençables, cruels et légers. Ce sont là les principaux traits distinctifs des habitants de la capitale. Mais ce ne sont pas les seuls. Nous avons insisté sur ces travers parce qu'ils reviennent toujours sous la plume de l'écrivain, à toutes les époques de sa vie; ils forment l'essence même du Parisien tel que le voit Voltaire. Mais le philosophe complète et retouche à l'occasion ce portrait. Il dénonce un jour tel groupe social, le lendemain, telle profession. L'*homo parisiensis* n'a bientôt plus, pour les lecteurs de l'œuvre, et surtout de la correspondance, de secrets.

Les Parisiens suivent ainsi aveuglément la mode – toutes les modes. On peut en rire quand il s'agit de perruques et de falbalas, mais quand la médecine devient une mode, il y a de quoi s'inquiéter, car les médecins de Paris sont tous des charlatans (Best.D173 et *L'Ingénu*, Bénac, p.277).

Les Parisiens sont volontiers querelleurs. On le voit à la rage avec laquelle les différentes factions s'empoignent; hélas, à de certains jours, on croirait que 'la folie et l'esprit de la halle dominent dans Paris' (Best. D20592).

Les Parisiens, peuple vaniteux qui se prend pour le centre de l'univers,[14] sont souvent incapables de s'exprimer correctement. Ils utilisent le barbarisme outrageant d'août pour désigner le mois d'auguste, le trivial 'cul-de-sac' pour signifier une impasse; ils font entrer ce mot vulgaire dans toute une série d'expressions 'dégoûtantes', comme l'affreux 'cul-de-basse-fosse'; ils prononcent pitoyablement un certain nombre de mots. Voltaire explique doctement que le mot boulevard est en réalité 'boulevert, parce qu'autrefois le rempart était couvert de gazon, sur lequel on jouait à la boule; on appelait le gazon le vert; de là le mot boule-vert, terme que les Anglais ont rendu exactement par bowling-green. Les Parisiens croient bien prononcer en disant boulevard; le pauvre peuple!'[15]

[14] Louis Sébastien Mercier ironise également sur le compte de la vanité et de l'égocentrisme des Parisiens: 'Quand un Parisien a quitté Paris, alors il ne cesse en province de parler de la capitale. Il rapporte tout ce qu'il voit à ses usages & à ses coutumes; il affecte de trouver ridicule ce qui s'en écarte; il veut que tout le monde réforme ses idées pour lui plaire & l'amuser. Il parle de la cour comme s'il la connoissoit; des hommes de lettres comme s'ils étoient ses amis; des sociétés comme s'il y avoit donné le ton. Il connoit aussi les ministres, les hommes en place. Il y jouit d'un crédit considérable; son nom est cité. Il n'y a enfin de savoir, de génie, de politesse qu'à Paris' (*Tableau de Paris*, i.87).

[15] note de Voltaire à son *Plaidoyer de Ramponeau* (*Mélanges*, p.1401).

Non seulement les habitants de la capitale ont l'esprit borné (*DP*, article 'Lois', p.284), non seulement ils sont pusillanimes et d'une prudence qui frôle la couardise,[16] d'une inconstance de mœurs perpétuelle ('il y a toujours eu une grande différence entre les mœurs des Asiatiques, qui n'ont jamais changé, et celle des badauds de Paris, qui changent tous les jours'[17]), mais leur ignorance n'a d'égale que leur suffisance, leurs 'savants' et leurs 'philosophes' ne sont que de pauvres ignares engoncés dans leurs préjugés![18]

Il est temps de terminer cette charge. La société de Paris est, comme on le voit, proprement achevée. Voltaire, à qui on a souvent reproché de ne pas être patriote, rend la politesse au 'parisien [qui] trouve toujours le moyen d'être heureux au milieu des malheurs publics, et cantilenis miserias solabantur'.[19] Il dénonce encore la 'médisance [...] et la malignité de la société à Paris' (Best.D15139). Et comme ces explosions semblent être une de ses marottes favorites, nombre de ses amis et de ses correspondants comprennent que, pour le flatter, ils ont là un filon en or; on les verra tous, même les Parisiens pure laine, éclater en sarcasmes contre la ville et ses habitants; pour Frédéric, ces attaques contre la société parisienne (qu'il faut dissocier de ses critiques politiques) sont si nombreuses qu'elles deviennent une clause de style; les 'frères', d'Alembert et Damilaville surtout, y vont quelquefois, dans leurs lettres au patriarche, de leur petit couplet anti-parisien; Michel Hennin, le résident de France à Genève, qui devint un ami de Voltaire, effectue un bref séjour à Paris; de là il écrit à l'ermite de Ferney une lettre d'une rare violence, où transparaît un peu l'influence du maître; il rappelle '[l'] ignorance' des Parisiens, 'leur incurie, leur gaîté', auxquelles ils ont substitué 'un ton dissertateur, la fureur de gouverner, et un maintien presque Espagnol'. Il n'y va pas de main-morte, le résident de France! La jeunesse de Paris lui semble commettre, non 'des étourderies', comme toutes les jeunesses du monde, mais 'de bonnes grosses noirceurs, des

[16] cf., par exemple: 'Puisse seulement nôtre petit troupeau demeurer fidèle! Mon cœur est déssèché quand je songe qu'il y a dans Paris une foule de gens d'esprit qui pensent comme nous, et qu'aucun d'eux ne sert la cause commune. Il faudra donc finir comme Candide par cultiver son jardin' (Best.D11808).

[17] 'Lettre de m. Eratou à m. Clocpitre', en tête du *Précis du Cantique des cantiques* (M.ix.497).

[18] *Rescrit de l'empereur de la Chine à l'occasion du projet de paix perpétuelle* (*Mélanges*, p.412).

[19] Best.D9038. Cf. également une autre dénonciation dans Best.D8771, quand le philosophe s'étonne que si peu de riches Parisiens aient suivi l'exemple du roi portant sa vaisselle d'argent au Trésor public pour financer la guerre.

crimes mêmes qui indignent les honêtes gens'.[20] Desmahis, poète de second plan, que Voltaire avait comblé de bonheur en lui prédisant qu'il prendrait sa succession au Parnasse, répond par une *Epître à Voltaire*; il y insère une des images préférées du philosophe, l'opposition entre les 'abeilles' et les 'frelons' de Paris.

> Paris, la rivale d'Athènes,
> Fertile comme elle en chansons,
> En bons mots, en satires vaines,
> Pour un Socrate a dix Zénons;
> Pour un Platon vingt Diogènes,
> Pour une abeille cent frelons.[21]

Même la nièce vaniteuse et avide des plaisirs de la ville, à force de vivre au contact de l'oncle, en adopte certains tics. Ainsi, pendant son séjour à Paris en 1768-1769, elle adresse à Ferney des missives où certaines vitupérations anti-parisiennes rappellent les traits empoisonnés sortis de la plume de l'oncle.[22]

Faut-il conclure de tout cela qu'à l'exception des années de jeunesse, Voltaire a toujours condamné la société de Paris? N'a-t-il toujours rencontré, au milieu de ses 'compatriotes', que 'la canaille écrivante, la canaille cabalante, et la canaille convulsionnaire', que le pessimiste Martin croit partout voir (*Candide*, Bénac, p.189)? Un éreintement aussi global aurait semblé suspect. Seul un doctrinaire, ou un fanatique, aurait porté pareille condamnation sans la moindre nuance; or justement, on l'a vu à maintes reprises, Voltaire n'est ni l'un ni l'autre; devant Paris, les préoccupations d'un faiseur de 'systèmes', les belles constructions d'un idéologue lui sont étrangères. Aussi n'hésite-t-il pas, à l'occasion, à faire l'éloge de tel ou tel aspect du caractère parisien, ou à exprimer

[20] Best.D15399. Ajoutons cette lettre curieuse de Jean Le Blanc, auteur de *Aben-Saïd, empereur des Mogols* et correspondant du président Bouhier, qui dîne un soir de 1736 avec le philosophe, et qui écrit le lendemain à un de ses amis: 'Le voila ce maudit Paris, Païs fait pour les coquins, mais où les honnêtes gens mourront toûjours de faim quelque mérite qu'ils aïent d'ailleurs [. . .] Ici pour faire fortune ce n'est pas assès que d'avoir du mérite & des talents. Il faut de plus écrire contre la Relligion & les moeurs ou faire quelque grande sottise qui fasse parler de vous [. . .] O que Paris est un Plaisant Théâtre pour qui en connoit tous les ridicules' (Best.D1068).

[21] *Anthologie poétique française, XVIIIème siècle*, éd. Maurice Allem, p.246.

[22] un exemple: 'Cette vie ci [à Paris] est trop turbulante, il faut se donner une peine affreuse pour avoir du plaisir. Je suis trop vieille pour prendre tant de paine' (Best. D15584).

son approbation admirative pour telle ou telle qualité des 'Welches' de la capitale. Seulement, il faut préciser que ces éloges ne sont qu'épisodiques; ils procèdent souvent d'un événement qui a influencé directement le philosophe, comme par exemple l'exaspération où le plongent les tracasseries et les persécutions des autorités genevoises, ce qui le fait soupirer apres l'urbanité des Parisiens; enfin, par leur petit nombre, par leur caractère limité et circonstanciel, ces 'qualités' de la société parisienne ne font certes pas le poids devant l'amas infini de ses défauts.

Quand on évoque la 'société' parisienne telle que la voit Voltaire, il faut la limiter aux cercles des nobles, des parlementaires, de la bourgeoisie, et des classes qui gravitent autour de ces trois catégories: écrivains, clergé, hommes de loi, etc. Le total n'en est guère imposant et représente un pourcentage minime de la population de la capitale. Voltaire a résolument et presque complètement ignoré le peuple, notamment l'énorme masse de la domesticité, les artisans, la petite bourgeoisie, les ouvriers qui commencent à faire leur apparition. Il est incapable d'aller au-delà du cercle étroit de son milieu:

La moitié de Paris est convulsionnaire [. . .] Ce monde-ci (il faut que j'en convienne) est un composé de fripons, de fanatiques et d'imbéciles, parmi lesquels il y a un petit troupeau séparé qu'on appelle la bonne compagnie; ce petit troupeau étant riche, bien élevé, instruit, poli, est comme la fleur du genre humain; c'est pour lui que les plaisirs honnêtes sont faits; c'est pour lui plaire que les plus grands hommes ont travaillé;[23]

incapable de concevoir qu'en dehors du 'petit troupeau' il puisse y avoir autre chose que 'la canaille', Voltaire est par conséquent incapable de constater, comme Marivaux, que 'Le peuple, à Paris, [. . .] est moins canaille, et plus peuple que les autres peuples.'[24]

___

23 *Conversation de m. l'Intendant des Menus* [. . .] *avec l'abbé Grizel* (*Mélanges*, p.422).

24 Pierre Carlet de Chamblain de Marivaux, *La Vie de Marianne*, éd. Frédéric Deloffre (Paris 1963), p.95. Marivaux fait du peuple de Paris une étude pénétrante, qui recoupe certaines des constatations de Voltaire, notamment l'esprit curieux et léger du Parisien: lors d'une querelle dans les rues, quand le peuple accourt et s'attroupe, 'ce n'est pas pour s'amuser de ce qui se passe, ni comme qui dirait pour s'en réjouir; non, il n'a pas cette maligne espièglerie-là: il ne va pas rire, car il pleurera peut-être, et ce sera tant mieux pour lui. Il va voir, il va ouvrir des yeux stupidement avides, il va jouir bien sérieusement de ce qu'il verra. En un mot, alors, il n'est ni polisson, ni méchant, et c'est en quoi j'ai dit qu'il était moins canaille; il est seulement curieux, d'une curiosité sotte et brutale, qui ne veut ni bien ni mal à personne, qui n'entend point d'autre finesse que de venir se repaître de ce qui arrivera. Ce sont des émotions d'âmes que ce peuple demande; les plus fortes sont les meilleures: il cherche à vous plaindre si on vous outrage, à s'attendrir pour vous si on vous blesse, à frémir pour votre vie si on la menace; voilà ses délices; et si votre ennemi n'avait

Voltaire a souvent représenté ce Paris restreint dans lequel il se meut comme un mélange des contraires. Ainsi, quand il évoque un jour à Frédéric ce 'séjour [. . .] des badauds, [. . .] du mauvais goût, [. . .] de l'injustice, grand magasin de tout ce qu'il y a [. . .] de ridicule et de méchant', il complète le tableau par le rappel 'des gens aimables, du bon goût [. . .], de l'équité, [. . . du] bon et [du] beau'[25] qu'on trouve aussi dans la ville. Le portrait est équilibré et le verdict est nul, ce qui est déjà un énorme progrès sur les condamnations unilatérales.

Mais Voltaire va plus loin encore; le même comportement qu'il dénonce avec véhémence des dizaines de fois, il peut, un jour, le louer avec la plus parfaite candeur; ainsi, cette légèreté d'esprit des Parisiens, cette inconscience et cette indifférence devant les malheurs de la France et de l'univers, qui lui semblent si monstrueuses, il y découvre soudain, en 1759 (en pleine Guerre de Sept ans), des vertus cachées: 'Je ne sçais rien de si sage que ce peuple de Paris accusé d'être frivole. Quand il a vu les malheurs accumulez sur terre et sur mer, il s'est mis à se réjouir et a fort bien fait, voylà la vraie philosofie' (Best.D8364). Il conçoit parfaitement aussi que les bourgeois de Paris soient mieux vêtus que les paysans de Ferney (*DP*, article 'Luxe', p.291). En écrivant cela, en 1764, Voltaire ne trouvait là, apparemment, aucune contradiction avec l'abandon des campagnes par la capitale, qu'il combat précisément avec vigueur à ce moment. Il lui arrive enfin quelquefois de pousser l'indulgence très loin; l'abbé Grizel reconnaît volontiers 'la sottise, [. . .] la paresse, [. . .] le fanatisme, [. . . le] pédantisme, [. . . les] abus, et [. . .]

pas assez de place pour vous battre, il lui en ferait lui-même, sans en être plus malintentionné, et lui dirait volontiers: Tenez, faites à votre aise, et ne nous retranchez rien du plaisir que nous avons à frémir pour ce malheureux. Ce n'est pourtant pas les choses cruelles qu'il aime, il en a peur au contraire; mais il aime l'effroi qu'elles lui donnent: cela remue son âme [. . .] qui est toujours toute neuve' (pp.95-96). Dans *Jacques le fataliste* Diderot formule des observations très semblables sur 'le peuple' de Paris qui 'n'est point inhumain [. . .] est avide de spectacles [. . .] est terrible dans sa fureur' et qui 'va chercher en Grève une scène qu'il puisse raconter à son retour dans le faubourg; celle-là ou une autre, cela lui est indifférent' (*Œuvres romanesques*, p.670; voir également p.571).

[25] Best.D2303. On pense également à cette dialectique proprement manichéenne: 'Il faut bien toujours qu'il y ait quelques banqueroutes dans Paris. C'est le païs où les uns font leur fortune, et où les autres la perdent. C'est le centre du luxe et de la misère, de la meilleure compagnie et de la plus détestable. Je suis bien sûr que vous n'êtes pas entraînée dans le tourbillon et que vous vivez avec des amis choisis. On ne peut aspirer à rien de mieux' (Best.D15491, à mme Denis). Cette opposition est une évidence pour nombre de contemporains de Voltaire. Casanova par exemple écrit: 'cet immense Paris est un lieu de misère ou de fortune, selon qu'on sait s'y prendre bien ou mal' (J. Casanova de Seingalt, *La Cour et la ville*, p.113).

l'impertinence' de ses concitoyens; mais cela ne l'empêche pas de s'exclamer: 'trouvez-moi dans le monde un établissement qui ne soit pas contradictoire'.[26] Le philosophe a également parlé, à quelques reprises, des plaisirs de Paris sur le ton de quelqu'un qui a su les apprécier.[27]

Mais Voltaire se montre un partisan enthousiaste des Parisiens et de leurs mœurs surtout quand une contradiction extérieure l'exaspère, ou quand une attaque en règle contre des 'étrangers' hostiles lui donne l'occasion d'un parallèle favorable à sa ville natale. Rousseau attaque Paris dans son roman épistolaire? On a vu que le 'marquis de Ximenez' lui répond vertement; or, ce bon marquis, dans le feu de la réplique, en vient à faire un éloge vibrant des Parisiennes et de leurs 'grâces'; il souligne avec lyrisme que ces 'charmantes et respectables beautés' portent dans leurs 'cœurs les sentiments les plus tendres' et sur leurs 'visages enchanteurs les traits de la modestie'; il s'extasie devant leur 'voix aussi douce que les regards de [leurs] yeux';[28] on est loin, comme on peut le voir, du 'gros cochon' que le philosophe n'hésitait pas, en d'autres occasions, à décocher fort peu galamment à l'adresse de ces dames.

Ce sont les Suisses qui, une seconde fois, lui donnent l'occasion de parler de sa ville natale avec nostalgie et éloge. Les démêlés de Voltaire avec les Genevois dans la Querelle des Natifs lui pèsent sur le cœur; il digère fort mal la lourdeur et l'intransigeance de ces 'sociniens' jadis tant vantés; et par contraste, c'est la politesse et la souplesse des Parisiens qui lui semblent alors des vertus cardinales. Comme en toute occasion, le bouillonnement de Voltaire doit se traduire dans ses écrits. Et comme il compose alors *Les Scythes*, c'est Obéide qui se fait le porte-parole du dramaturge (M.vi.327):

> J'ai fui pour ces ingrats la cour la plus auguste,
> Un peuple doux, poli, quelquefois trop injuste,
> Mais généreux, sensible, et si prompt à sortir
> De ses iniquités par un beau repentir!

La tentation est grande alors de renvoyer dos à dos les éloges et les critiques que Voltaire a adressés à la société de Paris, et de ne voir dans les uns et dans les autres que les soubresauts nerveux de cet 'impétueux', selon le mot de Delattre, tantôt contrarié et tantôt nostalgique. Mais

---

[26] *Conversation de m. l'Intendant des Menus* [. . .] *avec m. l'abbé Grizel* (*Mélanges*, p.424).

[27] Best.D2899 n'en est qu'un exemple.

[28] *Lettres* [. . .] *sur la Nouvelle Héloïse* (*Mélanges*, p.405).

une telle chiquenaude, qui écarte tout simplement le problème, est une solution de facilité. Il est bien évident que, dans une vie si longue, Voltaire a pu dire des choses qui s'opposent systématiquement, et sont même antinomiques. Rousseau non plus ne peut échapper à ce reproche: il est facile de contredire Rousseau par Rousseau. Mais ce qui compte, c'est l'insistance de Voltaire, c'est sa prévention lentement mûrie contre la société parisienne, et de plus en plus ancrée en lui. Ce qui est important c'est, au-delà de telle lettre ou de tel pamphlet, une impression générale qui se dégage d'une lecture attentive de ses écrits. Voltaire a toujours recherché la connivence des gens intelligents, cette aristocratie de l'esprit qui le comprenait à demi-mot. Mais, à Paris, cette aristocratie se retrouvait dans des cercles limités. Pour jouir de ces amis fins au commerce agréable, Voltaire s'est vite rendu compte qu'il devait en plus tolérer tous les autres, les mesquins, les imbéciles, les ignares, les matamores. Et cela, il l'a supporté de moins en moins. D'où son procès contre la société de Paris. Car il s'agit bien d'un procès: par-delà l'éparpillement des lettres, des pamphlets et des ouvrages de tous genres, c'est une image cohérente que Voltaire se fait du Parisien. Ce sont les mêmes traits qui reviennent toujours sous sa plume. Et ces traits sont une condamnation d'autant plus radicale de la 'société' et du 'beau monde' à Paris que l'écrivain n'avait, ce faisant, aucune intention de dresser un réquisitoire systématique.

La hargne de l'écrivain à l'endroit des Parisiens s'est diversement manifestée. Son ironie mordante – servie par une imagination plus étendue qu'on ne le dit souvent – lui a ainsi soufflé à maintes reprises des comparaisons entre les habitants de sa ville natale et différents représentants du monde animal. Un dépouillement, même s'il n'est pas exhaustif, de la correspondance et des œuvres, surtout légères, permet ainsi de composer un véritable bestiaire parisien. Les habitants de la capitale ne peuvent se plaindre: ils se retrouvent à tous les échelons du règne animal: ils sont oiseaux, mammifères, batraciens, insectes, vipères, rongeurs. Serait-ce le manque de familiarité de Voltaire avec la mer et le monde marin qui leur épargne la comparaison avec les anguilles et le saumon? Toujours est-il qu'ils n'ont pas eu cet honneur-là.

Voilà, bien incomplet, le zoo parisien de Voltaire:
– Oiseaux de la nuit (*Dialogue d'un Parisien et d'un Russe*, M.x.130).
– Le vautour: le Parisien puissant et oppresseur (*Le Monde comme il va*, Bénac, p.75).
– La colombe: le Parisien opprimé (Bénac, p.75).

- Des perroquets (*Epître à mme la marquise Du Châtelet sur la calomnie*, M.x.284).
- Des oisons: les jeunes Parisiennes (M.x.284).
- Les oiseaux: les Parisiens oisifs et à la tête légère (*La Princesse de Babylone*, Bénac, p.392; également *Epître à mme Denis*, M.x.346).
- Les chats-huants: les fanatiques et les gens d'Eglise à Paris (*La Princesse de Babylone*, Bénac, p.392; également Best.D5075).
- Des chiens: 'les fanatiques de St-Médard' (*Dialogue d'un Parisien et d'un Russe*, M.x.130).
- Des bœufs (Best.D8168).
- Des singes (*Candide*, Bénac, p.198; également *L'Ingénu*, Bénac, p.279; également Best.D11669, D13516, D15139, D15570, D17165).[29]
- Des tigres (*Candide*, Bénac, p.198; Best.D13516, D15570).
- Des loups (*Epître à Saint-Lambert*, M.x.407).
- Un gros cochon: les Parisiennes, également un lettré parisien (Best. D9138; *Candide*, Bénac, p.192).
- Les rats: les molinistes de Paris (Best.D9121).
- Les grenouilles: les jansénistes de Paris (Best.D9121).
- Un crapaud (Best.D9837).
- Des insectes: molinistes et jansénistes (*Précis du Siècle de Louis XV*, chapitre 36, M.xv.377).
- Des chenilles (Best.D15003).
- Des puces (Best.D9923).
- Des frelons (*Les Chevaux et les ânes*, M.x.133; également *Epître à mme Du Châtelet*, M.x.284).
- Des guêpes (*Le Monde comme il va*, Bénac, p.74).
- Des bourdons (Best.D5075).
- Des papillons (Best.D20632).
- Un serpent: le lettré de Paris (*Candide*, Bénac, p.192).

Le doute n'est plus permis: pour Voltaire, la 'faune' parisienne n'est pas qu'une simple figure de style!

---

[29] comme on peut le constater, l'image des singes est celle qui revient le plus souvent à l'esprit de Voltaire quand il songe aux Parisiens. Aussi la varie-t-il à l'infini. Nous avouerons que, pour notre part, nous n'avons pu nous empêcher d'éclater de rire à la lecture de ces quelques lignes, tirées de Best.D11669: 'On dit qu'un naturaliste fait actuellement l'histoire des singes. Si cet auteur est à Paris, il doit avoir d'excellents mémoires.'

15

Gilles et Baron:
le triomphe du mauvais goût

VOLTAIRE a été philosophe, historien, pamphlétaire, éveilleur de conscience, animateur sans pareil, brasseur d'affaires, gentleman-farmer. Mais tous ces titres étaient subordonnés, à ses yeux, à celui d'homme de lettres. Il n'a jamais cessé de se considérer essentiellement comme un écrivain; il a prodigué à profusion du 'cher confrère' à tout ce qui tenait une plume en France et ailleurs. Il a réussi en maints domaines: ami et confident des princes, millionnaire, il ne dédaignait pas, loin de là, les honneurs et les succès; mais il réagissait avec une singulière vivacité à toutes les péripéties de sa carrière littéraire. Pour qui veut bien connaître Voltaire, et n'a pas le temps de se plonger dans l'amas énorme de ses écrits et de ses lettres, une seule lecture suffirait: celle de sa correspondance à partir du moment où il commence à rédiger une de ses pièces – n'importe laquelle – jusqu'au lendemain de la première à Paris. Lecture fascinante et pleine d'enseignements. La gestation d'une pièce est, pour Voltaire, brève, mais douloureuse;[1] il s'inquiète des progrès de son ouvrage, dont il envoie des fragments, au fur et à mesure de leur rédaction, à ses intimes de Paris – surtout au 'triumvirat', d'Argental, Pont-de-Veyle et Thieriot; la pièce terminée, cent fois corrigée, il suit, de loin le plus souvent, et avec une croissante anxiété, les progrès des répétitions à la Comédie-Française; il n'en dort plus, veut connaître dans les moindres détails les inflexions de voix de mlle Clairon ou de Lekain, le mouvement de bras de l'acteur déclamant tel ou tel vers, l'intensité du regard de l'actrice; il scrute les réactions qui lui viennent du cercle des intimes qui ont lu 'l'enfant', jusqu'au jour fatidique de la première. Que le courrier de Paris est alors attendu avec impatience! Si la réaction

---

[1] chacune de ses pièces devenait, dès le départ, son 'dernier-né'; il en était 'le père', et on lui arrachait 'les entrailles' quand on ne s'exclamait pas devant elle. Ces trois termes sont de véritables tics de langage de Voltaire, et émaillent toutes les lettres qui traitent de son théâtre.

du public et de la critique n'est pas unanimement élogieuse, Voltaire se déchaîne: cent lettres envoyées coup sur coup expliquent à tout ce qui compte à Paris ses intentions dans la pièce, les beautés de l'ouvrage qu'on n'a peut-être pas vues tout de suite, les filiations et les comparaisons qu'il faut établir avec d'autres pièces et d'autres auteurs, bref, un véritable guide de lecture dirigée.

Ainsi, pour le philosophe, les hauts et les bas de sa carrière d'écrivain, et surtout de dramaturge, prennent un relief qui, pour nous, est presque inconcevable, tant notre perspective est déformée par les traditions et l'histoire littéraire. Aussi Voltaire a-t-il eu tendance à juger du goût de ses contemporains, et surtout de ses concitoyens de Paris, en fonction de l'accueil qu'ils réservaient à sa production théâtrale. Comme la cohorte de ses ennemis a souvent réussi à gâcher les triomphes de ses premières – la tradition de la claque était encore bien vivace à Paris au dix-huitième siècle[2] – c'est encore une fois un jugement sévère que l'écrivain portera sur les Parisiens et leur goût. Les mêmes causes que nous avons déjà vues dans cette étude produisent les mêmes effets: une réaction personnelle, une expérience intensément vécue et maintes fois répétée, amènent le philosophe à élargir le débat, et à tirer des conclusions plus générales.

On s'étonne quelquefois de la vivacité des réactions de l'auteur à l'égard de ses confrères, et en général des 'écrivains' de Paris, accusés d'être sans cœur et sans esprit (*Zadig*, Bénac, p.62); on peut même déplorer la virulence, pour ne pas dire plus, de certaines de ses attaques contre les hommes de lettres; mais Voltaire a été peu épargné, et nos critères actuels de bienséance n'étaient pas universellement admis au dix-huitième siècle. Collé raconte qu'en 1750, *Oreste* fut un échec, malgré la cabale montée par Voltaire, qui se dépense lui-même pour faire la claque. Sa tragédie et lui-même sont soumis à un feu roulant de critiques; on en fait des gorges chaudes, et des caricatures qui ne sont pas toujours d'un goût raffiné. Aux marionnettes, Polichinelle représente Voltaire écrivant une tragédie, dont 'le cinquième [acte] est toujours mauvais', qui est rédigée en quelques instants, et qui n'est applaudie que par les amis rassemblés par l'auteur. Polichinelle arrive sur scène,

---

[2] Voltaire et ses amis, d'Argental, Thieriot, Thibouville, réussirent un coup de maître vers 1760 en attirant dans leur camp un personnage pittoresque, un chevalier de La Morlière, stature de spadassin, voix de stentor, qui, entouré de gens à sa solde, faisait régner la terreur parmi le public, et réussir ou tomber n'importe quelle pièce, moyennant juste rétribution!

'lâche un gros pet', est vivement applaudi, recommence plusieurs fois, puis, quand les amis demandent l'auteur, 'Polichinelle présente le derrière à l'Assemblée, et marionnettes d'applaudir'.[3]

Voltaire d'ailleurs ne se leurrait pas: il savait que ses succès et ses échecs sur la scène jouaient un grand rôle dans ses sentiments à l'égard de Paris. Il le répète souvent à ses intimes (Best.D9837, aux d'Argental):

Je ne sçaurais finir [. . .] sans vous dire à quel point je suis révolté de l'insolence absurde et avilissante avec laquelle on affecte encor de ne pas distinguer le Théâtre de la foire, du Théâtre de Corneille, et Gile, de Baron. Celà jette un opprobre odieux [. . .] sur un art que j'ai cultivé toute ma vie aux dépends de ma fortune et de mon avancement [. . .] Mon aversion pour Paris est un peu fondée sur ce dégoût. Je me souviens avec horreur qu'il n'y a pas une de mes tragédies qui ne m'ait suscité les plus violents chagrins; [. . .] Voilà mon cœur ouvert à mes anges; il est peut être rongé de quelques goutes de fiel.

Une autre fois, il est encore plus catégorique: il affirme que son départ de Paris et son éloignement de la capitale sont dus essentiellement aux 'désagréments' du 'métier' d'auteur dramatique (Best.D5625). On ne le prendra pas trop au pied de la lettre quand, poussé par un emportement qui ne nous est que trop familier, il prétend 'haïr' ce métier-là; mais on prêtera une oreille attentive à ces griefs précis et particuliers, qui donnent un fondement d'émotivité à son 'aversion' pour Paris (Best. D14202):

Vous connaissez Paris, il n'est rempli que de petites cabales en tout genre. Zaïre, Oreste, Sémiramis, Mahomet, Tancrède, L'Orphelin de la Chine, tombèrent à la première représentation; elles furent accablées de critiques; elles ne se relevèrent qu'avec le temps. On se fesait un plaisir de me mettre fort au dessous de Crebillon pour plaire à Made De Pompadour qui disait que le Catilina de ce Crebillon était la seule bonne pièce qu'on eût jamais faitte. Voilà comme on juge de tout jusqu'à ce que le temps fasse justice.

En réalité, les reproches de Voltaire à l'endroit des Parisiens sont plus complexes; il leur en veut non seulement d'avoir 'accablé [ses pièces] de critiques', mais aussi de ne pas avoir accepté de réformer leurs pen-

---

[3] Charles Collé, *Journal et mémoires*, éd. H. Bonhomme (Paris 1869), ii.295-96. Une simple anecdote comme celle-ci permet de mieux comprendre le départ pour Berlin, et l'amertume de ces quelques lignes, écrites deux ans plus tard: 'quand est ce que les sots cesseront de poursuivre les sages? On marche continuellement à Paris entre des insectes littéraires qui bourdonnent contre quiconque s'élève, et des chats-huants qui voudraient dévorer quiconque les éclaire. Heureux qui peut cultiver en paix les lettres, loin des bourdons et des chats-huants' (Best.D5075).

chants; Voltaire aurait certes aimé jouer officiellement un rôle didactique; il s'émeut et s'étonne que les Parisiens ne voient pas du premier
coup la justesse de ses appréciations en matière de goût. Il leur apporte
la bonne nouvelle, ils ne le reconnaissent pas et même le repoussent.

> Si, par hasard, quelque personne honnête
> D'un sens plus droit et d'un goût plus heureux,
> Des bons écrits ayant meublé sa tête,
> Leur fait l'affront de penser à leurs yeux,
> Tout aussitôt leur brillante cohue,
> D'étonnement et de colère émue,
> Bruyant essaim de frelons envieux,
> Pique et poursuit cette abeille charmante,
> Qui leur apporte, hélas! trop imprudente,
> Ce miel si pur et si peu fait pour eux.[4]

Le désenchantement de Voltaire quant au délabrement du goût à
Paris a une compensation; suivant sa tendance profonde, le philosophe
recherche en dehors de Paris une contrepartie éloignée dans le temps et
dans l'espace.

Encore une fois, le dix-huitième siècle est le repoussoir du dix-
septième. Il est superflu d'évoquer une fois de plus l'admiration de
Voltaire pour les écrivains et les artistes du grand siècle, ni de démontrer
comment ils représentaient pour lui le sommet du bon goût: d'autres
l'ont fait, et bien mieux que nous ne pourrions le tenter.[5] Nous voulons
simplement rappeler que toutes les fois qu'il évoque l'époque où l' 'on
vit fleurir les Corneilles, les Racines, les Quinaults, les Lullis, les
Molières, les la Fontaines, les le Sueurs, les le Bruns', où 'Tous les arts
[...] ont été perfectionnés & tous récompensés' et où 'Paris effaça
Rome, & Athenes' (Best.D2216), Voltaire se détourne avec conster-
nation 'de ces momeries [les productions théâtrales du jour] dans un
temps où le goût est entièrement perdu à la cour, et égaré à la ville', et
conclut dramatiquement: 'Il ne reste plus rien du dernier siècle; il est
enterré et je m'enterre aussi' (Best.D17279).

L'écrivain est familier des parallèles entre les auteurs de son siècle
et ceux du siècle précédent. On imagine les sarcasmes que peut lui

---

[4] *Epître à madame la marquise Du Châtelet sur la calomnie* (M.x.284).

[5] on lira surtout la thèse, remarquable quoique ancienne, de Raymond Naves, *Le Goût
de Voltaire* (Paris 1938). Consulter plus spécialement pp.352-59: 'L'élégance noble des
grands classiques'.

arracher le rapprochement d'un Crébillon avec un Racine. Il se complaît souvent à ce jeu de massacre qui lui permet de mettre au pilori les écrivaillons professionnels et toute la horde de ses ennemis de Paris; à ce jeu-là, et contre un tel adversaire, les Frérons et les Pompignans jouaient perdants à tout coup: ils devront à Voltaire d'être passés à la postérité.

Dans le *Dialogue d'un Parisien et d'un Russe*, l'étranger veut surtout connaître 'Les modernes talents' qui seraient un peu les égaux et les héritiers du 'cygne de Cambrai, [de] l'aigle [. . .] de Meaux', ou encore de Molière. On entend grincer la plume – et le rire – de Voltaire quand il aligne les noms de ses détracteurs parisiens, dont la liste prend l'allure d'un catalogue des horreurs: Lefranc de Pompignan, Palissot, 'Maître Abraham Chaumeix, Hayer le récollet / Et Berthier le jésuite, et le diacre Trublet / Et le doux Caveyrac, et Nonotte' et le cabaretier Ramponeau, et 'Jacques Rousseau', et Fréron, et tous leurs semblables.[6]

Si le Paris du dix-huitième siècle n'est qu'une mauvaise copie du Paris de Louis XIV, il soutient tout aussi mal la comparaison avec le reste de la France et avec l'Europe. Voltaire a répété maintes fois que ses pièces étaient mieux accueillies en province et à l'étranger qu'à Paris; il avoue par conséquent que 'dans l'état où sont les choses, [il] aime mieux les suffrages de L'Europe que ceux de la ville de Paris' (Best.D11174, 25 avril 1763). A Genève, en effet, on a beaucoup 'd'esprit et de jugement et vôtre Paris n'a pas le sens d'une oye'.[7] Mais ce n'est

[6] M.x.124-29, *passim*. Le 'doux Caveyrac' est un apologiste de la révocation de l'Edit de Nantes. Ramponeau, pour qui Voltaire composa un *Plaidoyer*, eut son heure de gloire. Voici comment, dans une note de son poème, Voltaire raconte son épopée: 'Ramponeau était un cabaretier de la Courtille, dont la figure comique et le mauvais vin qu'il vendait bon marché lui acquirent pendant quelque temps une réputation éclatante. Tout Paris courut à son cabaret; des princes du sang même allèrent voir M. Ramponeau.

'Une troupe de comédiens établis sur les remparts s'engagea à lui payer une somme considérable pour se montrer seulement sur leur théâtre, et pour y jouer quelques rôles muets. Les jansénistes firent un scrupule à Ramponeau de se produire sur la scène; ils lui dirent que Tertullien avait écrit contre la comédie; qu'il ne devait pas ainsi prostituer sa dignité de cabaretier; qu'il y allait de son salut. La conscience de Ramponeau fut alarmée. Il avait reçu de l'argent d'avance et il ne voulut point le rendre, de peur de se damner. Il y eut procès. M. Elie de Beaumont, célèbre avocat, daigna plaider contre Ramponeau; notre poëte philosophe plaida pour lui, soit par zèle pour la religion, soit pour se réjouir. Ramponeau rendit l'argent, et sauva son âme.' La vérité, telle que nous la révèle une note des éditeurs de Kehl au *Plaidoyer de Ramponeau*, est légèrement différente: on n'y rencontre l'intervention d'aucun janséniste.

[7] Best.D10256, 8 janvier 1762. Pourquoi les Genevois sont-ils préférés aux Parisiens? Pour une raison qui tient une place primordiale, comme nous allons le voir plus loin, dans la conception que se faisait Voltaire du bon goût: la simplicité: 'nous [à Genève] n'avons

pas seulement Genève qui l'emporte, en ce domaine, sur Paris. N'insistons pas sur le modèle fréquemment proposé de Londres; rappelons seulement 'qu'on est plus raisonnable en Hollande qu'à Paris. Par quelle fatalité craint-on toujours la raison dans vôtre païs? est-ce parce que les Welches ne sont pas faits pour elle? [...] ô pauvres Welches! ne serez vous célèbres en Europe que par l'opéra comique?' (Best. D12035, 6 août 1764). Même la province, cette pauvre province française par ailleurs si ignorée de Voltaire, sert dans cette entreprise de démolition: 'Il y a une chose dont on doit s'apercevoir à Paris, supposé qu'on réfléchisse, c'est que la vraie éloquence n'est plus qu'en province. Les comptes rendus en Bretagne et en Provence sont des chefs d'œuvre. Paris n'a rien à leur opposer; il s'en faut beaucoup' (Best.D10580, 12 juillet 1762). Il arrive même que, dans sa véhémence à vouloir dénigrer Paris, Voltaire confonde dans une même dénonciation l'utopie spatiale et l'âge d'or temporel qu'il imagine triomphalement contre la capitale: 'l'éloquence qui régnait à Paris, sous le grand siècle de Louis XIV, se réfugie aujourd'hui en province'.[8] Bref, Paris est encore une fois dépeint en pleine décadence. Cet affaiblissement de l'esprit créateur est d'autant plus tragique que Voltaire a souvent affirmé que la capitale n'a tenu un des premiers rôles en Europe que par les beaux-arts qui y avaient fleuri, et les écrivains qui l'avaient honoré.[9] Si le mauvais goût triomphe dans Paris, la place de la capitale de la France en sera amoindrie en Europe.

Voltaire ne se contente pas d'accabler. Il analyse également les causes qui permettent au goût de se corrompre si facilement à Paris. Ces causes tiennent toutes à quelques-uns des aspects les plus ridicules et les plus négatifs du caractère parisien, tel que nous l'avons examiné dans le chapitre précédent.

point le goût sophistiqué, comme on l'a dans Paris, et nos lumières ne sont point obscurcies par la rage de critiquer mal à propos, comme c'est la mode chez vous, à une première représentation' (Best.D10282, 26 janvier 1762).

[8] Best.D15744. L'écrivain élaborera cette formule lapidaire de manière plus explicite dans une autre lettre: 'Savez vous mes pauvres Welches, que vous n'avez plus ni goût ni esprit? Que diraient les Depreaux et les Racine, s'ils voyaient toutes les barbaries de nos jours? [...] ah mon dieu, pôlissons que vous êtes, combien je vous méprise! Nous avons du moins chez nous deux hommes qui ont du goût et c'est ce qui se trouvera difficilement à Paris. La nation m'indigne' (Best.D14405). On trouvera le même thème dans Best. D13252, D14401.

[9] 'La France [...] présenterait [...] le spectacle inconcevable de l'atrocité fanatique [...] dans une ville sur laquelle toute l'Europe n'a les yeux que parce que les beaux arts y ont été cultivés' (Best.D14086).

La cause première de cette corruption du goût est la légèreté des Parisiens. Incapables de se concentrer, incapables de penser ou de raisonner de manière quelque peu soutenue, ils sont incapables de concevoir et de reproduire les caractères permanents du beau. Ils nagent dans le relatif érigé en système de vie. Or le relatif est l'ennemi naturel du beau tel que le définit le goût classique de Voltaire. Le papillotement constant des Parisiens, l'espèce de vertige dans lequel ils semblent plongés, ne peut s'accorder avec une esthétique fondée sur des règles, sur une tradition, sur une fréquentation assidue et amoureuse des modèles.[10] Voltaire en arrive à établir une rigoureuse équation entre le Français et le changement; il se promet de se 'moquer de ce public [des théâtres de Paris] si frivole, si changeant, si incertain dans ses goûts, si volage, si français' (Best.D11309).

Une conséquence immédiate de cette instabilité chronique est le triomphe de la mode et des modes en matière de goût. Ce n'est pas seulement dans les questions politiques ou sociales que quatre ou cinq faiseurs d'opinion font tourner les girouettes de Paris. Ce mimétisme un peu niais mène à des aberrations: on applaudit, on encense la vedette du jour, quelle qu'elle soit; aujourd'hui, c'est le cabaretier Ramponeau: rien d'extraordinaire à cela, puisque 'Paris est, l'hiver et l'été, le centre du Ridicule' (Best.D9036); un autre jour, ce Paris, où triomphent 'les faux airs, la légéreté, la vanité, le mauvais goût' (Best.D12965), 'offre une couronne / Au sieur Lefranc de Pompignan' (*Les Pour, Mélanges*, p.371). Pompignan n'est qu'un prototype: chaque fois qu'un Clément, un Arnaud, un Palissot ou un La Beaumelle fait parler de lui, Voltaire bondit et invective l'inévitable décadence du goût parisien, qui tolère en son sein de tels avortons!

Dans une ville où dominent la mode et la charlatanerie et où les recettes littéraires médiocres et l'esprit de cabale sont la clef du succès, comment peut-on réussir? Voltaire est catégorique: en se prostituant aux caprices et à la vogue du moment; l'astuce suprême, à Paris, est de 'plaire', à quelque prix que ce soit, quand 'dans le reste du monde il faut instruire'. Or Voltaire veut surtout 'instruire'; il constate qu''à Paris [...] ce n'est pas le bon qui plaît, c'est ce qui flatte le goût dominant'

---

[10] '[Je me fais] lire et relire tous les bons livres à table, et [j']en dis] mon avis. Cette méthode rafraîchit la mémoire, et empêche le goût de se rouiller, mais on ne peut user de cette recette à Paris; on y est forcé de parler à souper de l'histoire du jour; et quand on a donné des ridicules à son prochain on va se coucher. Dieu me préserve de passer ainsi le peu qui me reste à vivre!' (Best.D15517).

(Best.D5625). N'éprouvant aucune envie de flatter 'le goût dominant', il en tire une justification supplémentaire à sa 'retraite' loin de Paris.

En opposant toujours la simplicité de bon aloi, règle suprême de l'art et du bon goût, aux loufoqueries qui ont cours à Paris, Voltaire finit par nous faire croire que la préciosité est revenue en force dans la capitale. 'Cette simplicité tant recomandée autre fois dans Athenes, et devenue insipide à Paris' (Best.D1417), aurait pu éviter aux habitants de la capitale de verser dans ces excès ridicules que rencontre Zadig, quand un envieux de Babylone lui reproche de ne pas mettre assez de 'figures' dans son style, qui n'est que le simple 'style de la raison' (*Zadig*, Bénac, p.18). La préciosité et l'affectation tuent l'esprit: là-dessus, on peut faire confiance au grand maître qu'était Voltaire. L'esprit n'est grand que dans la modération. En ce domaine, abondance de biens nuit: 'l'excès de l'esprit a égaré, dans presque tous les genres, le talent et le génie' (Best.D4180). Quand on évoque, à propos de Voltaire, la royauté de l'esprit, il faut donc s'entendre: l'esprit n'est pas une valeur intrinsèque; on peut user de l'esprit, mais 'à Paris, [...] celà est répandu comme de la petite monoie, et il n'y a pas une seule grande fortune' (Best.D15568).

La dégradation de l'esprit conduit insensiblement à l'un des plus détestables défauts des Parisiens, leur propension à la 'mauvaise plaisanterie', qui a pris la place du 'bon goût' (Best.D1977). On saisit d'emblée que ces plaisanteries douteuses, ce rire perpétuel, quelquefois un peu gras, souvent niais, presque toujours déplacé, ne sont qu'une des nombreuses manifestations de 'l'esprit léger' du peuple de Paris. Ce rire est la négation même de la gaieté. On ne fera pas à Voltaire l'injure de croire qu'il n'a pas été sensible à la joie de vivre, mais il savait distinguer l'humeur riante de l'humeur ricanante.

> Je voudrais qu'à l'utile on joignît l'agréable;
> J'aime à voir le bon sens sous le masque des ris;

dit-il justement à propos des écrivains de Paris et de leurs ouvrages (*Le Russe à Paris*, M.x.130), d'où 'Le sentiment, l'imagination et les grâces sont bannies' (Best.D863).

En instruisant le procès du goût à Paris, Voltaire avait devant les yeux le sort fait à ses pièces. L'amour de Voltaire pour le théâtre n'est plus à démontrer: lors de son dernier séjour à Paris, en 1778, 'Le quarré du parterre, voilà ce qui l'intéressoit le plus dans l'immense capitale, absolument changée depuis son départ. Il n'y vit rien, ne songea à y rien voir; il n'y vécut que pour des comédiens, qu'il fatiguoit en voulant leur donner des leçons de déclamation' (Mercier, *Tableau de Paris*, viii.34). Aux yeux de Voltaire, si quelque chose pouvait sauver Paris et sa réputation devant l'Europe, c'était bien le théâtre. La seule réalisation qui trouve grâce aux yeux du philosophe Martin et de son compagnon Candide, pendant leur séjour à Paris, ce sont les 'quinze ou seize' bonnes pièces qu'on y donne. Dans sa correspondance, comme dans cent écrits divers, il évoquera toujours ces 'pleurs, enfants du plaisir', qu'arrachent aux spectateurs les fascinants 'jeux du théâtre'.[11] Comme 'Le goust se détermine tout seul vers le sujet pour lequel on se sent plus du talent' (Best.D536), et comme Voltaire estime que son plus grand talent est de faire des tragédies, son 'goust' le porte de manière impulsive, presque viscérale, vers le théâtre. L'écrivain n'est pas peu fier de souligner 'la variété dont on a besoin dans une ville immense, la seule de la terre qui ait jamais eu des spectacles tous les jours'.[12] Aussi, à la présentation de chacune de ses nouvelles pièces, il est violemment agité. Jusque dans les années cinquante environ, l'accueil est le plus souvent triomphal, et Voltaire savoure les éloges que personne n'ose lui marchander. Mais quand le philosophe vieillit – et à l'instar de ce Corneille dont il a vu l'affaiblissement progressif des qualités de dramaturge – le succès de ses pièces n'est plus automatique.[13] Les échecs vont se multipliant, car le public a senti, mieux que Voltaire lui-même, le moment où la tragédie voltairienne devient un pamphlet philosophique. Pourtant, Voltaire espère encore et toujours que les suffrages parisiens couronneront enfin son 'dernier-né'. Il écrit *Les Scythes*, qui est monté avec beaucoup de succès sur son petit théâtre de Ferney. Tout de suite, il se livre à des projections, car 'La nature, après tout, est par tout la même, et il faudra bien qu'elle parle dans vôtre Babilone comme dans ma Scythie' (Best.D14126). Mais la nature n'est probablement pas la

[11] *Discours sur l'homme*, troisième discours: *De l'envie* (*Mélanges*, p.221).

[12] 'Dédicace' de *Tancrède* à mme de Pompadour (M.v.498).

[13] c'est à partir de ce moment que Voltaire parlera de plus en plus souvent de cabales. Quand il se trouve à Berlin, il fait à mme Denis le tableau vivant et plaisant d'une première à Paris: 'C'est un grand jour pour le beau monde oisif de Paris qu'une première représentation. Les cabales battent le tambour, on se dispute les loges, les valets de chambre vont à midi remplir le théâtre. La pièce est jugée avant qu'on l'ait vue, femmes contre femmes, petits-maîtres contre petits-maîtres, sociétés contre sociétés. Les cafés sont combles de gens qui disputent. La foule est dans la rue en attendant qu'elle soit au parterre. Il y a des paris; on joue le succès de la pièce aux trois dés. Les comédiens tremblent et l'auteur aussi' (Best.D4822).

même à Babylone qu'ailleurs, car au grand dam du poète, ses *Scythes* sont un échec quasi total, comme plus tard ses *Guèbres*, et toutes les tragédies de la même mouture.

Tout au long de sa carrière d'auteur dramatique, Voltaire s'est posé des questions sur les fluctuations du public parisien à l'égard de ses pièces. Il a toujours conclu en incriminant l'affadissement du goût. Les Parisiens, qu'il a toujours eu le désir de 'corriger', s'écartent de plus en plus de la raison; ils deviennent 'gens à sentiment et puis c'est tout'. Ils n'apprécient et n'applaudissent que les tragédies où 'l'on pleure', dédaignent celles 'où l'on dit "Vrayment voylà qui est beau, Rome est bien peinte"' (Best.D4066). Surtout (et là Voltaire ne peut le leur pardonner), ils réclament des histoires d'amour bien corsées. Or, l'écrivain a longtemps rêvé d'une dramaturgie d'où 'l'amour' et la 'galanterie' seraient absents; surtout après ses mésaventures à Versailles, il en était venu bientôt à la conclusion que la peinture des sentiments affaiblissait le message qu'il voulait livrer: 'à Paris, point d'amour, point de premières loges et fort peu de parterre' (Best.D4827). L'auteur se trouvait ainsi tiraillé entre deux exigences contraires: d'une part, son goût, qui le portait spontanément à faire des tragédies sans 'amour', d'autre part ce que nous appellerions aujourd'hui les impératifs du box-office: la nécessité de flatter le goût du public, qui réclamait du 'sentiment' et qui voulait pleurer d'attendrissement au théâtre. Voltaire a dû donc bien souvent brider son premier mouvement, tailler dans le vif de son message idéologique; cela l'exaspérait et ravivait ses rancunes anti-parisiennes: 'Il a fallu appauvrir mes idées et me gêner dans le costume pour ne pas effaroucher une nation frivole qui rit sottement, et qui croit rire gaiement de tout ce qui n'est pas dans ses mœurs, ou plutôt dans ses modes' (Best.D6536). Quand il dresse pour la première fois le plan de *L'Orphelin de la Chine*, il rêve à des hardiesses de mise en scène. Ses amis de Paris le harcèlent pour qu'il change le canevas initial. Il en éprouve une grande amertume: 'On me fit craindre le ridicule que le parterre de Paris attache presque toujours aux choses extraordinaires, et surtout à la sagesse. Je me privai de cette source de vraies beautés dans une pièce qui, étant pleine de morale et dénuée de galanterie, courait grand risque de déplaire à ma nation' (Best.D6522).

Plus le siècle avance, plus les griefs de Voltaire vont s'aggraver: on connaît son aversion profonde pour les nouveautés introduites sur la scène par Diderot. Il était incapable de concevoir un drame bourgeois. Cela lui semblait aller contre le bon sens le plus élémentaire. Aussi,

Zadig, qui avait 'du goût', et qui était grand vizir, 's'occupait des embellissements de Babylone: il faisait représenter des tragédies où l'on pleurait, et des comédies où l'on riait, ce qui était passé de mode depuis longtemps, et ce qu'il fit renaître' (*Zadig*, Bénac, p.42). Mais, en matière de goût, Voltaire était de plus en plus en porte-à-faux; le triomphe artificiel d'*Irène*, qui le réconcilia *in extremis* avec le public de Paris, ne pouvait masquer le fossé qui peu à peu s'était creusé entre lui et les amateurs de théâtre à Paris; Voltaire avait eu tendance à imputer ce divorce croissant entre son public et lui au mauvais goût qui régnait à Paris, et quelquefois même à la perte du plus élémentaire bon sens.

En 1768, un court ouvrage intitulé *La Princesse de Babylone*, sans nom d'auteur, commençait à circuler à Paris. Il ne fallait pas être grand clerc pour deviner qui était l'auteur de ce conte, d'autant plus qu'une nouvelle édition portait un titre curieux et long, qui vendait immédiatement la mèche: *Voyages et aventures d'une princesse babylonienne, pour servir de suite à ceux de Scarmentado, par un vieux philosophe qui ne radote pas toujours.*

On ne lit guère aujourd'hui *La Princesse de Babylone*. On a raison en un sens, puisque *Zadig*, *Candide* ou *L'Ingénu* lui sont bien supérieurs. Comme dans tous les écrits de la vieillesse de Voltaire, l'art dans *La Princesse de Babylone* est subordonné à l'intention polémique. Pourtant, la désaffection des lecteurs d'aujourd'hui pour ce conte est regrettable, car Voltaire y dévoile, plus directement que dans les premières œuvres d'imagination, certaines de ses vues et de ses opinions. Après maintes péripéties, les héros abordent en France, pour l'inévitable séjour à Paris. En quatre pages nerveuses, Voltaire brosse un portrait complet de la 'capitale nouvelle des Gaules' et de ses habitants, qui reprend les anathèmes et les condamnations habituels. Il s'attarde plus particulièrement à étudier l'évolution du goût depuis le siècle qui précède l'arrivée d'Amazan et de Formosante à Paris, jusqu'au moment de leur séjour au milieu de 'ce peuple d'oisifs'. Les considérations qui suivent expliquent mieux que tout commentaire biographique ou que toute analyse psychologique pourquoi le philosophe se sentait un 'étranger' dans sa ville natale (Bénac, pp.392-93):

Ce peuple avait vu s'écouler un siècle entier pendant lequel les beaux-arts s'élevèrent à un degré de perfection qu'on n'aurait jamais osé espérer; les étrangers venaient alors, comme à Babylone, admirer les grands monuments d'architecture, les prodiges des jardins, les sublimes efforts de la sculpture et de la peinture. Ils étaient enchantés d'une musique qui allait à l'âme sans étonner les oreilles.

La vraie poésie, c'est à dire celle qui est naturelle et harmonieuse, celle qui parle au cœur autant qu'à l'esprit, ne fut connue de la nation que dans cet heureux siècle. De nouveaux genres d'éloquence déployèrent des beautés sublimes. Les théâtres surtout retentirent de chefs-d'œuvre dont aucun peuple n'approcha jamais. Enfin le bon goût se répandit dans toutes les professions, au point qu'il y eut de bons écrivains même chez les druides.

Tant de lauriers, qui avaient levé leurs têtes jusqu'aux nues, se séchèrent bientôt dans une terre épuisée. Il n'en resta qu'un très petit nombre dont les feuilles étaient d'un vert pâle et mourant. La décadence fut produite par la facilité de faire et par la paresse de bien faire, par la satiété du beau et par le goût du bizarre. La vanité protégea des artistes qui ramenaient les temps de la barbarie; et cette même vanité, en persécutant les talents véritables, les força de quitter leur patrie; les frelons firent disparaître les abeilles.

Presque plus de véritables arts, presque plus de génie; le mérite consistait à raisonner à tort et à travers sur le mérite du siècle passé: le barbouilleur des murs d'un cabaret critiquait savamment les tableaux des grands peintres; les barbouilleurs de papier défiguraient les ouvrages des grands écrivains. L'ignorance et le mauvais goût avaient d'autres barbouilleurs à leurs gages; on répétait les mêmes choses dans cent volumes sous des titres différents. Tout était ou dictionnaire ou brochure. Un gazetier druide écrivait deux fois par semaine les annales obscures de quelques énergumènes ignorés de la nation, et de prodiges célestes opérés dans des galetas par de petits gueux et de petites gueuses; d'autres ex-druides, vêtus de noir, prêts de mourir de colère et de faim, se plaignaient dans cent écrits qu'on ne leur permît plus de tromper les hommes, et qu'on laissât ce droit à des boucs vêtus de gris. Quelques archi-druides imprimaient des libelles diffamatoires.

16

Les Arlequins anthropophages
ou le bûcher et le bal

'Aн! les monstres! [...]; quoi! de telles horreurs chez un peuple qui danse et qui chante!' s'exclame Candide épouvanté au terme de son séjour à Paris (Bénac, p.198). Les 'horreurs', ce sont, comme le lui rappelle un abbé périgourdin, les multiples régicides perpétrés à Paris. Mais cette exclamation du voyageur westphalien déborde largement le cadre des attentats dirigés contre les rois de France. Les 'horreurs' que Voltaire évoque, toujours en relation avec Paris et ses habitants, sont effrayantes: les assassinats n'en forment qu'une petite partie. Or, elles ne sont que la conséquence directe de l'intolérance et du fanatisme, dernières des innombrables plaies parisiennes, les pires de toutes.

Voltaire s'est peu à peu identifié à la lutte contre l'intolérance sous toutes ses formes, notamment l'intolérance civile et religieuse. Le message ultime qu'il voulait transmettre par la plume et par l'exemple était devenu la lutte contre le fanatisme. Il était donc normal que sa réflexion sur ce fléau recoupât à un moment donné le thème parisien. Les vexations et les persécutions qu'il subit à Paris se superposent aux innombrables exemples qu'il puise dans son érudition historique pour dessiner à ses yeux l'image d'une ville où le fanatisme est roi. Peu à peu, dans l'esprit de Voltaire, un lien nécessaire, presque organique, s'établit entre Paris et l'intolérance. La capitale est une ménagerie; mais c'est une ménagerie où les rugissements des fauves et des carnassiers couvrent souvent les jacassements ridicules des pies et des linottes du 'beau monde'; c'est ce mariage de l'horreur et de la légèreté qui semble, à certains moments, représenter sous la plume de Voltaire la quintessence de la capitale française.[1]

---

[1] cf. 'Paris, où la moitié du monde est folle, et l'autre atroce. J'aime mieux ma Suisse' (Best.D7147, 7 février 1757). 'Si la moitié de Paris est frivole, l'autre est bien atroce' (Best.D19993, mars 1776). 'Le fanatisme est donc plus violent que jamais dans Paris, et l'on verra toujours dans cette ville des marionettes d'un côté et des auto da fé de l'autre' (Best.D20632, 9 avril 1777).

Pour le philosophe, l'intolérance des Parisiens est une forme de morbidité. Voltaire associe souvent Paris, son histoire et sa population à des excès de violence, à des comportements pathologiques. Il aurait certes été curieux et passionnant de découvrir à quels phantasmes profonds, à quels souvenirs confus, inconscients ou refoulés ces dénonciations répétées, cette vindicte bouillonnante étaient liées. Faute d'une connaissance précise de l'enfance du poète, nous ne pouvons malheureusement mener à bien cette enquête. Il suffit de constater que les accusations de Voltaire peuvent se cataloguer en quatre ou cinq grandes obsessions, dont le dénominateur commun semble être la mort, et le sort fait aux dépouilles mortelles.

Voltaire dénonce le meurtre et l'assassinat sous la forme qui lui paraît la plus condamnable: le régicide. L'atteinte à la personne physique d'un souverain paraît impensable à cet ami des rois, à ce partisan du despotisme éclairé; en cela, le philosophe est bien de son siècle, sinon en retard sur lui, et ce n'est certes pas 'la faute à Voltaire' si la Convention a envoyé Louis XVI à la guillotine. Voltaire couvre de sarcasmes ces 'Welches de Paris [qui] aiment tendrement leurs rois; ils n'en ont encor assassiné que trois, et n'ont condamné au bannissement perpétuel que Charles 7'.[2] Et, dans une envolée extraordinaire, il chante un jour à Thieriot les délices de son séjour en Suisse opposées à l'agitation de Paris, en une phrase que Theodore Besterman estime être la plus longue que l'on puisse trouver dans les manuscrits de Voltaire (Best.D7180, 3 mars 1757):

Je voudrais que vous eussiez passé l'hiver avec moy à Lausane [. . .] Vous auriez vu jouer Zaire en Suisse mieux qu'on ne la joüe à Paris, vous auriez entendu la serva padrona [opéra de Pergolèse] sur un joli téâtre, vous y verriez des pièces nouvelles exécutées par des acteurs excellents, les étrangers acourir de trente lieues à la ronde et mon pays roman, mes beaux rivages du lac Leman devenus l'azile des arts, des plaisirs et du goust, tandis qu'à Paris la secte des margouillistes occupe les esprits, que le parlement et l'archevêque bataillent pour une place à l'hopital et pour des billets de confession, qu'on ne rend point la justice et qu'enfin on assassine un Roy.

Cette finale abrupte est l'une des nombreuses allusions de Voltaire à l'attentat de Damiens contre Lousis XV, lequel avait bouleversé l'écrivain; il y voyait l'un des fruits empoisonnés du fanatisme religieux, le résultat intolérable du lavage de cerveau auquel le clergé soumettait les

---

[2] Best.D19994. Voir également Best.D19993 et *Candide* (Bénac, p.198).

fidèles. Plus que des sectaires de la politique, les régicides, les Clément, les Ravaillac, les Damiens, ont été, pour Voltaire, des instruments du sectarisme religieux. Pourtant, cette interprétation de l'histoire ne suffit pas à expliquer la répugnance pour le régicide: l'écrivain a privilégié, si l'on ose dire, les régicides parisiens. Dans l'histoire humaine, bien des régicides ont plus de relief que les pâles Ravaillac ou Damiens. Leurs actes ont souvent eu des répercussions plus importantes. Mais, en dehors de ses œuvres historiques, Voltaire ne s'attache qu'à ceux-ci, comme si les Parisiens devaient illustrer de manière exemplaire l'enchaînement fatal entre l'obscurantisme religieux et le crime politique.

Voltaire s'est toujours arrêté, fasciné, au bord du tombeau. Le passage dans l'autre monde ne méritait pas, à ses yeux, qu'on s'y arrête longuement, à condition que certaines formes soient respectées au moment de la mort, et surtout qu'on ne malmène pas trop la pauvre carcasse humaine, seul signe tangible de ce qu'avait été le mort. Le philosophe a toujours éprouvé une terreur panique de la fosse publique. Il en avait eu la révélation lors de la mort de mlle Lecouvreur. Depuis lors, et pendant près de cinquante ans, la crainte de subir le même sort n'avait cessé de le tenailler. Cette obsession s'était exprimée partout, dans la correspondance, mais aussi dans *Candide* (Bénac, pp.191-92), et dans maints opuscules des *Mélanges*. 'Le public jouit des talents de mlle Lecouvreur pendant sa vie, il la laissa traiter comme un chien après sa mort, et ne fit qu'en rire.'[3] Voltaire partage cette indignation de l'Intendant des Menus, d'autant plus que mlle Lecouvreur n'a pas été la seule à subir un sort pareil; 'le sieur Romagnesi, acteur de notre troupe italienne', et toute une cohorte de malheureux ont 'tâté de la voirie': il s'en est fallu de peu que 'l'illustre et inimitable Molière' ne subît le même sort. A ces évocations, les cheveux de Voltaire se hérissent: il ne supporte pas l'idée d'être jeté dans un 'charnier'; cette crainte peut expliquer en partie les Pâques de Ferney, toutes les petites compromissions que les purs et les durs de l'*Encyclopédie* lui reprochèrent. Mais le philosophe avait vu juste: pour lui aussi, il s'en est fallu de peu qu'il ne fût jeté dans la fosse commune. Le sort que les autorités réservèrent à sa dépouille s'explique, affirme Louis Sébastien Mercier, par le souci de maintenir l'équilibre entre les philosophes et leurs adversaires: 'Ces honneurs indiscrets qui lui furent rendus de son vivant [à l'Aca-

---

[3] *Conversation de m. l'Intendant des Menus en exercice avec m. l'abbé Grizel* (*Mélanges* p.418).

démie et à la Comédie-Française, en 1778] le privèrent des honneurs funèbres, ou plutôt, après avoir accordé à la secte encyclopédique son petit divertissement, on ne voulut pas retirer au clergé le sien, on tint la balance égale. Il valoit mieux, après tout, faire tomber la persécution sur le cadavre que sur l'homme, & tout étoit concilié par ce moyen' (*Tableau de Paris*, viii.35). On doute fort qu'une telle sophistique eût réussi à convaincre Voltaire. 'Faire tomber la persécution sur le cadavre' lui a toujours semblé un comportement abject et condamnable.

Cette hantise d'être enterré 'comme un chien' par la seule volonté des autorités religieuses de Paris se doublait d'une angoisse incontrôlable à l'idée des sévices et des souffrances physiques que pouvaient infliger à Voltaire les autorités civiles de la grande ville, c'est-à-dire surtout le parlement. Cette angoisse n'était pas simulation ou simple pose. Sans remonter à la bastonnade de Rohan, qu'il suffise d'évoquer la terreur de Voltaire quand les encyclopédistes sont directement menacés; il bat alors le rappel de tous les philosophes, pour les inciter à se réfugier en Prusse; et quand l'orage gronde à Versailles et au Parlement à la suite de la publication du *Traité sur la tolérance*, la réaction de Voltaire est caractéristique; il demande à d'Argental de mettre en branle l'influence de ses puissants amis pour écarter les menaces, puis il ajoute: 'La liberté a quelque chose de céleste; mais le repos vaut encore mieux' (Best. D11678). Ce commentaire, qui est la négation même de ce que Voltaire n'a cessé de répéter durant la majeure partie de sa vie, marque bien le trouble où la moindre menace à son intégrité physique plongeait l'écrivain. Et sa sincérité peut difficilement être mise en doute quand en témoigne un tiers qui écrit dans l'intimité d'une correspondance familiale: une lettre de madame Suard à son mari, si naturelle et si vive, campe devant nos yeux un Voltaire plus vrai que nature. Le vieillard et la jeune femme se promènent dans le jardin de Ferney (Best.D19507):

je vois qu'il le [nouveau parlement] craint, et cela m'afflige; car, quoi de plus affreux [que] de vivre dans les alarmes et surtout à son âge! 'S'il me tenait', disait il, 'il me ferait brûler'. 'Mʳ ils n'oseraient'. 'Eh qui les en empêcherait?' 'L'opinion, monsieur, la vénération qu'inspire à toute l'Europe votre génie, vôtre âge et le bien que vous avez fait à l'humanité; croyez, monsieur, qu'ils n'oseraient y attenter, et que tout ce qui existe d'honnête se soulèverait en votre faveur.' Ah! mᵉ on viendrait me voir brûler, et on dirait, peut-être le soir, que c'est bien dommage.

Ces angoisses de Voltaire trahissent, plus profondément, sa conviction que les Parisiens sont incapables de respecter les dépouilles mortelles. Cette étude a montré que, pour Voltaire, rien ne pouvait arracher le Parisien à son inextinguible gaîté, même pas l'évocation de milliers de morts. Cette cruelle indifférence va plus loin encore puisqu'elle ne s'applique pas seulement à ceux qui meurent dans des contrées ou des régions éloignées de Paris. Voltaire rappelle, dans *Le Siècle de Louis XIV*, que les Parisiens voulurent déterrer Colbert à Saint-Eustache pour profaner sa dépouille.[4] Il se souvient aussi que 'Calvin et ses suppôts', promis aux pires des supplices par les Parisiens déchaînés, ne durent leur salut qu'à leur éloignement de la capitale.[5] Il a la phobie, et l'obsession, de l'autodafé. Et pas seulement de celui du Biscayen, compagnon de Candide et de Pangloss: 'on va à l'opéra comique le jour qu'on brûle le chevalier de la Barre, et qu'on coupe la tête à Lally. Ah! parisiens, parisiens! vous ne savez que danser autour des cadavres de vos frères' (Best.D15803).

Cette propension du Parisien à commettre des meurtres dans l'exaltation du fanatisme a atteint son point culminant dans la Saint-Barthélemy. Cet épisode dramatique des guerres de religion n'a cessé de hanter le philosophe; il n'hésite pas à se féliciter d'être 'loin de la ville qui a vu la Saint-Barthélemi' (Best.D15516), où d'ailleurs la répétition d'un tel massacre 'ferait à peine une sensation'.[6] Et pourtant, la Saint-Barthélemy, plaide Voltaire, aurait pu être évitée; la preuve en est que 'Soixante artistes huguenots répandus tout d'un coup dans ma paroisse vivent avec les catholiques comme des frères' (Best.D14250). Mais le supplice du chevalier de La Barre ne fait que confirmer l'écrivain dans son pessimisme: malgré un mince vernis de civilisation, les Parisiens sont toujours friands de sang: 'Si la moitié de Paris est frivole, l'autre est bien atroce. C'est toujours au fond le même peuple qui a fait la St Barthélemi, qui a assassiné trois de ses rois, et qui veut encore passer pour un peuple aimable parce qu'il est frivole' (Best.D19993).

Le fanatisme exalte; l'intolérance brouille la raison. On ne se contentera pas, à Paris, d'assassiner son voisin parce qu'il ne partage pas

[4] chapitre 30. La même accusation est portée avec plus de détails dans une note de Voltaire à son *Epître sur la calomnie* (M.x.284). Le Parisien est également sourd à la souffrance de son prochain: 'Il y a beaucoup de protestants en prison. On ne sait pas un mot de tout cela à Paris. Il y aurait cinq cents hommes de pendus en province que Paris n'en saurait pas un seul mot' (Best.D14324).

[5] *Poème sur la loi naturelle* (*Mélanges*, p.282). Cf. également l'*Essai sur les mœurs*, ii.243, 246.

[6] Best.D10417. Cf. également: 'nos parisiens ne se corrigeront pas. Les convulsionaires feraient demain une St Barthelemy, et les abonnés de L'opéra se battraient après demain pour une danseuse si on les laissait faire' (Best.D20187).

la même croyance, ou encore de déterrer la dépouille d'un adversaire politique: on pourra aller jusqu'a l'anthropophagie. Voltaire a fait grand cas du meurtre du maréchal d'Ancre. Il était convaincu du 'mérite' et de 'l'innocence' de Concini; mais, plus que son assassinat, c'est la profanation de sa dépouille qui l'a frappé. Il est capable de raconter cet épisode avec l'indignation d'un philosophe mais aussi avec la retenue de l'historien (*EM*, ii.573):

La populace, toujours extrême, toujours barbare, quand on lui lâche la bride, va déterrer le corps de Concini, inhumé à Saint-Germain l'Auxerrois, le traîne dans les rues, lui arrache le cœur; et il se trouva des hommes assez brutaux pour le griller publiquement sur des charbons, et pour le manger. Son corps fut enfin pendu par le peuple à une potence. Il y avait dans la nation un esprit de férocité qui [...] à la moindre occasion reparaissait dans toute sa force.

Mais quand le genre littéraire que Voltaire aborde lui permet de descendre des hauteurs où le fait planer l'*Essai sur les mœurs*, l''esprit de férocité' de 'la nation' fait bondir l'écrivain. Rien de plus instructif à cet égard que de comparer un autre récit de ce crime politique qui, sous la plume du philosophe, devient presque rituel. Le Candien Scarmentado, qui fait le tour du monde, n'a que seize ans quand il arrive à Paris: 'Je voyageai en France; c'était le temps du règne de Louis le Juste. La première chose qu'on me demanda, ce fut si je voulais à mon déjeuner un petit morceau du maréchal d'Ancre, dont le peuple avait fait rôtir la chair, et qu'on distribuait à fort bon compte à ceux qui en voulaient' (*Histoire des voyages de Scarmentado*, Bénac, p.90). La bonhomie sarcastique, la trivialité même du récit, dévoilent, tout autant que la décence et même l'élévation du style de l'*Essai sur les mœurs*, l'horreur profonde de Voltaire. Le maréchal d'Ancre sera un des leitmotive de sa correspondance; on est presque tenté de croire que le philosophe, tout en réprouvant ce crime, est presque heureux d'en lire les détails terribles dans les annales du temps, puisqu'ils lui permettent de justifier ses accusations contre la 'populace' de Paris.

Ainsi, dans l'échelle du crime nourri de l'intolérance, les degrés que descend le Parisien sont de plus en plus ténébreux: il est régicide; il n'hésite pas à envoyer à la fosse publique ceux qu'il a couronnés et applaudis de leur vivant; il profane les cadavres; il recommencerait allégrement la Saint-Barthélemy; enfin, comble de la dépravation et de la barbarie, il est capable, à l'occasion, de cannibalisme.

Le fanatisme et l'intolérance sont des fléaux débilitants, et qui entraînent la dégénérescence physique et mentale de leurs adeptes. Pour Voltaire, les Parisiens, plus que tout autre groupe social, sont sujets à cette maladie; elle a toujours fait des ravages parmi eux; elle se répand par épidémies successives, à tous les détours de l'histoire. Elle frappe aussi bien 'la bonne compagnie' que 'la canaille, canaille composée à Paris d'environ quatre cent mille âmes, ou soi disant telles' (Best. D15003). Les manifestations d'intolérance sont multiples a Paris: l'auteur les traque tout au long de sa vie et de son œuvre. Il en fait le compte, scrute leurs conséquences. Voltaire est surtout blessé profondément par le déséquilibre que l'intolérance introduit dans toutes les sphères de l'activité humaine. Les extrémités et les incohérences auxquelles le fanatisme conduit inévitablement révoltent cet amoureux de la mesure, de l'équilibre et de l'harmonie. Le *Traité sur la tolérance*, la *Philosophie de l'histoire* et surtout l'*Essai sur les mœurs* font le procès de l'intolérance religieuse dans le tissu du temps humain. Mais à Paris, celle-ci n'est que le tronc d'un grand arbre, dont les branches, s'étendant dans toutes les directions, couvrent partout de leur ombre l'esprit humain. Voltaire n'a pas systématiquement classé les fruits empoisonnés de cet arbre. Il n'est pas difficile, néanmoins, d'en sentir le goût amer dans son œuvre et d'entendre grincer les dents du croisé de la tolérance.

Le fanatisme entraîne la perte de tout sens commun. Ainsi, on 'roue trois cent mille fous [...] pour avoir prié dieu en mauvais français' (Best.D15779). Mais les plus fous ne sont pas ceux qu'on pense! La folie des protestants est relative, celle des jansénistes et des convulsionnaires est absolue. Voltaire est impitoyable pour les jansénistes, qui 'gouvernent [...] Paris! C'est bien pis que le règne des jésuittes' (Best.D9777). Dans l'article 'Convulsions' de son *Dictionnaire philosophique*, l'écrivain se gausse de 'sœur Rose, sœur Illuminée, sœur Promise, sœur Confite' et met les Parisiens au dessous 'des Lapons, des Samoyèdes et des nègres!' (*DP*, p.149). Voltaire ne riait pas toujours: 'la folie inconcevable des convulsions' lui a semblé, à un certain moment, conduire toute la société parisienne à 'des suites très-dangereuses'.[7] C'est pourquoi il la dénonce inlassablement, dans le *Précis du siècle de Louis XV* comme dans le *Dictionnaire philosophique*, dans les *Questions sur l'Encyclopédie* comme dans *Le Russe à Paris* ou la *Conversation de l'Intendant... avec l'abbé Grizel*; et la campagne épistolaire qu'il déclenche

---

[7] 'Note' de l'auteur à son *Dialogue d'un Parisien et d'un Russe* (M.x.123).

contre les 'chiens de Saint-Médard' et les disciples du diacre Pâris a certainement contribué à ameuter l'opinion contre les excès aujourd'hui difficilement concevables des convulsionnaires. Un historien de Paris raconte l'anecdote suivante, qui nous fait mieux sentir l'épouvante de Voltaire.

L'exaltation [des Parisiens] est telle qu'on assiste à des scènes du genre de celle-ci. Des mystiques tirent au sort celui d'entre eux qui jouera le rôle du Sauveur: tous jurent de se soumettre au destin, et sur les hauteurs du Montparnasse, on convient d'ériger la croix pour que le martyr revive la montée du Calvaire. Le sort désigne un abbé de bonne famille qui, tout d'abord, s'incline devant la volonté divine, se laisse attacher la couronne d'épines, la croix et gravit la colline, entouré de ses compagnons. Arrivé au lieu fatal, il retrouve la volonté de vivre [. . .], il implore les assistants: ceux-ci restent inexorables. 'Tu es le Christ, il faut que tu meures comme lui'. La peur du trépas lui donne de l'esprit; il rappelle que le Christ a douté de sa destinée, il promet de revenir si on lui laisse le loisir de triompher de lui-même. L'argument porte: il faut que le drame soit une reviviscence fidèle. On le laisse aller; il court se mettre sous la protection du lieutenant de police qui l'abrite à la Bastille et fait arrêter ses camarades.[8]

Le ridicule, en ce domaine, succède à l'horreur. Voltaire ne peut s'empêcher d'éclater de rire devant la nouvelle marotte des jansénistes et autres fanatiques qui, sevrés de convulsions, se rabattent sur les billets de confession. Voltaire n'a pas de mots assez méprisants pour condamner cette pratique: 'minuties bourgeoises', 'billets au porteur', 'lettres de change tirées à vue sur l'autre monde', 'banque spirituelle', désignent tour à tour, et dans mille écrits, cette 'sottise', ce 'comble de l'extravagance et de l'horreur'. Voltaire déplore surtout que cet 'excès de ridicule', ces 'tracasseries civiles' ne détournent les Parisiens des vrais problèmes;[9] ici, fanatisme rime avec obscurantisme: 'Il y avait dans Paris cinquante mille énergumènes qui ne savent pas en quel pays coulent le Danube et l'Elbe, et qui croyaient l'univers bouleversé pour des billets de confession: tel est le peuple.'[10]

Le fanatisme amène fatalement la bêtise, sinon l'abêtissement. Les simagrées des convulsionnaires en sont une forme. Ce n'est pas la

---

[8] Léon Cahen, 'La population parisienne au milieu du xviiième siècle', *Revue de Paris* (sept.-oct. 1919), p.166.

[9] *Questions sur l'Encyclopédie*, article 'Confessions' (M.xviii.230-31).

[10] *Précis du siècle de Louis XV* (M.xv.377). Cf. également Best.D5554.

seule: Voltaire gémit parce que les philosophes, par exemple d'Alembert, seraient partout les confidents et les amis des rois, mais qu'à Paris ils sont 'en butte aux bêtises d'un cuistre de Sorbonne' (Best.D17410). La Sorbonne est, bien sûr, le haut lieu de la bêtise, de l'esprit de système et de l'intolérance. Le verdict de Voltaire est corroboré par l'histoire: en se cantonnant dans l'enseignement traditionnel, en donnant la priorité aux facultés de théologie et d'art sur celles de médecine et de droit, en épuisant ses énergies dans sa lutte jalouse contre les jésuites, l'université de Paris avait raté l'important développement de la science au dix-huitième siècle.[11] Voltaire n'avait certes pas le recul nécessaire pour porter un jugement aussi global et aussi précis; mais il pressent et condamne le tarissement de l'élan créateur; et pour cela, comme d'habitude, il trouve un jour une formule qui l'accroche; il en fera un thème de ses lettres, en le variant à l'infini selon le correspondant de l'heure: la Sorbonne, dit-il, 'n'est occupée qu'à condamner Bélisaire et à damner l'empereur Marc Antonin' (Best.D14977). Manière méprisante de dire que le 'sorbonnard fanatique', selon une autre de ses expressions favorites, passe son temps à donner des coups d'épée dans l'eau ou, pis, à persécuter les vrais philosophes.

Le fanatisme débouche sur l'horreur et la sauvagerie. Voltaire trouve l'ultime confirmation de cet article de son credo dans le supplice du chevalier de La Barre. Il est vrai que, parmi les effets du supplicié, on découvre un exemplaire du *Dictionnaire philosophique*, et que dans l'atmosphère survoltée qui régnait alors à Paris, cette découverte explique et justifie en partie les alarmes personnelles de Voltaire, qui craint un moment pour sa sécurité. Mais ce n'est là qu'un aspect contingent dans la réaction de l'écrivain. A peine a-t-il appris l'horrible condamnation qu'il perd toute retenue; sa voix s'enfle d'une colère démesurée; et bien longtemps après le terrible procès, ses imprécations garderont ce ton de grandeur et de véhémence qui rappelle les foudres des prophètes de l'Ancien Testament, qui lui sont si familières. Déjà, après la mort de Calas, il avait eu 'bien peur qu'à Paris on songe peu à cette horrible affaire. On aurait beau rouer cent innocents, on ne parlera à Paris que d'une pièce nouvelle, et on ne songera qu'à un bon souper' (Best. D10573). Mais après la mort du jeune homme de dix-huit ans le ton est radicalement différent: Voltaire n'est même plus capable de persifler et d'accabler ses adversaires sous le mordant de l'ironie; il gronde:

---

[11] on lira là-dessus les pages brèves mais éclairantes de Colm Kiernan, *Science and the Enlightenment in eighteenth-century France*, Studies on Voltaire 59 (1968), pp.59-61.

'Cuistres fanatiques de Paris, misérables convulsionnaires, singes changés en tigres, assasins du ch. d. l. b., apprenez que la philosophie est bonne à quelque chose!' (Best.D15570). Il ne faut pourtant pas croire que Voltaire faisait feu de tout bois, qu'il avait voulu simplement saisir une occasion propice pour décocher ses flèches acérées contre 'l'infâme': il condamne l'agissement du jeune étourdi; il l'aurait même envoyé quelque temps à Saint-Lazare. Mais c'est le motif secret de la condamnation qu'il trouve le moins honorable: 'On a prétendu que le parlement de Paris, accusé tous les jours de sacrifier la relligion à sa haine contre les évêques, a voulu donner un exemple terrible qui dé-montrât combien il est bon catholique. Quelle preuve de relligion!' (Best.D13516). Et, après le motif, c'est la disproportion inhumaine entre le délit et le châtiment qui le plonge dans d'abyssales fureurs. Le plus curieux, c'est qu'au lieu de stigmatiser la barbarie des seuls parle-mentaires, il pointe du doigt tous les Parisiens, collectivement res-ponsables à ses yeux de ce crime. Encore une fois, il voit dans cet événe-ment une preuve supplémentaire de la justesse de sa décision: il a eu bien raison de s'éloigner de ce nid de vipères, de se réfugier dans la retraite: 'L'atrocité de cette aventure me saisit d'horreur et de colère [...] Et c'est là ce peuple si doux, si léger, si gai! Arlequins anthro-pophages, je ne veux plus entendre parler de vous. Courez du bûcher au bal, et de la grève à l'opéra comique, rouez Calas, pendez Sirven, brûlez cinq pauvres jeunes gens [...] Je ne veux pas respirer le même air que vous.'[12]

Le fanatisme, enfin, entraîne dans son sinistre cortège l'ignorance. Il fait le vide autour de lui; ne pouvant cohabiter avec la raison, il étouffe toute réflexion, toute pensée; il veut demeurer seul, triomphant et bête, au milieu d'un désert spirituel. Or, Paris, avec ses responsables de la Librairie, ses docteurs en Sorbonne, ses innombrables censeurs, était le foyer même de l'outrecuidance ignorante. On comprend que Voltaire, qui souffrit tant de la censure, ait attaqué les Parisiens sur ce terrain-là. Et ses attaques, au lieu de s'émousser avec le temps, n'en acquirent que plus de vigueur, car l'intolérance et la censure, au lieu de s'alléger dans les vingt dernières années du règne de Louis xv, furent

---

[12] Best.D13420. Même si les fanatiques qui avaient dénoncé le chevalier demeuraient à Abbeville et non dans la capitale, et que l'allusion à Calas et Sirven élargit la condamnation à tous les Français, le rappel précis du 'bal', de la 'grève' et de l''opéra', caractéristiques bien parisiennes dans l'esprit de Voltaire, montre bien qu'encore une fois Paris et ses habitants avaient écopé pour toute la France.

singulièrement renforcées. Une ordonnance royale de 1757 stipulait, par exemple, que 'Tous ceux qui seront convaincus d'avoir composé, fait composer ou imprimer des écrits tendant à attaquer la religion, à émouvoir les esprits, à donner atteinte à l'autorité du gouvernement, à troubler l'ordre ou la tranquillité, seront punis de mort.' En 1764, nouvelle 'défense particulière de faire paraître quoi que ce soit sur l'administration des finances'; en 1767, un autre document royal vint ajouter une défense du même genre 'relative aux questions religieuses'.[13] Il faut garder ces faits à l'esprit quand on veut juger la portée et le ton des commentaires de Voltaire. Le philosophe a eu peur, vraiment peur, dans les dernières années de sa vie, d'être jeté en prison, malgré son grand âge. Il fulmine donc contre cette stérilisation de l'esprit, cet éteignoir avec lequel les autorités de Paris veulent étouffer tout ce qui pense.

Cette lutte continuelle de Voltaire contre la censure et ses méfaits a été fort bien étudiée par les biographes. On n'a peut-être pas relevé le lien qu'il fait entre l'ignorance institutionnalisée, la censure et le caractère parisien. Déjà, 'retiré dans le paradis terrestre de Cirey', il se gausse des cassinistes de Paris qui 'ne veulent pas que la terre soit plate aux pôles. Il faudrait les y envoyer pour leur peine' (Best.D1410). Le Sirien Micromégas, dont Voltaire fait la connaissance en 1752,[14] rencontre sur le tas de boue qu'est la planète Terre bien des choses curieuses; mais la plus étonnante, sans contredit, est ce 'petit animalcule en bonnet carré qui coupa la parole à tous les animalcules philosophes; il dit qu'il savait tout le secret, que cela se trouvait dans la *Somme* de St Thomas; il regarda de haut en bas les deux habitants célestes; il leur soutint que leurs personnes, leurs mondes, leurs soleils, leurs étoiles, tout était fait uniquement pour l'homme' (*Micromégas*, Bénac, p.112). Un docteur de Sorbonne est donc, pour des yeux non prévenus et une raison droite, la pire des aberrations. Le Sirien et son compagnon le Saturnien faillirent d'ailleurs s'étouffer de rire, à l'aspect d'une telle ignorance et d'une telle suffisance dans un être si petit.

[13] Hubert Morand, 'Les gazetiers et les nouvellistes', in *La Vie parisienne au XVIIIème siècle: Conférences du Musée Carnavalet (1928)* (Paris 1928), pp.189-90.

[14] rappelons cependant qu'un certain baron de Gangan, dont Voltaire évoque les tribulations dans une lettre à Frédéric de 1739, serait selon toute apparence l'ancêtre direct de Micromégas. Sur la question de la date de composition de *Micromégas*, une bonne synthèse est esquissée par Pierre-Georges Castex dans son *Voltaire: Micromégas, Candide, L'Ingénu* (Paris 1977), pp.5-9.

La condamnation de *L'Esprit* d'Helvétius fait voir à Voltaire 'l'inquisition condamner Galilée'. Il en infère, désabusé, que 'L'esprit de vertige est bien répandu dans votre pauvre ville de Paris' (Best.D8086). Les tribulations de l'*Encyclopédie* lui semblent le comble de la misère et de l'avilissement. Il ne peut tolérer que le 'pauvre Diderot' soit devenu l''esclave des libraires et [...] des fanatiques'. Il crache son mépris: 'Si j'avais un terme plus fort que celuy du mépris et de l'exécration je m'en servirais pour tout ce qui se passe à Paris' (Best.D8536). Il ne comprend pas non plus les agissements des parlementaires: ils auraient tout intérêt à 'favoriser la liberté de la presse' (Best.D12216), car toute liberté particulière doit augmenter, par ricochet, la liberté des parlementaires devant le trône et l'autel.

Le bilan de l'intolérance et du fanatisme dans la capitale française est donc bien sombre. Voltaire l'a établi et prouvé en mettant en relief la perte de tout sens commun, cet 'esprit de vertige' qui empêche de discerner l'outrance; en insistant sur la bêtise étroite et triomphante, sur l'horreur et la sauvagerie, qui inflige à un groupe d'adolescents une peine terrible, et à l'un d'entre eux un supplice médiéval, enfin, sur l'ignorance érigée en garant de l'orthodoxie.

Le philosophe ne se contente pas d'analyser l'intolérance parisienne dans l'absolu. Il compare, il mesure, il veut savoir où en sont les Parisiens dans l'Europe de son temps, par rapport à l'exercice – ou au déni – des libertés les plus élémentaires. C'est une pratique qui lui est familière. Son regard d'aigle, le réseau de correspondants qu'il a dans toutes les villes, de l'Atlantique à l'Oural, lui permettent d'avoir une vue globale de son continent – et de statuer que l'Europe prend le contrepied de Paris. Aux yeux du philosophe, la gloire passée de la capitale dans le domaine des sciences, dans le domaine plus vaste du goût, ne servait qu'à mieux masquer sa déchéance de l'heure. Dans la longue et lente conquête de la tolérance, Paris est également en retard sur le reste du continent: 'qu'il y a une différence immense entre les sentiments des sociétés de Paris et le reste de l'Europe! Il y a bien des espèces d'hommes différentes' (Best.D14298), s'écrie-t-il, après avoir égrené une longue litanie d'exemples de l'intolérance parisienne.

Voltaire avait un préjugé favorable pour les pays nordiques. Le type de civilisation qui y florissait lui semblait plus valable que celui de l'Europe du midi. De là son exaltation quand il évoque le Salomon du nord. Aussi ne s'étonnera-t-on pas de le voir remarquer 'que la philosophie est presque toujours venue à Paris, des contrées septentrionales; en récompense, Paris leur a toujours envoyé des modes' (Best.D10795). Cette philosophie, dont l'article premier s'appelle tolérance, fleurit, par exemple, en Russie; elle est également bien en honneur en Hollande, où 'il parait tous les huit jours un livre dans [le] goût' des ouvrages qui répandent la bonne nouvelle: 'le militaire philosophe, les doutes, l'imposture sacerdotale, le polissonisme [christianisme] dévoilé' (Best. D15427); elle se répand même bien plus chez 'les ours de Berne que chez les papillons de Paris' (Best.D20632). Le comble du scandale est atteint quand 'toute l'Europe [. . .] est remplie [des volumes de l'*Encyclopédie*], et [. . .] il n'en peut entrer dans Paris un seul exemplaire' (Best.D1748). Voltaire, désabusé, conclut que 'les Welches [. . .] viennent les derniers en tout' (Best.D15361).

Les opinions de Voltaire sont, on le voit, bien arrêtées. Il s'acharne, une fois de plus, à prouver que sa ville natale se laisse distancer par l'Europe dans la marche vers le progrès. L'esprit des Parisiens est trop évaporé pour que puissent dorénavant y prendre racine les grandes vertus qu'il croit découvrir ailleurs en Europe, et surtout en Europe du nord: le goût du travail, la passion de la science, la disponibilité à tout ce qui est nouveau, dans les arts, dans les techniques, et par-dessus tout le triomphe de la raison qui permet de dompter l'hydre sans cesse renaissante du fanatisme.

Conclusion

꧁꧂

J'ay bien moins de temps à moy que je ne croiais. On s'est
mis à venir dans mes retraittes, il faut recevoir son monde,
diner, se tuer, et qui pis est perdre son temps.

Voltaire, novembre 1757

... je suis ici du siècle de Voltaire ou de Louis XIV, car
c'est la même chose ...

Prince de Ligne, mai 1774

LE dix-huitième siècle venait à peine d'être enterré que les critiques
et les historiens de la littérature en dressaient un portrait dont les
grandes lignes devaient parvenir jusqu'à nous. La tourmente révolution-
naire, dont on avait cru voir les prémisses idéologiques dans l'œuvre
des philosophes, l'intermède agité de l'Empire, la contre-révolution que
fut la restauration de 1815 ne favorisaient pourtant pas la sérénité et
l'objectivité d'une telle entreprise. Les noms de Voltaire, de Rousseau
et de leurs émules avaient été brandis par trop de factions politiques
et idéologiques pour que leur vraie place, leur vrai apport puissent être
fixés avec certitude et détachement. Trop de conformistes et de bien-
pensants allaient peupler les officines des journaux et hanter les antichambres des éditeurs pour qu'un esprit comme Voltaire puisse s'en tirer
à bon compte. Les stéréotypes et les clichés ont tôt fait d'être forgés.[1]
En 1824 déjà, Cyprien Desmarais, dans son *Essai sur les Classiques et les
Romantiques*, affirme: 'Le dix-huitième siècle m'a paru avoir étrangement
abusé de ce qu'on peut appeler la civilisation de l'esprit, et avoir ainsi
préparé les causes qui devaient, sinon flétrir, au moins discréditer sa
littérature: il a offert à l'histoire l'exemple d'une de ces époques où,
par un abus des facultés intellectuelles, on en vient à considérer comme
des chimères, les émotions du cœur et les jouissances de l'imagination'
(p.103). Voilà déjà, établi inébranlablement, le caractère premier du dix-
huitième siècle littéraire, que des générations d'élèves rencontreront

---

[1] 'La postérité est souvent paresseuse et n'a eu que trop tendance à faire crédit à ces
déclarations' des Romantiques qui voulaient se démarquer nettement de Voltaire, et qui
le présentaient comme 'le degré zéro, l'envers ou le négatif du romantisme' (André
Billaz, *Les Ecrivains romantiques et Voltaire* (Lille 1974), ii.989).

dans leurs manuels scolaires. S'agissant de Voltaire, cette 'civilisation de l'esprit' donne des fruits empoisonnés; elle est à l'origine de la boutade célèbre: quand on a tant d'esprit, dit-on du philosophe, on ne peut pas avoir de cœur.

Les critiques du dix-neuvième siècle ne pouvaient tout de même pas négliger Rousseau, ni tout le courant littéraire dont il était le représentant génial. Il y avait bel et bien eu, au dix-huitième siècle, des écrivains 'sensibles'. Qu'à cela ne tienne: on décida que, dans le siècle, les deux tendances s'étaient relayées: à un demi-siècle spirituel succéda un demi-siècle sensible. Et rien n'était plus facile que de trouver des symboles à ces deux tendances: Rousseau était l'homme sensible par excellence, et Voltaire le héros tout désigné de la raison pure qui ne doit rien au sentiment.[2]

J'exagère à peine. Cette simplification outrancière trouve encore des échos aujourd'hui. Evoquant la mort presque simultanée de Voltaire et de Rousseau, un critique contemporain écrit: 'Ainsi disparurent, à la même heure, les deux représentants les plus éminents du XVIIIième siècle raisonneur et sensible.'[3] Voltaire est donc déjà en puissance, en ces

---

[2] 'L'honnête homme a été habitué à penser depuis fort longtemps qu'il y avait entre les Lumières et le Romantisme la même rupture qu'entre l'Ancien Régime et la Révolution: [. . .] Et même, à supposer qu'il y ait continuité entre un certain XVIIIe siècle et le romantisme, ce serait, de toute évidence, celui de Rousseau ou de Diderot, mais sûrement pas celui de Voltaire. On oppose volontiers l'ironie voltairienne aux ferveurs romantiques, l'impuissance poétique du patriarche de Ferney à l'explosion lyrique du XIXe siècle, la sécheresse à la sensibilité et, finalement, on voit mal la continuité de *Candide* à *Hernani*' (Billaz, i.2).

[3] Maurice Allem, 'Introduction' à son *Anthologie poétique française, XVIIIième siècle*, p.22. Il faut dire que ce critique n'aime pas particulièrement Voltaire, qui 'n'a point cette profondeur de sentiment, cet élan, cette sympathie, cette 'chaleur que l'âme exhale et communique à l'âme'; le philosophe, ici, n'a même pas la consolation d'être le 'roi de l'esprit', puisque 'Piron [. . .] n'avait pas moins d'esprit que Voltaire' (pp.16, 23)! Le problème de la manière dont s'est construite, pour la postérité, l'image de Voltaire, est immense. André Billaz, qui en a étudié un des aspects, souligne quelques points intéressants: 'Pour l'honnête homme non prévenu, Voltaire est d'abord de nos jours l'auteur de *Candide*, prosateur ironique et rationaliste décharné. Mais il y a d'autres Voltaire, [. . .] Le XXe siècle – et il serait intéressant de rechercher les motivations et les étapes de cette sélection – a choisi un certain Voltaire, celui de l'*Essai sur les mœurs*, du *Dictionnaire philosophique*, celui des pamphlets, de la correspondance, celui des contes surtout. La représentation commune qu'on trouve au XXe siècle se comprend et se construit à partir de *Candide*: de l'admiration moderne pour cette œuvre, à laquelle Voltaire attachait moins de prix pourtant qu'à *La Henriade*, *La Pucelle* ou des tragédies comme *Zaïre* ou *Mahomet*, on est tout naturellement passé à une sorte d'identification Voltaire-Candide: quand on pense à Voltaire, c'est d'abord de Candide que l'on se souvient. Dans ces conditions on intègre dans l'image de Voltaire qui se construit comme d'elle même à partir de ces

années où commence à triompher le Romantisme, cet 'Antéchrist nécessaire' qu'un autre critique du siècle dernier croira découvrir. Il faut pourtant habiller ces apophtegmes brillants de quelque substance. On examine la vie de Voltaire; on apprend que sa conversation était éblouissante, que l'Europe entière aspirait à un quart d'heure d'entretien avec lui; on est stupéfait d'une existence si pleine, si diverse; on le voit vivre à Paris et à Berlin, à Londres et à Genève; c'en est fait: le Voltaire 'historique' est né. Taine affirme: 'Il n'y eut jamais de créature mortelle plus exaltée et plus excitante, plus impropre au silence et plus hostile à l'ennui, mieux douée pour la conversation.'⁴ Et, comme en écho, la voix d'un historien d'aujourd'hui lui répond: 'Comme l'agitation est son climat naturel, ce Parisien est partout. C'est l'homme des voyages, des châteaux, des séjours lointains. Il faut le saisir au passage et le regarder très vite, comme les Parisiens le regardaient.'⁵ Voltaire est donc catalogué: il est raisonneur et bavard; son *Mondain* est aussi la preuve qu'il est quelque peu sybarite: d'ailleurs il a été millionnaire; et comme il a souvent été entouré de monde, on en a inféré qu'il était un homme du monde; pour étaler ce don éblouissant de l'esprit et de la conversation, il lui fallait un entourage choisi, celui du grand monde raffiné, c'est-à-dire celui de Paris; et voilà encore un trait ajouté au personnage: Voltaire était le prototype du Parisien, le représentant parfait d'une civilisation urbaine à son apogée.

Ce portrait est d'autant plus agaçant qu'il n'est pas complètement faux. A y regarder même de près, la plupart de ses éléments sont vrais: Voltaire a été un brillant causeur; il a privilégié la raison; il a été millionnaire; il aimait la compagnie des gens raffinés. Mais les conclusions

---

prémices tout ce qui est compatible avec cette assimilation, et on laisse de côté le reste, on retient le Voltaire ironique, le Voltaire nerveux, le non-passionné, le sec, le décharné, homme de tête plus qu'homme de cœur, le Voltaire actif aussi, celui qui préfère les réalisations concrètes, fussent-elles provisoires, aux théories ambitieuses, le défenseur des droits de l'homme, l'homme de l'opposition à l'injustice, de l'humanisation de l'histoire immédiate plutôt que des grandes aventures métaphysiques, l'homme de l'en-deçà plutôt que de l'au-delà' (*Les Ecrivains romantiques et Voltaire*, i.4-5).

⁴ *Les Origines de la France contemporaine*, tome premier, in M.i.LVIII-LIX. Saint-Marc Girardin est l'un de ceux qui, au dix-neuvième siècle, ont une opinion différente, plus proche du portrait que les études récentes ont brossé de Voltaire: 'La littérature n'est pas tout pour Voltaire; il a les goûts et les affections qui honorent les hommes et qui rendent heureux; il aime la nature, il aime ses amis.

'Cette chaleur de sentiment que Voltaire a dans ses affections privées, cette généreuse sincérité de cœur qu'il a avec ses amis, il l'a aussi dans ses opinions politiques et philosophiques' ('Préface' des *Lettres inédites*, in M.i.LV).

⁵ Pierre Gaxotte, *Paris au XVIIIème siècle* (Paris 1968), p.319.

sont excessives, car elles écartent mille autres traits du caractère de l'écrivain. Un Voltaire réservé, amoureux de la solitude, se tenant à l'écart du monde et des cours, est un Voltaire possible aussi. Toute cette étude a voulu montrer que Voltaire n'a guère été 'condamné à la solitude', n'en déplaise à un critique récent.[6] Les choses ont été plus complexes. La 'retraitte' n'a pas été simplement imposée au philosophe par Louis xv. Alors ... ?

La société française du dix-huitième siècle a recherché, comme tous les groupements humains à toutes les époques de l'histoire, sa formule de bonheur. Trouver ce point d'équilibre, instable et menacé, entre les contraintes du milieu extérieur et les impulsions vitales du désir, qui constitue à certains moments le bonheur, telle fut, après l'apothéose brillante et impersonnelle du clacissisme, la quête incessante en ce siècle de fin de régime. Jean Ehrard a noté, par exemple, que 'Le propre de la pensée du demi-siècle est de vouloir réconcilier l'homme avec lui-même, et de refuser toute distinction tranchée entre son instinct et sa raison.'[7] Mais avant de parvenir à ce point d'équilibre, à cette réconciliation de 'l'homme avec lui-même', cette sollicitation du bonheur peut tomber dans les extrêmes. Le bonheur est un mirage derrière lequel on risque de courir incessamment dans le monde, dans la société, au milieu du bruit et des lumières. Mais c'est aussi un état d'âme que l'on peut rechercher en soi, en se fermant au monde et aux autres, en se cloîtrant – ou en se claquemurant – en soi-même. A cet égard, la trajectoire suivie par le dix-huitième siècle est exemplaire. A la mort de Louis xiv, les Français, et surtout les Parisiens, se sont lancés tête baissée dans la recherche d'un bonheur palpable et tangible, où le critère du plaisir tenait la première place. Cette quête n'amena que désillusions. Mais de nombreux ferments travaillaient déjà la pâte qui allait lever dans la deuxième moitié du siècle, et surtout dans l'œuvre de Rousseau: 'Le xviiième siècle n'a pas attendu Jean-Jacques Rousseau pour exprimer une sensibilité différente de celle de l'âge classique, ou du moins pour donner à la sensibilité des expressions nouvelles. Dans les aspects multiples d'un sentiment suscité par la nature, la femme et les êtres aimés, l'humanité même, la mort et la nuit, Rousseau a eu des devanciers dans la poésie, le roman et le théâtre.'[8] La solitude complète, qui fut la

[6] Hugues Micha, *Voltaire d'après sa correspondance avec madame Denis*, p.7.
[7] *L'Idée de nature en France dans la première moitié du XVIIIème siècle*, i.392.
[8] Charles Dédéyan, *Jean-Jacques Rousseau et la sensibilité littéraire à la fin du XVIIIème siècle* (Paris 1966), p.5.

tentation permanente de Rousseau,[9] ou la mystique dans le monde, qui fut la folie des convulsionnaires et des jansénistes, ne pouvaient guère avoir plus d'impact que les miroitements d'un libertinage sans frein. Le dix-huitième siècle devait se frayer une voie entre le plaisir érigé en principe de vie, et la solitude considérée comme une fin en soi: ces deux absolus ne pouvaient être le gage d'un bonheur à visage humblement humain.

Ce fut le génie de ce siècle d'avoir réussi peu à peu cette synthèse. Réussite, certes, non pas totale, non pas permanente; réussite circonscrite à quelques individus, à quelques groupes, mais réussite quand même. A mi-chemin entre la comédie du monde et l'exaltation un peu morbide de l'âme soûle de se contempler elle-même, un étroit sentier conduit à une sagesse souriante et sereine.

Pas plus que dans les désenchantements du spleen, ce n'est dans la vie libertine que l'on rencontre les âmes vraiment heureuses [...]

Le bonheur appartient à ceux qui ont inventé un milieu entre la solitude et la sociabilité, sachant se tenir par rapport au monde à la bonne distance. Il exige surtout qu'on ait résolu le difficile problème de l'unité intérieure et de la liberté, en instituant une vivante dialectique entre le divertissement et la passion. Ces consciences saines et comblées, on ne les trouve ni dans les lugubres caveaux où se réfugient les misanthropes délirants, ni dans les salons où l'être se dissout en fumée. Ce sont des gens du monde, mais qui vivent hors du monde. Ils nous révèlent l'une des formes les plus nobles de l'art de vivre de ce temps: la sagesse des châteaux.[10]

Voltaire lui aussi, à l'égal de ses contemporains, s'est lancé à la poursuite du bonheur. Mais, contrairement à nombre d'entre eux, il l'a trouvé. Cette 'sagesse des châteaux' dont parle Robert Mauzi, à qui peut-elle mieux s'appliquer qu'à l'hôte de Cirey, des Délices, de Ferney? Il serait erroné de croire que Voltaire a passivement réagi aux fluctuations de sa vie. Dès son jeune âge, nous voyons poindre ces tendances qui en

[9] et que condamnent bien souvent ses contemporains. Les réflexions suivantes de Diderot, dans *La Religieuse*, ont été composées quelques années après le célèbre 'Il n'y a que le méchant qui soit seul', et en sont un commentaire étendu: 'Voilà l'effet de la retraite. L'homme est né pour la société; séparez-le, isolez-le, ses idées se désuniront, son caractère se tournera, mille affections ridicules s'élèveront dans son cœur; des pensées extravagantes germeront dans son esprit, comme les ronces dans une terre sauvage. Placez un homme dans une forêt, il y deviendra féroce; dans un cloître [...] c'est pis encore' (*Œuvres romanesques*, éd. Bénac, p.342).

[10] Robert Mauzi, *L'Idée du bonheur dans la littérature et la pensée françaises au XVIIIème siècle* (Paris 1960), pp.35-36.

feront 'l'ermite des Alpes'. Ses contemporains ne s'y trompent guère, et cela très tôt. En 1735 circule à Paris un portrait de Voltaire: 'Gai par complexion, sérieux par régime [. . .] Il sçait le monde et il l'oublie [. . .] Il aime la grandeur et il méprise les Grands [. . .] Il aime la cour et s'y ennüie, [. . .] on lui trouve un tic approchant de la manie des vieillards; les bonnes gens vantent toujours le passé, et sont mécontents du présent.'[11] Voltaire lui-même ne cesse de répéter que la vie des cours, l'agitation des villes ne lui conviennent guère. En 1744, il vient d'apprendre, pendant un bref séjour qu'il fait à Cirey, que le roi le nomme historiographe de France. On imagine Voltaire bondissant de joie. Ecoutons-le plutôt faire une confidence à sa nièce: 'je quitte la tranquilité de Cirey pour le cahos de Paris [. . .] Allons, [. . .] nous nous consolerons tous deux, [. . .] moy de la ridicule vie que je mène, toute contraire à mon humeur et à ma façon de penser.'[12] Voilà qui est net: Voltaire lui-même affirme que la vie agitée à Paris ne s'accorde ni à son tempérament, ni à un choix conscient de sa part. Il faut cesser une fois pour toutes de lui tordre les bras pour lui faire dire qu'il n'a été heureux qu'à Paris, et que ses différentes retraites n'ont été que d'amers exils.

Le philosophe avait en fait une grande sensibilité accordée à tous les courants qui traversaient le siècle. Mille antennes ténues et vibrantes partaient de son intelligence et, peut-être plus encore, de son cœur, pour pressentir et capter l'air du temps. Il a été franchement libertin quand Paris était incontestablement livré aux libertins de la Régence. Mais bien avant Rousseau et le retour à la nature, il avait subodoré la voie sur laquelle s'engageait son époque. Que cette voie s'accordât à un aspect important de son tempérament, amoureux du calme studieux, ne l'en aidât que plus à s'y plier. Les circonstances extérieures, qui l'amenèrent a être 'laboureur, vigneron et Berger', firent le reste: ce sort, répète-t-il avec toutes les apparences de la sincérité, 'vaut cent fois mieux que d'être à Paris homme de lettres' (Best.D8006,

---

[11] on lira ce portrait dans la *Correspondance littéraire* de Grimm, éd. Maurice Tourneux (Paris 1877-1882), i.266-68. Grimm l'attribue au marquis de Charost. Maurice Tourneux affirme que 'Voltaire était tenté de l'attribuer à l'abbé de La Marre'. Un éditeur moderne, R. A. Leigh ('An anonymous eighteenth-century character-sketch of Voltaire', *Studies on Voltaire* 2 (1956), pp.241-72) estime que cette attribution au marquis de Charost est hasardeuse et conclut que le portrait est anonyme. Ajoutons que Jean-Baptiste Rousseau trouvait que Voltaire était bien flatté dans ce portrait (Best.D878)!

[12] *Lettres d'amour de Voltaire à sa nièce*, éd. Th. Besterman (Paris 1957), p.35.

27 décembre 1758). Nul ne peut nier qu'il avait réussi la difficile synthèse du bonheur personnel et de la réussite sociale.

Voltaire a ressassé des dizaines de fois quelques idées simples relativement à Paris: la capitale, dit-il, n'apprécie pas vraiment son talent d'écrivain et de dramaturge; les Parisiens le persécutent; le fracas de la ville l'empêche de travailler, de penser, d'écrire. Or, s'il est vrai que 'Ce qui compte, c'est ce que Voltaire a répété toute sa vie; ce qui compte, ce sont ses entêtements, et ce sont ses obsessions',[13] il faut essayer de dégager la signification profonde de ces obsessions; il faut aller au-delà des explications biographiques, et saisir le sens mystérieusement convergent de ces défaveurs royales ou ministérielles; il faut tenter de percer l'art si efficace avec lequel Voltaire réussissait à se mettre à dos, avec une régularité exaspérante, toutes les autorités qui l'accueillaient d'abord avec sympathie. Pourquoi la sensibilité de Voltaire s'accorde-t-elle avec les tendances profondes, puis les modes affichées au dix-huitième siècle, et même pourquoi les précède-t-elle? Pourquoi Voltaire s'est-il si souvent trouvé éloigné de sa ville natale – un peu contre son gré, un peu avec la complicité inconsciente de ses impulsions profondes, dans une mesure que nous ne pourrons peut-être jamais déterminer avec précision?

Jusqu'en 1726, Voltaire avait fait une brillante carrière littéraire à Paris, en dépit des multiples exils qui lui étaient imposés à cause de son impertinence. Il était pleinement engagé dans la vie intellectuelle de la ville; il en était l'enfant chéri, qui peut se permettre tout, et à qui on pardonne tout: la mesure même de ses ambitions ainsi éveillées contribuera à aggraver la chute que la fatale bastonnade de Rohan provoquera. Ce jour de février 1726 n'est pas seulement une date importante dans la vie de Voltaire; il marque un tournant dans l'attitude des Parisiens à l'égard du jeune prodige. Voltaire était fait pour indisposer profondément les élites parisiennes; son insolence sans bornes faisait plus qu'agacer, elle inquiétait. Mathieu Marais raconte la réflexion ironique du jeune auteur qui, en 1723, se gaussant d'un vieil aristocrate, le comte de Verdun, fait candidement semblant de croire que celui-ci a assisté à la première du *Cid*! Et le mémorialiste est bon prophète quand, faisant allusion à un événement contemporain, il écrit ces lignes, trois ans avant l'algarade avec Rohan: 'gare la répétition de la scène des coups de bâton!' (*Journal et mémoires*, ii.441). En racontant plus tard la baston-

[13] René Pomeau, *La Religion de Voltaire* (Paris 1956), p.455.

nade de 1726, le perspicace avocat parisien est certainement le porte-parole de tout ce qui compte à Paris quand il commente: 'Mais les épigrammes assassines [de Voltaire] pourront faire excuser le fait' (iii.392) de la bastonnade. Le camouflet infligé à Voltaire, l'exil de 1726 cristalliseront contre lui toutes les rancunes, toutes les oppositions que le jeune écrivain avait soulevées. Ces préventions ne se dissiperont guère; elles iront s'accroissant. A l'exception des premières tragédies, plus aucune œuvre de l'écrivain ne sera bien accueillie des autorités parisiennes. Depuis 1726, et jusqu'à la fin, Voltaire sera devenu, à Paris, le gêneur perpétuel. Comme c'est une force de la nature, les dirigeants ne peuvent toujours lui exprimer ouvertement leur opposition. Mais ils ne se priveront pas de la lui faire sentir de mille façons. Voltaire a été sensible à cette opposition quelquefois sourde, souvent ouverte, mais toujours tenace; sa seule, sa véritable lune de miel avec Paris va de la production d'*Œdipe* à son départ pour l'Angleterre. Il ne fera plus jamais ce qu'on peut appeler une 'carrière' littéraire à Paris. N'ayant jamais accepté de se ranger, ce sera déjà, en partie, le prix qu'il paiera pour être libre. Et la gloire de Voltaire, même de son vivant, ne doit pas faire illusion; elle ne le mettait nullement, au dix-huitième siècle, à l'abri de cette prévention. Voltaire avait voulu, consciemment, se mettre en dehors des circuits traditionnels; il fut traité en conséquence.

Voltaire a difficilement accepté cette espèce d'interdit que les autorités littéraires, civiles et religieuses de Paris avaient jeté sur lui. Rien de plus intéressant à cet égard que sa manie de répéter à tout venant que les Parisiens ne s'occupent que d'eux-mêmes et sont incapables de comprendre ce qui se passe en dehors des limites de leur cité. Cette insistance à crier que Paris ignore tout de la France et du monde, ne s'occupe que de ses intérêts égoïstes, ferme les yeux sur les événements qui se déroulent en dehors de son enceinte et oublie les hommes qui ne sont pas citoyens de la ville, n'est-ce pas là une manière détournée et sûrement inconsciente de dire que Paris ne s'occupe pas de lui, ne pense pas assez à lui, Voltaire? Entendons-nous: le philosophe est sincère, d'une sincérité absolue, quand il déplore que les Parisiens ne se préoccupent pas du sort des Calas, ou des tribulations des protestants. Il n'en demeure pas moins troublant de le voir demander avec véhémence que les Parisiens cessent de se regarder dans le miroir de leur vanité satisfaite, et condescendent à porter leur attention au-delà des limites de leur cité.

Mais si Voltaire souhaite, dans une zone de son inconscient qui affleure peut-être bien souvent, demeurer au centre de l'intérêt et des préoccupations des Parisiens, il ne tarde pas à tirer les conséquences de la réalité. L'ostracisme, poli mais féroce, qui le poursuit, l'amène à des conclusions qui vont toutes dans le sens de la paix et de la tranquillité à la campagne, dans le sens de cette 'retraitte' qui, selon ses propres mots, doit être le refuge du sage. Retraite d'autant plus bénéfique qu'elle seule permet, l'expérience le prouve à l'envie, de 'penser', de fréquenter aussi bien Horace que Don Calmet, bref d'écrire. Mais retraite qui n'enlève rien à l'ingratitude des Parisiens, à leur inconscience aussi, à leur 'légèreté d'esprit', qui les empêche de regarder plus loin que le bout de leur nez, et par exemple de voir où sont les seuls bons écrivains, ceux qui ne sacrifient ni aux modes, ni aux caprices de l'opinion. D'où cette vindicte contre Paris que Voltaire estime, en toute conscience, justifiée par le traitement que la ville a réservé au plus digne de ses fils.

Ces exclusives des bien-pensants de tous bords auraient peut-être peu dérangé Voltaire s'il s'était senti au diapason de l'élite pensante de Paris; mais même avec ses alliés naturels, les écrivains et les penseurs de son siècle, Voltaire s'est senti de moins en moins à l'aise, et c'est peut-être là le nœud de son attitude ambivalente, sinon ambiguë, à l'égard de Paris. L'évolution des milieux avant-gardistes de la capitale a vite cessé de correspondre à la sienne. L'époque de sa vie que Voltaire a évoqué le plus souvent avec nostalgie est celle de ses débuts; il ne se rappelle jamais ses compagnons du Temple sans une grande émotion; le souvenir des La Fare, des Chaulieu, des Bertin, lui arrache des cris de regrets. Mais ces poètes, ces penseurs, ces libertins du premier quart du siècle disparaîtront peu à peu; le drame secret de Voltaire serait-il de leur avoir si longtemps survécu? Leur conception de la vie, du monde, du bonheur, l'art de vivre raffiné et délicat qu'ils avaient forgé, et qu'ils avaient imprimé dans le cœur et la sensibilité de leur jeune disciple, constitueront le cadre mental et le décor que Voltaire voudra toujours ressusciter. Une sagesse souriante et heureuse, une tolérance inépuisable, un scepticisme élégant, une légèreté de ton et de sentiments que ne dépare aucune fausse note, voilà ce qu'a toujours été l'idéal de Voltaire. C'est également de cette époque de sa vie, et de l'enseignement de ses amis, que le philosophe hérite l'horreur de la métaphysique chrétienne et le déisme qu'il prêchera ensuite inlassablement. Entre vingt et trente ans se forgeront à Paris les traits essentiels de la sensibilité de l'écrivain; il ne voudra plus jamais franchir certaines limites sur le plan idéologique. Et c'est également au cours de cette période de sa vie que Voltaire sera le plus heureux à Paris.

A partir de 1735, l'aile marchante de la pensée française devient de plus en plus étrangère à Voltaire. Déjà, les thèses que véhiculait le *Testament* du curé Meslier l'inquiètent beaucoup; il tente de les infléchir dans un sens déiste. Le matérialisme, l'athéisme, lui semblent des aberrations. Et pourtant, ce sont là les idées que défendent avec vigueur et intelligence les nouvelles générations d'écrivains. Les encyclopédistes le mettent mal à l'aise; bien peu de 'frères', en définitive, sont sur la même longueur d'onde que Voltaire. Si le philosophe avait vécu à Paris, nul doute que des conflits n'eussent éclaté entre lui et, par exemple, 'la coterie holbachique'. Mais la distance assourdissait les divergences; l'ennemi commun, 'l'infâme' et tous ses corollaires, cimentait l'union entre les philosophes à condition que ceux-ci ne confrontent pas trop étroitement leurs opinions sur l'organisation et l'avenir du monde et de l'univers. Voltaire était d'un tempérament trop entier pour qu'à Paris, au contact quotidien de Diderot, d'Holbach et des matérialistes convaincus, il ne tente pas de les contredire avec éclat. Il a senti, sinon compris, ce danger. Il a préféré jouer le rôle du patriarche, de l'unificateur. Et pour cela, il devait s'éloigner. La distance physique qui le séparait de Paris était comme le symbole de la distance qu'il était acculé à mettre entre ses convictions profondes et les vues révolutionnaires de tous ceux qui se réclamaient de sa lutte et de son exemple.

Sur le plan esthétique aussi, le philosophe est bientôt déphasé. Plus le siècle avance, plus Corneille et Racine deviennent des personnages historiques, qu'on admire, mais qu'on ne se sent pas obligé de copier aveuglément. On estime, à un moment donné, pouvoir se démarquer d'eux, créer un autre théâtre. Mais, pour Voltaire, Corneille et Racine sont des aînés fraternels et vivants; il est possible d'apporter à leur art des retouches, mais son essence doit demeurer la même. Le philosophe a beaucoup souffert des atteintes de plus en plus nombreuses à son credo esthétique; or les théâtres parisiens sont le lieu de ces tentatives de renouvellement de la scène française; déjà prévenu contre la capitale, Voltaire se voit ainsi confirmé dans son opinion que le goût est malade à Paris.

Voltaire avait l'intelligence trop vive et trop alerte pour ne pas être dans son siècle; tactiquement, il a toujours été à l'avant-garde des combats qu'au nom de la justice et de la raison ses contemporains ont livré. Nul ne pouvait forger de manière plus brillante ces grands moments de l'histoire de la civilisation et du progrès qui s'appellent l'affaire Calas ou l'affaire Sirven. Engagé profondément dans l'action, il a été sur la brèche jusqu'à la dernière minute; le militant de son jeune âge ne s'est jamais démenti. Sa réflexion sur la tactique à suivre dans la bataille des Lumières était également à la pointe de l'actualité. Ses dizaines d'écrits et de pamphlets qui traitent de la tolérance, par exemple, sont le plus bel hymne en l'honneur de ce combat essentiel du dix-huitième siècle. Mais Voltaire était déphasé sur le fond, sur l'idéologie que le siècle a peu à peu secrétée, et sur les grands courants de pensée qui l'ont traversé; grand admirateur de Bayle, l'écrivain a toujours voulu appliquer à la connaissance les méthodes d'investigation héritées de l'auteur du *Dictionnaire historique et critique*; il s'est trouvé par là-même étranger en grande partie à tout le courant qui trouve son expression littéraire dans l'œuvre de Rousseau et sa formulation philosophique dans celle de Kant:

En rapportant au sentiment, qui n'admet point le doute, la connaissance des vérités transcendantes, en cherchant à prouver que le raisonnement n'est valable que dans la sphère des sensations, Kant est bien loin de considérer cette puissance du sentiment comme une illusion; il lui assigne au contraire le premier rang dans la nature humaine; il fait de la conscience le principe inné de notre existence morale, et le sentiment du juste et de l'injuste est, selon lui, la loi primitive du cœur, comme l'espace et le temps celle de l'intelligence [. . .] Nous examinerons [. . .] les arguments de Kant contre la morale fondée sur l'intérêt personnel, et la sublime théorie qu'il met à la place de ce sophisme hypocrite ou de cette doctrine perverse.[14]

Ce résumé de la doctrine de Kant, dans laquelle le sentiment l'emporte sur l'expérience sensible, eût semblé une aberration à Voltaire. Con-damnant, de surcroît, le matérialisme de ses amis philosophes, l'écrivain s'est trouvé en retrait sur les penseurs nouveau; là encore, malgré toutes les manifestations de respect et de vénération dont il était entouré, un ostracisme subtil et insidieux tendait à le séparer du groupe des meneurs philosophiques. Autant que des circuits officiels, il était poliment tenu à l'écart des cercles les plus féconds et les plus novateurs de l'intelli-gentsia parisienne. Voltaire était capable de saisir cela. De là aussi vient sa psychose d'être un 'étranger' à Paris, et sa manie de vanter le siècle qui, sur son déclin, l'avait vu naître; mais dans les milieux qui repen-saient le monde et la société, Voltaire était incapable de faire figure d'antiquité respectable; encore une fois, la distance a sauvegardé son

---

[14] mme de Staël, *De l'Allemagne*, éd. Simone Balayé (Paris 1968), ii.135.

image, sa réputation, tout en lui évitant des frictions trop douloureuses avec ses alliés. Voltaire était devenu un grand homme qui se survivait: c'eût été un sort trop pénible à Paris. De nos jours encore, de grands écrivains ont survécu à leurs moments de gloire; ils ont continué à tenir dans la société une place importante, sinon unique, par le combat et le témoignage de la plume et de l'action: pensons à Sartre, pensons à Mauriac. Mais ils ont cessé aussi d'être le miroir dans lequel une société voyait s'esquisser les formes encore imprécises de son avenir. Entourés d'admiration et de respect, ils ont perdu la faculté de remodeler la sensibilité, de façonner les formes nouvelles de la réflexion; ils n'ont plus pétri l'avenir. Sur le plan littéraire et sur le plan idéologique, Voltaire appartenait à une génération dont bien peu de représentants survivaient encore quand il a commencé à écrire ses œuvres majeures, *Le Siècle de Louis XIV*, l'*Essai sur les mœurs* ou le *Dictionnaire philosophique*. Le Paris de 1740, et a fortiori de 1750 ou de 1760, n'était plus le Paris qu'il avait aimé à ses débuts. Aussi a-t-il voulu s'en bâtir un autre, qu'il était plus facile d'imaginer dans le calme des Délices que dans l'agitation du faubourg Saint-Germain.

Voltaire s'est donc trouvé pris entre deux feux. Son œuvre semblait subversive à ceux qui détenaient le pouvoir à Paris; elle semblait timorée à ceux qui faisaient l'opinion neuve et hardie. Par ses audaces, sa causticité et le rayonnement de son message, il est l'ennemi numéro un du trône et surtout de l'autel; par sa carrière littéraire, ses goûts, ses jugements esthétiques, ses options idéologiques, il est un homme dépassé aux yeux de la génération d'écrivains qui vit le jour vingt ans après sa naissance; très engagé dans le monde, il n'était plus tout à fait de son monde. Paris devenait par trop inconfortable; il le quitta avec regret, certes, mais non pas avec le sentiment d'un effondrement total, d'une impasse ou d'une fin de carrière; bien au contraire, l'éloignement l'a stimulé; s'il a suivi la sensibilité du siècle, s'il a prôné la retraite, s'il a mené la vie de château, c'est que cette existence s'accordait mieux en définitive avec les nécessités impérieuses de sa carrière, et peut-être plus encore avec son équilibre psychologique, loin des tensions divergentes qu'il subissait dans la capitale.

Voltaire a peu parlé de la vie urbaine sur un plan théorique. Il n'a pas, comme Rousseau ou Diderot, la passion d'échafauder un système. Il lui arrive bien sûr quelquefois de faire des réflexions d'ordre général sur la vie dans les villes; mais ces réflexions sont peu cohérentes, et souvent même contradictoires. Il affirme un jour: 'Point de villes en

Scythie, par conséquent point d'arts agréables' (*La Princesse de Babylone*, Bénac, p.375). Mais il n'établit pas nécessairement un lien de cause à effet entre ces 'arts agréables' et le bonheur: 'dans les villes qui paraissent jouir de la paix, et où les arts fleurissent, les hommes sont dévorés de plus d'envie, de soins et d'inquiétude qu'une ville assiégée n'éprouve de fléaux' (*Candide*, Bénac, p.181). En fait, quand Voltaire s'astreint à une réflexion quelque peu élaborée sur les conditions les plus propices à l'éclosion de la vertu et du bonheur, il lui est indifférent de privilégier la vie urbaine, au milieu des arts agréables, ou dans la nature: 'Les nations qu'on nomme civilisées, parce qu'elles furent méchantes et malheureuses dans des villes, au lieu de l'être en plein air ou dans des cavernes,'[15] écrit-il avec une parfaite désinvolture. Toute sa réflexion sur Paris est existentielle. Elle épouse étroitement l'humeur du moment. La vindicte de Voltaire contre Paris est strictement dirigée contre la capitale de la France, et non pas contre le milieu urbain in abstracto.

Voltaire a parlé assez souvent des autres grandes villes d'Europe. Il est intéressant de voir Genève ou Londres devenir, sous sa plume, l'exacte contrepartie de Paris, le revers brillant d'une terne médaille. Il est encore plus intéressant de le voir sélectionner dans ces villes les aspects qui lui permettent des comparaisons peu flatteuses pour Paris. La philosophie à Genève, la mâle liberté qui règne à Londres, sont le prétexte cent fois renouvelé d'une flèche décochée aux Parisiens. Quand un aspect lui déplaît dans une ville, par exemple la tyrannie qui règne à Berlin, Voltaire y met une sourdine; à l'égal de Paris, Londres, Genève ou Berlin sont vus à travers une lentille déformante, et décrits de manière impressionniste.

De Rome, Voltaire dira peu de choses, et encore ce sont des banalités: 'la première ville du monde', 'la capitale de l'Europe'; la ville qui l'occupe le plus après Paris, c'est Genève, et c'est bien naturel.[16] Il vantera tout d'abord la beauté du décor naturel qui entoure la ville. Aux Délices, il écrit un poème 'romantique' sur le lac Léman; c'est, selon Theodore Besterman, un sommet d'optimisme dans sa vie. Il ne cesse pas non plus de chanter les centaines de jardins qu'il voit de sa maison, etc. Quant aux Genevois, ils tendent, d'après Voltaire, vers l'orthodoxie en matière

---

[15] *Dieu et les hommes, par le Docteur Obern* (M.xxviii.132).

[16] nous nous inspirerons, pour les quelques paragraphes qui suivent, d'une étude d'Arnold Ages, 'The private Voltaire: three studies in the correspondence', *Studies on Voltaire* 81 (1971), pp.7-125. L'auteur y détaille l'image de Genève, Londres, Berlin et Saint-Pétersbourg telle qu'on la rencontre dans la correspondance.

économique et vers l'hétérodoxie en matière religieuse. Le brasseur d'affaires admire leur politique fiscale conservatrice, leur frugalité, leurs habitudes d'épargne et d'investissement. Il constate qu'ils sont assez rusés pour spéculer sur l'instabilité de l'économie française. Il se moque d'eux, par contre, quand il constate que les Genevois, comme d'ailleurs tous les Européens, se préoccupent fortement du désastre de Lisbonne, non pas à cause des pertes en vies humaines, mais parce que Genève 'avait à Lisbonne une grande partie de son commerce', et que certains de ses hommes d'affaires y ont des intérêts. Voltaire note donc, sans trop y insister, que les Genevois placent les affaires au-dessus de la morale et de la politique. Enfin, on n'ignore pas comment le philosophe a suivi de très près les tensions entre éléments conservateurs et libéraux au sein du clergé genevois; jusqu'à l'affaire de l'article 'Genève' de l'*Encyclopédie*, il tentait de convaincre ses correspondants qu''Il y a plus de philosophie sur les bords de notre lac qu'en Sorbonne' (Best. D6824).

Londres est moins présent dans la correspondance que Genève, mais Voltaire affirme qu'il ne vit sur les bords du lac Léman qu'à défaut de pouvoir demeurer dans la capitale anglaise. Deux traits essentiels reviennent constamment sous la plume de Voltaire: Londres est une ville où règne une grande liberté politique, et c'est un centre important du développement des sciences et des techniques. Pour mieux souligner l'avance que Londres a prise sur Paris dans ces deux domaines, Voltaire concède volontiers – et on notera au passage la dérision de cette 'supériorité' de la capitale française – que la cuisine à Paris est supérieure à celle de Londres, et que 'si on ne cherche que son plaisir', Paris est le lieu tout désigné pour établir sa demeure (Best.D990).

Si Londres – et Genève dans une moindre mesure – sont des modèles de liberté et de tolérance, Voltaire n'a entretenu cette illusion à l'égard de Berlin qu'au tout début, quand il était obnubilé par Frédéric. Mais dès son arrivée à Berlin, le philosophe cesse tranquillement de parler de liberté dans la capitale de la Prusse, pour se concentrer sur son architecture et sa vie intellectuelle et sociale. Et là-dessus, c'est l'enthousiasme: Berlin est la nouvelle Athènes, son opéra est plus beau que celui de Paris, ses spectacles arrachent au philosophe des accents lyriques. Hélas, les entreprises guerrières de Frédéric devaient mettre un terme à cette tentative de créer un milieu culturel original à Berlin.

Enfin, Saint-Pétersbourg ne fascine Voltaire que parce qu'il y voit le modèle d'une cité entièrement nouvelle bâtie en quelques années dans le désert; Pierre ier et ses successeurs ont tenté d'édifier une ville à l'architecture harmonieuse, en respectant les principes d'un sain urbanisme; en évoquant avec une imagination débridée l'entreprise de ces titans qui, dans un désert de glace, percent de belles avenues toutes droites, Voltaire ricane sur le sort de ces pauvres Welches de Paris, obligés de vivre dans un dédale de rues aussi tortueuses que leurs lois.

La dialectique de Voltaire est donc bien simple: l'évocation de chacune des grandes villes d'Europe ne trouve sa nécessité interne et impérieuse que dans la mise en relief des ridicules de Paris. Le problème se complique un peu toutefois, car Voltaire assimile constamment les Français aux Parisiens. Si on devait faire le décompte précis, on trouverait peut-être que Voltaire parle dix fois des Parisiens, pour une fois des Français. Mais cette statistique est trompeuse, puisque Paris n'est souvent que la France en raccourci, comme les travers de la 'nation française' ne sont fréquemment que les défauts qu'ailleurs Voltaire impute explicitement aux Parisiens.

La liberté qui règne à Londres est donc le prétexte et l'occasion d'accabler l'intolérance des Parisiens, leur asservissement à diverses autorités, plus rétrogrades les unes que les autres; l'absence de censure dans la capitale anglaise ajoute à l'odieux de la censure tâtillonne et bornée qui s'exerce dans la capitale française; enfin, la fierté et la liberté du parlement de Londres contrastent douloureusement avec les chicanes, la sottise et le conservatisme du parlement de Paris.

La tolérance et le progressisme religieux de Genève doivent indiquer la voie aux Parisiens, opprimés par un clergé et un archevêque fanatiques, obligés de se soumettre à des dogmes et à des rites obscurantistes; plus encore que le 'socinianisme' des pasteurs de Genève, c'est leur tolérance que doivent imiter les Parisiens, pour se guérir de ce fléau terrible qu'est le fanatisme, qui entraîne dans son cortège les massacres, les régicides, aussi bien que les convulsions et les billets de confession.

Les réalisations culturelles de Frédéric à Berlin, l'établissement d'un opéra, d'une brillante Académie, soulignent de manière encore plus cruelle l'affaiblissement de la création littéraire et artistique à Paris, la déviation, sinon la dépravation du goût, le triomphe de toutes les modes, même les plus équivoques; c'est le côté 'singe' du Parisien que Voltaire fustige ainsi. Jusqu'au jour où le côté 'tigre' de Frédéric oblige le philosophe à en rabattre un peu sur le compte de la vocation culturelle de Berlin. Mais alors, dans cet univers un peu mythique que Voltaire forge constamment pour mieux examiner – ou mieux supporter – la réalité qui l'entoure, Saint-Pétersbourg prend la relève de Berlin, comme Catherine de Russie succède à Frédéric de Prusse dans la hiérarchie des despotes éclairés. L'académie de la capitale nouvelle de la Russie devient la plus brillante de l'Europe, ses membres sont tous de vrais philosophes, espèce qui est en train de s'éteindre à Paris; mais surtout, ses avenues, ses monuments, sa propreté, contrastent avec le laisser-faire et le laisser-aller de Paris; la capitale de la France, qui était, sous Louis xiv, la plus belle ville de l'univers, se dégrade lentement.

Paris subit ainsi une transformation graduelle dans la pensée de Voltaire; le philosophe l'a aimé dans sa jeunesse avec une ferveur indéniable; mais plus tard, surtout après Cirey, la ville qu'il aimait encore était-elle bien le Paris du dix-huitième siècle, ou le fantôme de la capitale de Louis xiv qui venait hanter l'écrivain? Ecarté de Paris, Voltaire a pu se consacrer plus facilement et plus librement à son œuvre. Il s'est également senti plus libre pour détailler sa ville natale, en déceler les défauts et en faire, à travers l'alchimie de son verbe et de son ironie, un portrait impitoyable. Mais la charge outrancière dépasse quelquefois son but. Au lieu de convaincre, elle révèle un Voltaire trop partial; elle ne cache guère la cicatrice mal fermée de l'écrivain, nostalgique d'un passé embelli; la terne réalité quotidienne cède graduellement le pas au mythe. Voltaire supporte de plus en plus mal – au propre comme au figuré – l'habit de son siècle. Paris a fini par polariser, dans le vif de la sensibilité voltairienne, cette recherche constante d'un temps perdu. De ce laminage entre la mémoire et l'imagination, Paris n'a pu sortir indemne; pas plus pour Voltaire que pour Proust, le temps ressuscité n'a le chatoiement exact du souvenir.

Liste des ouvrages cités

Adams, D. J., *La Femme dans les contes et les romans de Voltaire*. Paris 1974

Ages, Arnold, 'Voltaire rousseauiste' *The University of Windsor review* 3 (1967) pp.62-68

— 'The private Voltaire: three studies in the correspondence', *Studies on Voltaire* 81 (1971), pp.7-125

Alexeev, Mikhaïl et Tatiana N. Kopreeva, *Bibliothèque de Voltaire: catalogue des livres*. Moscou, Leningrad 1961

Anthologie poétique française: XVIIIème siècle, éd. Maurice Allem. Paris 1966

Argenson, René-Louis de Voyer de Paulmy, marquis d', *Journal et mémoires du marquis d'Argenson*, éd. E. J. B. Rathery. Paris 1859-1867

Babeau, Albert, *La Province sous l'ancien régime*. Paris 1894

— *La Ville sous l'ancien régime*. Paris 1880

Balcou, Jean, *Fréron contre les philosophes*. Paris 1975

Besterman, Theodore, *Voltaire*. London, Harlow 1969

— *Voltaire essays and another*. London, New York, Toronto 1962

Billaz, André, *Les Ecrivains romantiques et Voltaire: essai sur Voltaire et le Romantisme en France (1795-1830)*. Lille 1974

Boileau-Despreaux, Nicolas, *Epîtres, Art poétique, Lutrin*, éd. Charles-H. Boudhors. Paris 1939

— *Satires*, éd. Charles-H. Boudhors. Paris 1966

Brelingard, Désiré, *La Vie parisienne à travers les âges*, vols. iii-iv: *De 1600 à 1945*. Paris 1965

Cahen, Léon, 'La population parisienne au milieu du XVIIIème siècle', *La Revue de Paris* 26 (1919) no.5 pp. 146-70

Capon, G. et R. Yve-Plessis, *Les Théâtres clandestins: Paris galant au XVIIIème siècle*. Paris 1905

Casanova de Seingalt, J., *La Cour et la ville sous Louis XV, d'après les Mémoires de Casanova*, éd. Jean Hervez. Paris s.d.

Castex, Pierre-Georges, *Voltaire: Micromégas, Candide, L'Ingénu*. Paris 1977

Chabanon, Michel-Paul Guy de, *Tableau de quelques circonstances de ma vie*. Paris 1795

Collé, Charles, *Journal et mémoires*, éd. Honoré Bonhomme. Paris 1869

Condorcet, Antoine de Caritat, marquis de, *Vie de Voltaire*, in *Œuvres complètes de Voltaire*, éd. L. Moland (Paris 1883-1885) i.189-292

Coulet, Henri, *Le Roman jusqu'à la Révolution*. New York, Saint-Louis, San Francisco 1967

Crébillon, Claude Jolyot, *Collection complète des œuvres* Londres 1777

Croy, duc de, *Journal inédit*, éd. vicomte de Grouchy et P. Cottin. Paris 1906-1907

Daprini, Pierre B., 'Le *Discours aux Welches* ou la France vue de Ferney', *Studies on Voltaire* 98 (1972), pp.47-60

Dédéyan, Charles, *Jean-Jacques Rousseau et la sensibilité littéraire à la fin du XVIIIème siècle*. Paris 1966

Delattre, André, *Voltaire l'impétueux*. Paris 1957

Desmarais, Cyprien, *Essai sur les Classiques et les Romantiques*. Paris 1824

Desnoiresterres, Gustave, *Voltaire et la société au XVIIIème siècle*. Paris 1869-1876

Diderot, Denis, *Œuvres politiques*, éd. Paul Vernière. Paris 1963
— *Œuvres romanesques*, éd. Henri Bénac. Paris 1962

Ehrard, Jean, *L'Idée de nature en France dans la première moitié du XVIIIème siècle*. Paris 1963

Fields, Madeleine, 'Voltaire et le *Mercure de France*', *Studies on Voltaire* 20 (1962), pp.175-215

Galliani, R., 'Le Débat en France sur le luxe: Voltaire ou Rousseau', *Studies on Voltaire* 161 (1976), pp.205-17

Gallier, Anatole de, *La Vie de Province au XVIIIème siècle*. Paris 1877

Gaxotte, Pierre, *Paris au XVIIIème siècle*. Paris 1968

Gossman, Lionel, 'The worlds of *La Nouvelle Héloïse*', *Studies on Voltaire* 41 (1966), pp.235-76

Grimm, F. M., *Correspondance littéraire*, éd. Maurice Tourneux. Paris 1877-1882

Hancock, Helen, 'Voltaire et l'affaire des mainmortables: un ultime combat', *Studies on Voltaire* 114 (1973) pp.79-98

Hervez, Jean (pseudonyme de Raoul Vèze), *Les Sociétés d'amour au XVIIIème siècle*. Paris 1906

Hunwick, Andrew, 'Le patriotisme de Voltaire', *Studies on Voltaire* (1973), pp.7-18

Kaye, F. B., 'The influence of Bernard Mandeville', *Studies in philology* 19 (Chapel Hill 1922), pp.83-108

Kiernan, Colm, *Science and the Enlightenment in eighteenth-century France*, Studies on Voltaire 59 (Genève 1968)

Kortum, Hans, 'Frugalité et luxe à travers la querelle des anciens et des modernes', *Studies on Voltaire* 56 (1967), pp.765-75

Kotta, N., 'Voltaire's *Histoire du Parlement de Paris*', *Studies on Voltaire* 41 (1966), pp.219-30

Kunstler, Charles, *La Vie quotidienne sous Louis XV*. Paris 1953
— *La Vie quotidienne sous Louis XVI*. Paris 1950
— *La Vie quotidienne sous la régence*. Paris 1960

Labriolle, Marie-Rose de, *Le Pour et contre et son temps*, Studies on Voltaire 34-35 (Genève 1965)
— 'L'évolution de la notion de luxe depuis Mandeville jusqu'à la Révolution', *Studies on Voltaire* 26 (1963), pp.1025-36

LeClerc, Paul (éd.), 'Unpublished letters from Morellet to Voltaire', *Studies on Voltaire* 106 (1973), pp.63-80.

Leigh, R. A. (éd.), 'An anonymous eighteenth-century character-sketch of Voltaire', *Studies on Voltaire* 2 (1956), pp.241-72

Marais, Mathieu, *Journal et mémoires*, éd. M. de Lescure. Paris 1864

Marivaux, Pierre Carlet de Chamblain de, *La Vie de Marianne, ou les aventures de Madame la Comtesse de ***, éd. Frédéric Deloffre. Paris 1963
— *Théâtre complet*, éd. Frédéric Deloffre. Paris 1968

Marmontel, Jean-François, *Mémoires*, éd. Maurice Tourneux. Genève 1967 (réimpression de l'édition de Paris 1891)

Mauzi, Robert, *L'Idée de bonheur dans la littérature et la pensée françaises au XVIIIème siècle*. Paris 1960

Micha, Hugues, *Voltaire d'après sa correspondance avec madame Denis: étude sur la sensibilité de Voltaire*. Paris 1972

Liste des ouvrages cités

Morize, André, *L'Apologie du luxe au XVIIIème siècle et le Mondain de Voltaire: étude critique sur le Mondain et ses sources*. Genève 1970 (réimpression de l'édition de Paris 1909)

Mornet, Daniel, *Le Sentiment de la nature en France de Jean-Jacques Rousseau à Bernardin de Saint-Pierre*. New York 1968

Murray, Geoffrey, *Voltaire's Candide: the protean gardener, 1755-1762*, Studies on Voltaire 69 (Genève 1970)

Naves, Raymond, *Le Goût de Voltaire*. Paris 1938

Patterson, H. Temple, *Poetic genesis: Sébastien Mercier into Victor Hugo*, Studies on Voltaire 11 (Genève 1960)

Pomeau, René, *La Religion de Voltaire*. Paris 1956

Ridgway, Ronald S., *Voltaire and sensibility*. Montreal, London 1973

Rousseau, Jean-Jacques, *Julie ou la Nouvelle-Héloïse*, éd. René Pomeau. Paris 1960

Saint-Evremond, Charles de, *Œuvres mêlées*, éd. Charles Girard. Paris 1866

Saint-Lambert, Charles-François de, *Les Saisons*. Paris 1823

Staël-Holstein, Germaine Necker, baronne de, *De l'Allemagne*, éd. Simone Balayé. Paris 1968

Tate, Robert S., jr, *Petit de Bachaumont: his circle and the Mémoires secrets*, Studies on Voltaire 65 (Genève 1968)

Terrasse, Jean, *Jean-Jacques Rousseau et la quête de l'âge d'or*. Bruxelles 1970

Topazio, Virgil W., 'Rousseau, man of contradictions', *Studies on Voltaire* 18 (1961), pp.77-93

Van Den Heuvel, Jacques, *Voltaire dans ses contes: de Micromégas à L'Ingénu*. Paris 1967

Vance McDonald, Christie, *The Extravagant shepherd: a study of the pastoral vision in Rousseau's Nouvelle Héloïse*, Studies on Voltaire 105 (Banbury 1973)

Vercruysse, Jeroom, *Voltaire et la Hollande*, Studies on Voltaire 46 (Genève 1766)

— (éd.) 'Lettre de Henri Rieu sur les derniers jours de Voltaire', *Studies on Voltaire* 135 (1975) pp.193-98.

Vie parisienne au XVIIIème siècle: Conférences du Musée Carnavalet (1928). Paris 1928

Voltaire, *Candide ou l'optimisme*, éd. René Pomeau. Paris 1963

— *Correspondence and related documents*, definitive edition by Th. Besterman, *Complete works of Voltaire* 85-135. Genève Banbury Oxford 1968-1977

— *Dialogues philosophiques*, éd. Raymond Naves. Paris 1966

— *Dictionnaire philosophique*, éd. Raymond Naves et Julien Benda. Paris 1967

— *Essai sur les mœurs et l'esprit des nations et sur les principaux faits de l'histoire depuis Charlemagne jusqu'à Louis XIII*, éd. René Pomeau. Paris 1963

— *La Henriade*, éd. O. R. Taylor, *Complete works of Voltaire* 2. Genève 1970

— *Lettres d'amour de Voltaire à sa nièce*, éd. Th. Besterman. Paris 1957

— *Lettres philosophiques*, éd. Gustave Lanson, rév. A.-M. Rousseau. Paris 1964

— *Mélanges*, éd. Jacques Van Den Heuvel. Paris 1961

— *Le Mondain*, éd. André Morize. Genève 1970 (réimpression de l'édition de Paris 1909)

— *Notebooks*, éd. Th. Besterman, deuxième édition. *Complete works of Voltaire* 81-82. Genève 1968

— *Œuvres complètes*, éd. Louis Moland. Paris 1883-1885

— *Romans et contes*, éd. Henri Bénac. Paris 1960

— *Le Temple du goût*, éd. A. Carcassonne. Paris 1938

Wade, Ira O., *Voltaire and madame Du Châtelet at Cirey: an essay on the intellectual activity at Cirey*. Princeton 1941

Index

Abbeville (Somme), 22n

Aben-Saïd, empereur des Mogols (Jean Le Blanc), 200n

Abraham, 117

Abrégé de l'histoire universelle depuis Charlemagne jusqu'à Charlequint (futur *Essai sur les mœurs*), 65

Académie de Berlin, 245

Académie de Châlons, 69

Académie française, 52, 84, 100, 105, 109n, 123, 155, 166, 166n, 220

Adam, 43, 43n

Adélaïde du Guesclin (Voltaire), 11

Adieux du vieillard, Les. Voir *Epître à monsieur le marquis de Villette*

Agathocle (Voltaire), 101

Ages, Arnold, 112n, 158, 243n

Akakia (personnage de Voltaire), 144

Alceste (héros de Molière), 80

Alcibiade (héros de Crébillon fils), 158

Alembert, Jean Le Rond d', 90n, 100n, 110, 183, 199, 226

Alexandrie (Egypte), 9

Alexeev, Mikhaïl P., 140n

Alfieri, Vittorio, comte, 132n

Algarotti, Francesco, comte, 41

Alger (Algérie), 9

Allah, 86n

Allem, Maurice, 169n, 200n, 232n

Allemagne, 13, 15, 47, 48, 58, 61

Alpes, 15, 59, 62, 63, 71, 85, 93, 116, 236

Alsace, 48, 66

Alzire (Voltaire), 11, 41, 43, 45, 52, 72n

Amazan (personnage de Voltaire dans *La Princesse de Babylone*), 216

Amazone, 10n

Amélioration de la condition des laboureurs, L', Mémoire sur, 169

Amelot de Chaillou, Jean-Jacques, 51

Amérique, 11, 12, 181

Amsterdam, 127, 140

Anacréon, 34

Ancien Testament, L', 226

Ancre, Concino Concini, maréchal d', 196, 223

Angleterre, 13, 14, 28, 35, 110, 127, 238

Annales de l'Empire (Voltaire), 66, 122

Année littéraire, L', 82

Antéchrist, L', 233

Anthologie poétique française, XVIIIème siècle (Maurice Allem), 169n, 200n, 232n

Anti-Mondain, L' (Alexis Piron), 43n

Antonin le Pieux, 226

Appius Claudius. *Voir* Claudius

Arabie, 10, 11

Argenson, René-Louis de Voyer de Paulmy, marquis d', 64, 65n, 176

Argenson, Marc-Pierre de Voyer de Paulmy, comte d', 67

Argental, Charles-Augustin Feriol, comte d', 11, 16n, 35, 45, 53, 57, 68, 72, 74, 75, 83, 84, 85, 90, 95, 101, 105, 107n, 110, 116, 144n, 154n, 155, 179n, 206, 207n, 208, 221

Argental, Jeanne-Grâce Bosc Du Bouchet, comtesse d', 11, 51, 53, 57, 60, 94, 144n, 208

Argentine, 10

Ariston (personnage de Voltaire dans le *Dictionnaire philosophique*), 180

Aristote, 77, 88

Armide, palais d', 92

Arnaud, François Thomas Marie de Baculard d', 212

Arnauld, Antoine, 115

Artémire (Voltaire), 29

Asie, 11

Asmodée (héros de Lesage), 46

Assyrie, 11

Athènes, 77, 98, 138, 141, 200, 209, 213, 244

Attila (roi des Huns), 118

Auguste, 140

Augustin (saint), 189

Auxiron, Claude François Joseph, 140

Avignon, 197

Azov (Russie), 9

Azora (personnage de Voltaire dans *Zadig*), 55

Babeau, Albert, 126, 169n

Babouc (héros de Voltaire dans *Le Monde comme il va*), 10, 49, 50, 109, 145, 146, 187, 188, 189

Babylone, 10n, 11, 18, 46, 76, 84, 132n, 151n, 168, 192, 213, 214, 215, 216

Bacchus (divinité mythologique), 169, 177

Balzac, Honoré de, 186

Baron, Michel Boyron, *dit*, 208

Bastille, 14, 24, 29, 225

Bataille de Fontenoy, La (Voltaire), 111

Bayle, Pierre, 241

Bayreuth, 63, 69

Beaumarchais, Pierre-Augustin Caron de, 100

Beaumont, Christophe de, 111

Beaune, rue de (à Paris), 105

Beaupré (écrivain), 107

Belgique, 47, 48

Bélisaire, 226

Belot, Octavie, 83

Bénarès (Indes), 10n

Benoît XIV, Prosper Lambertini, 15

Bentinck, Charlotte Sophie d'Alden-burg, comtesse, 84

Bérénice (héroïne de Racine), 148

Berger (marchand de tableaux), 46

Berlin, 12, 14, 24, 27, 57, 58, 61, 62, 63, 66, 67, 74, 85, 110, 111, 154, 163, 165, 168, 208n, 214n, 233, 243, 243n, 244, 245, 246

Berne, 230

Bernières, Marguerite-Madeleine Du Moutier, marquise de, 13, 25, 26, 27

Bernin, Giovanni-Lorenzo Bernini, *dit* le Cavalier, 131, 131n

Bernis, François-Joachim de Pierre de, 75-76.

Bertin, Henry Léonard Jean Baptiste, 102

Berthier, Guillaume François (jésuite), 61, 210

Besterman, Theodore, 25n, 51, 55n, 64, 65n, 76, 95, 219, 243

Bible, La, 39, 72

Bible enfin expliquée, La (Voltaire), 39, 111

Bibliothèque de Voltaire: catalogue des livres, 140n

Bibliothèque royale, 145n

Bijoux indiscrets, Les (Diderot), 188

Billaz, André, 231n, 232n, 233n

Binet, abbé (nom de code pour désigner le duc de Choiseul), 94

Biscayen, Le (personnage de Voltaire dans *Candide*), 222

Blanc et le noir, Le (Voltaire), 161n

Boileau-Despréaux, Nicolas Boileau, *dit*, 88, 128n, 165, 171n, 179, 186, 211n

Bolingbroke, Henry Saint-John, vicomte, 192

Bordeaux, 10, 132

Bossuet, Jacques-Bénigne, 12, 88, 148, 210

Bouchardon, Edme, 43, 139

Bouhier, Jean, 28, 200n

Boyer, Jean-François, 55

Brelingard, Désiré, 86n, 132n

Bretagne, 181, 211

Brezolle, de, 13

Brise-Miche, rue (à Paris), 129

Brosses, Charles de, 76

Bruel (domaine près d'Orléans), 26

Brutus (Voltaire), 31

Bruxelles, 13, 14, 47, 48, 50, 164n

Cacambo (personnage de Voltaire dans *Candide*), 14, 61

Cahen, Léon, 126, 225

Calais, 29

Calas, Jean, 15, 74, 86, 175, 226, 227, 238, 241

Calmet, Augustin, 39, 43, 45, 59, 66, 239

Calvaire, Le (colline de Jérusalem), 225

Calvin, Jean, 222

Cambrai, 13, 26

Candide (Voltaire), 14, 17n, 61, 73, 76, 151n, 174, 194, 200, 205, 216, 219n, 220, 232n, 243

Candide (héros de Voltaire), 9, 10, 14, 55, 76, 80, 128, 137, 150, 189, 192, 199n, 214, 218, 222, 232n

Cap, Le (ville d'Afrique du Sud), 10n

Capitole, Le (à Rome), 142

Capon, G., 145n

Carthage, 10n

Casanova de Seingalt, Jean-Jacques, 15, 15n, 202n

Cassel, 9

Castex, Pierre-Georges, 228

Catéchismes (Voltaire), 39

Catherine II de Russie, 15, 197, 246

Catilina (Crébillon), 208

Caveyrac. *Voir* Novi de Caveirac

Ce qu'on ne fait pas et ce qu'on pourrait faire (Voltaire), 130n, 133, 142

Cérès (divinité mythologique), 87, 169, 172

Chabanon, Michel Paul Guy de, 101n, 114

Chalcis (ville de Grèce), 77

Champagne, La, 11, 39

Champbonin, mme de, 48n, 143

Champs-Elysées, Les (à Paris), 130

Charles VII (roi de France), 219

Charles XII (roi de Suède), 12, 16

Charost, marquis de, 236n

Châtelet, Le (ou Grand Châtelet, à Paris), 122

Châtenay-Malabry (Seine), 24

Chaulieu, Guillaume Amfrye de, 150, 239

Chaumeix, Abraham de, 148, 210

Chauvelin, Germain-Louis de, 75, 144

Chenevières, François de, 99

Chevalier, Le (personnage de Marivaux), 158

Chevaux et les ânes, ou étrennes aux sots, Les (Voltaire), 190, 205

Chine, 11, 12

Choiseul, Etienne François, duc de, 74n, 79n, 83, 93, 94, 169n

Chouvalov, Andrei Petrovich, comte, 91

Christ, Le, 225

Christianisme dévoilé, Le (d'Holbach, attribué à Damilaville), 230

Cid, Le (Pierre Corneille), 237

Cideville, Pierre-Robert Le Cornier de, 28, 33, 40n, 41, 47, 54, 65, 78, 78n, 84, 143n, 144, 144n, 157, 183

Cincinnatus, Lucius Quinctius, 175

Cirey-sur-Blaise, 13, 14, 27, 32, 38, 39, 40, 41, 41n, 44, 45, 47, 49, 50, 53, 71, 86n, 110, 122, 137, 143, 228, 235, 236, 246

Clairon, Claire-Josèphe-Hyppolite Leyris de Latude, *dite* mlle, 206

Clarens (Suisse), 183

Claudius, Appius (patricien romain), 142

Clément, Jacques (moine dominicain), 220

Clément, Jean Marie Bernard, 37, 212

Cléophas Leandro Perez Zambullo, don (personnage de Lesage), 46

Colbert, Jean-Baptiste, 124, 125, 131n, 138, 222

Colin (personnage de Voltaire dans le 1er *Discours en vers sur l'homme*), 178

Collé, Charles, 207, 208n

Collège des Quatre-Nations (Paris), 145n

Colmar, 12, 65

Comédie-Française, 105, 109n, 144, 206, 221

Comédie humaine, La (Honoré de Balzac), 186

Commentaire historique sur les œuvres de l'auteur de la Henriade (Voltaire), 15, 52n, 72n, 86n, 176, 176n

Comparaison du projet fait par m. de Parcieux... pour donner des eaux à la ville de Paris, à celui que m. d'Auxiron... a donné sur le même sujet (François d'Auxiron), 140

Concini. *Voir* Ancre

Concorde, Place de la (à Paris), 138

Condé, Louis II de Bourbon, prince de, *dit* le Grand Condé, 106, 148

Condorcet, Marie-Jean-Antoine-Nicolas Caritat, marquis de, 36n, 64n, 100n

Confite, sœur (personnage de Voltaire dans le *Dictionnaire philosophique*, art. 'Convulsions'), 224

Considérations sur le gouvernement (d'Argenson), 176

Constantinople, 9, 10, 80, 103

Contes (Voltaire), 18, 28

Convention, La, 219

Conversation de monsieur l'Intendant des Menus en exercice avec m. l'abbé Grizel (Voltaire), 89, 201n, 203n, 220n, 224

253

Corneille, Les, 100

Corneille, Marie Françoise, 86

Corneille, Pierre, 87, 147, 148, 164, 168, 208, 214, 240

Corrège, Le, Antonio Allegri, *dit* il Correggio, *ou*, 43

Correspondance littéraire, 236n

Coulet, Henri, 159n

Cour et la ville d'après les Mémoires de Casanova, La, 15n, 202n

Cours familier de littérature (Alphonse de Lamartine), 177n

Courtille, La (jardins à Paris), 210n

Courtin, François, 22, 150

Cramer, 72; Gabriel, 77n

Crébillon fils, Claude Jolyot de Crébillon, *dit*, 158, 159, 159n, 193, 210

Crébillon, Prosper-Jolyot, sieur de Crais-Billon, *dit*, 208

Crète, 11

Croÿ, Emmanuel, maréchal duc de, 109n

Culture du chanvre, La (mémoire sur), 169

Cunégonde (personnage de Voltaire dans *Candide*), 9, 10

Damiens, Robert François, 219, 220

Damilaville, Etienne-Noel, 110, 183, 199

Damis (personnage de Voltaire dans le 1er *Discours en vers sur l'homme*), 178

Damon (personnage de Boileau), 171n

Dangeville, Marie-Anne Botot, *dite*, 58

Danube, Le, 136, 225

Daprini, Pierre, 87, 89

Daumard, mme (nom de code pour désigner Voltaire), 94

Dédéyan, Charles, 234n

Dédicace de Tancrède (Voltaire), 214n

Défense du Mondain, La (Voltaire), 44

De l'Allemagne (mme de Staël), 241

De la modération en tout (4ème *Discours en vers sur l'homme* de Voltaire), 44, 156

Delattre, André, 37, 203

De l'égalité des conditions (1er *Discours en vers sur l'homme* de Voltaire), 178

De l'envie (3ème *Discours en vers sur l'homme* de Voltaire), 131n, 214n

De l'esprit (Helvétius), 229

Délices, Les, 12, 14, 71, 72, 73, 79, 167, 168, 235, 242, 243

De l'imposture sacerdotale, ou recueil de pièces sur le clergé, traduite de l'anglois (d'Holbach), 230

Denis, mme, née Marie-Louise Mignot, 52, 53, 61, 65, 67n, 74, 78, 78n, 91, 92, 92n, 93, 94, 103, 106, 107, 109, 193, 202n, 214n

Denys le tyran (Marmontel), 191

Deparcieux, Antoine, 140

Des embellissements de la ville de Cachemire (Voltaire), 133, 136n

Des embellissements de Paris (Voltaire), 126, 128n, 133, 134n, 136n, 138, 138n

Descartes, René, 10, 48, 115

Desfontaines, Pierre-François Guyot, 36, 37, 41, 45, 50, 58

Desmahis, Joseph François Edouard de Corsembleu, 200

Desmarais, Cyprien, 231

Desnoiresterres, Gustave, 155n

Diable boiteux, Le (Lesage), 46n

Dialogue d'un Parisien et d'un Russe (Voltaire), 147, 162, 204, 205, 210, 224n

Dialogue entre un brachmane et un jésuite (Voltaire), 116

Dialogues of the dead (Lyttleton), 83

Dialogues philosophiques (Voltaire), 136n

Dictionnaire philosophique (Voltaire), 39, 46n, 80, 111, 115, 116, 153, 154, 180, 199, 202, 224, 226, 232n, 242

Dictionnaire historique et critique (Pierre Bayle), 241

Diderot, Denis, 84, 111, 121n, 125, 133, 134n, 135, 146, 188n, 202n, 215, 229, 232n, 235n, 240, 242

Dieu et les hommes, par le Docteur Obern (Voltaire), 243n

Dîner du comte de Boulainvilliers, Le (Voltaire), 39

Diogène le Cynique, 200

Discours aux Welches (Voltaire), 87, 88, 89

Discours de réception de Voltaire à l'Académie française, 155, 166

Discours en vers sur l'homme (Voltaire), 44, 45, 131n, 158, 178

Discours sur les contradictions de ce monde (Voltaire), 46n

Index

Dissertation sur la tragédie (Voltaire), 130, 139n

Double inconstance, La (Marivaux), 183n

Doublet, Marie-Anne Legendre, dame, 144

Doutes sur la religion . . . par le comte de Boulainvilliers (attribué à Guéroult de Pival), 230

Du Barry, Jeanne Bécu, comtesse, 93, 94

Du Châtelet-Lomont, Gabrielle-Emilie Le Tonnelier de Breteuil, marquise, 14, 39, 40, 41, 45, 46, 47, 48, 49, 51, 55, 57, 169

Duchesne, André, 12

Du Deffand, Marie de Vichy de Chamrond, marquise, 77n, 85, 96, 101, 102, 113, 155

Du Noyer, Catherine-Olympe, 21

Du Pan, Jean Louis, 85, 92n

Dupaty, Charles Mercier, 116

Dupin, Louise-Marie-Madeleine Fontaine, dame, 84

Du Plessis-Villette, Charles Michel, marquis, 102, 105, 107n

Dupont de Nemours, Pierre Samuel, 174

Du Rocheret, Valentin Philippe Bertin, 239

Duvernet, Théophile Imarigeon, 55n

Eden, 45

Edit de Nantes, L', 210n

Egarements du cœur et de l'esprit (Crébillon fils), 159n

Egypte, 10

Ehrard, Jean, 16n, 182n, 234

Elbe, L', 225

Eldorado, 14, 61, 137

Elie de Beaumont, Jean-Baptiste Jacques, 210n

Eloge funèbre des officiers qui sont morts dans la guerre de 1741 (Voltaire), 151n

Emile (Rousseau), 111, 183

Encyclopédie, L', 76, 77n, 111, 191, 220, 229, 230, 244

Enfant prodigue, L' (Voltaire), 154

Entretiens avec Catherine II (Diderot), 125n, 133n, 134n, 135

Entretiens d'un sauvage et d'un bachelier (Voltaire), 180

Epinay, Louise Tardieu d'Esclavelles, dame de La Live d', 96

Epître VI (Boileau), 171n, 179n

Epître à Julie (Voltaire), 29

Epître à madame Denis, nièce de l'auteur (sous-titrée: *La Vie de Paris et de Versailles*) (Voltaire), 189, 191, 192, 205

Epître à madame Denis sur l'agriculture (Voltaire), 86, 87, 89

Epître à madame la marquise du Châtelet sur la calomnie (Voltaire), 36, 194n, 205, 209n, 222n

Epître à monsieur de Saint-Lambert (Voltaire), 173n, 174, 205

Epître à monsieur le chevalier de Boufflers (Voltaire), 90n

Epître à monsieur le marquis de Villette (Voltaire), 106

Epître à Uranie (Voltaire), 29

Epître aux mânes de m. de Génonville (Voltaire), 156

Epître à Voltaire (Joseph François Desmahis), 200

Epître dédicatoire des Scythes (Voltaire), 169n

Epître de l'auteur, arrivant dans sa terre, près du lac de Genève (Voltaire), 176

Eriphyle (Voltaire), 34

Ermitage, L' (résidence de Rousseau dans le parc du château de la Chevrette), 111

Espagne, 78

Esprit des lois, L' (Montesquieu), 125, 134n

Essai historique et philosophique sur le goût (Cartaud de La Villate), 42

Essai politique sur le commerce (Jean-François Melon), 42

Essai sur la peinture (Petit de Bachaumont), 131n, 133n

Essai sur les classiques et les romantiques (Cyprien Desmarais), 23

Essai sur les guerres civiles de France (Voltaire), 29

Essai sur les mœurs (Voltaire), 12, 62, 222n, 223, 224, 232n, 242

Etats-Unis, 174

Euphémon fils (personnage de Voltaire dans *L'Enfant prodigue*), 154

Euphrate, 55, 59
Euripide, 88, 117
Europe, 11, 12, 14, 15, 17, 42, 63, 74, 77, 77n, 79, 80, 86, 96, 101, 103, 121, 122, 126, 132, 137, 166, 176, 187, 210, 211, 211n, 214, 221, 229, 230, 233, 243, 246
Eve, 43, 43n

Fable of the bees, The (Bernard Mandeville), 42, 122
Fausse suivante, La (Marivaux), 158, 158n
Fausses confidences, Les (Marivaux), 158n
Fénelon, François de Salignac de La-Mothe-, 88, 148, 167, 177, 210
Ferney, 14, 15, 22, 55, 63, 76, 77, 79, 82, 86, 86n, 87, 89, 90, 91, 92, 92n, 93, 94, 96, 102, 106, 107, 108, 109n, 114, 117, 118, 158, 168, 171, 174, 175, 179n, 182, 183, 184, 185, 193, 199, 200, 202, 214, 220, 221, 232n, 235
Ferrazzini, Arthur, 184
Fers, rue aux (Paris), 130
Fields, Madeleine, 100n
Flaminius Nepos, Caius (général romain), 142
Florian, Philippe Antoine de Claris, marquis de, 109n
Florian, marquise de, née Marie-Elisabeth Mignot, 112, 181. *Voir également* Fontaine, mme de
Fontaine, mme de, née Marie-Elisabeth Mignot, 84
Formont, Jean-Baptiste-Nicolas, 33, 44, 77n
Formosante (héroïne de Voltaire dans *La Princesse de Babylone*), 10, 216
Fragonard, Jean Honoré, 187
France, 11, 12, 13, 17, 21, 29, 31, 44, 46n, 51, 52, 60, 64, 64n, 67, 76, 83, 95, 98, 103, 123, 124, 126n, 130, 132, 133, 138, 142, 168, 190, 192, 206, 210, 211, 211n, 216, 218, 227n, 236, 245, 246
Francfort, 64, 74, 85, 155
Franche-Comté, 47
Franquières, Laurent de, 179n
Frédéric II, le Grand (roi de Prusse), 14, 16, 40, 46, 47, 49, 51, 58, 60, 61, 63, 65,

67, 74n, 75, 100, 147, 154, 154n, 168, 199, 202, 228n, 229, 244, 245, 246
Fréron, Elie Catherine, 37, 58, 61, 65, 82, 84, 161, 210
Freudenreich, Abraham, 85
Freudenreich, Suzanne, 92n
Fronde, La, 77
Fyot de La Marche, Claude-Philippe, 21

Gaiète (Gaète), 9
Galilée, Galileo Galilei, *dit*, 229
Galliani, R., 135n
Gallier, Anatole de, 179n
Gangan, le baron (héros de Voltaire), 39, 228n
Gassendi, Pierre Gassend, *dit*, 115
Gaules, Les, 216
Gaxotte, Pierre, 233n
Gazetiers et les nouvellistes, Les (Hubert Morand), 228n
Genève, 66, 73, 74, 86n, 92, 99, 107n, 111, 146, 158, 170n, 176, 183, 185, 199, 210, 210n, 211, 233, 243-44, 245
Geneviève (sainte), 122
Germain, Thomas (orfèvre à Paris), 43
Gervasi (chirurgien de Voltaire), 66
Gex (pays de), 48, 71, 89, 106, 167, 169, 181
Gide, André, 151
Glycère (personnage de Voltaire dans l'*Epître à mme Denis, nièce de l'auteur*), 189
Goa, 10n
Gordon (personnage de Voltaire dans *L'Ingénu*), 89, 181
Gossman, Lionel, 161n
Graffigny, Françoise-Paule d'Issembourg d'Happoncourt Huguet de, 44
Grandval, François-Charles-Nicolas Racot de, 58
Grandval, mlle, 58
Granval. *Voir* Grandval
Grenelle, rue de (à Paris), 130, 139
Grève, place de (à Paris), 129, 202n, 227n
Grimm, Melchior, baron de, 236n
Grizel, abbé (personnage de Voltaire dans *Conversation de l'Intendant des Menus ... avec l'abbé Grizel*), 202
Guèbres, Les (Voltaire), 11, 215
Guyane, La, 180

Halles, quartier des (à Paris), 129
Hancock, Helen, 175n
Haussman, Georges-Eugène, baron, 141
Haye, La, 9, 13, 21, 26, 50
Hayer, Jean-Nicolas Huber, 210
Hébert, Th.-L. (orfèvre à Paris), 178
Helvétius, Claude-Adrien, 77, 83, 155, 229
Hénault, Charles-Jean-François, 84
Hérault, René, 41, 50n
Hennin, Michel, 107n, 109n, 199
Henri IV (roi de France), 52, 101, 106, 123, 130
Henriade, La (Voltaire), 29, 123, 154, 232n
Henriette-Marie de France, 148
Hermodan (personnage de Voltaire dans la tragédie des *Scythes*), 91
Hernani (Victor Hugo), 232n
Hervez, Jean, 144n
Histoire de Charles XII (Voltaire), 31, 34
Histoire de France (évoquée par Voltaire dans *L'Ingénu*), 89
Histoire de Jenni (Voltaire), 154n, 181
Histoire des voyages de Scarmentado (Voltaire), 223
Histoire du parlement de Paris (Voltaire), 121
Hitler, Adolf, 12
Holbach, Paul-Henri Dietrich, baron d', 240
Hollande, 211, 230
Horace, Quintus Horatius Flaccus, *dit*, 168, 177, 184, 239
Hornoy, château d', 113
Hôtel de Ville de Paris, 129, 136
Hôtel-Dieu de Paris, 140
Houdar de La Motte, Antoine Lamotte-Houdar, *dit*, 177
Houdetot, Elisabeth de La Live de Bellegarde, comtesse d', 169
Huber, Jean, *dit* Huber-Voltaire, 15
Huet, Pierre-Daniel, 43, 45
Hunwick, Andrew, 95

Illuminée, sœur (personnage de Voltaire dans l'article 'Convulsions' du *Dictionnaire philosophique*), 224
Impromptus (Voltaire), 155
Inde, 12
Indiscret, L' (Voltaire), 29

Ingénu, L' (Voltaire), 11n, 89, 158, 181, 198, 205, 216
Ingénu, l' (héros de Voltaire dans *L'Ingénu*), 89, 181
Innocents, fontaine des (à Paris), 130
Intendant des Menus, l' (personnage de Voltaire dans *Conversation de m. l'Intendant . . . avec l'abbé Grizel*), 220
Invalides, chapelle des (à Paris), 130
Irène (Voltaire), 216
Isis (personnage de Voltaire dans son *Epître à mme Denis, nièce de l'auteur*), 189
Italie, 15, 131n
Ituriel, le génie (personnage de Voltaire dans *Le Monde comme il va*), 49, 50, 51

Jacques le fataliste et son maître (Diderot), 202n
Jacob (patriarche hébreu), 118
Jannel (intendant général des Postes), 75n
Jaucourt, Louis, chevalier de, 146
Jeannot et Colin (Voltaire), 154n, 175, 194n, 196n
Job (personnage biblique), 115
Jore, Claude-François, 41
Josse, René, 41
Josaphat, vallée de (en Palestine), 100
Jourdain, le, 11
Journal de Trévoux, 148
Journal du chrétien, 148
Journal et mémoires (Charles Collé) 208n
Journal et mémoires (Mathieu Marais), 28n, 237
Journal et mémoires du marquis d'Argenson, 64, 65n
Journal inédit (duc de Croÿ), 109n
Julie ou la Nouvelle Héloïse (J.-J. Rousseau), 157n, 159-62, 182-85
Julie (héroïne de Rousseau), 125, 157n, 161, 182n, 183
Julien, Flavius Claudius Julianus, 124, 196
Jupiter (divinité mythologique), 42
Jupiter (planète), 10
Jura, 78, 93, 111, 175

Kant, Immanuel, 241
Kaye, F. B., 42n

Kiernan, Colm, 226n
Kopreeva, Tatiana N., 140n
Kortum, Hans, 42n
Kotta, N., 121n
Kunstler, Charles, 48n, 75n, 128n, 132n, 145n

La Barre, Jean-François Lefebvre, chevalier de, 90, 195, 195n, 222, 226
La Beaumelle, Laurent Angliviel de, 37, 65, 212
Labriolle, Marie-Rose de, 130n
La Bruyère, Jean de, 187, 188, 190
La Fare, Charles-Auguste, marquis de, 150, 239
La Faye, Jean-François Lériget de, 23
La Feuillade, maréchal de, 135
La Fontaine, Jean de, 88
La Harpe, Jean François, de, 155
Lally, Thomas, baron de Tollendal, comte de, 222
La Marre, abbé de, 236n
Lamartine, Alphonse de, 177n
Lamoignon, Guillaume Henri, 67
La Morlière, Jacques de La Rochette, chevalier de, 207n
Lanson, Gustave, 30
La Rochelle, 196
Lausanne, 68, 77, 219
La Vallière, Louis César de La Baume Le Blanc, duc de, 72
La Vrillière, Louis Phélipeaux, duc de, 24, 24n
Law, John de Lauriston, 22
Le Blanc, Jean-Bernard, 200n
Le Brun, Charles, 147
Le Clerc, Paul, 90n
Lecouvreur, Adrienne, 35, 76, 220
Leibniz, Gottfried Wilhelm, 40
Leigh, R. A., 236n
Leipzig, 9, 61
Lekain, Henri Louis Cain, *dit*, 105, 206
Leman, lac, 219, 243, 244
Lelong, mme (nom de code pour désigner mme Du Barry), 94
Lelong-de Vim, négociation, 93, 94, 96, 112
Lemercier de La Rivière de Saint-Médard, Pierre Paul, 169
Lescure, M. de, 28
Lesage, Alain René, 46n

Léseau, marquis de, 13
Lettre à l'occasion de l'impôt sur le vingtième (Voltaire), 123, 126n, 127n, 133, 167n, 191n
Lettre de Henri Rieu sur les derniers jours de Voltaire, 109n
Lettre de m. Ératou à m. Clocpitre (Voltaire), 199n
Lettres à m. de Voltaire sur la Nouvelle Héloïse (ou Aloïsia) de Jean-Jacques Rousseau, citoyen de Genève (Voltaire), 161, 162, 203n
Lettres anglaises. Voir *Lettres philosophiques*
Lettres athéniennes (Crébillon fils), 159n
Lettres d'amour de Voltaire à sa nièce, 236n
Lettres inédites (Saint-Marc Girardin), 233n
Lettres persanes (Montesquieu), 17, 158, 186
Lettres philosophiques (Voltaire), 12, 30, 31, 38, 41, 80
Lettres sur les Français et les Anglais et sur les voyages (Béat de Muralt), 184
Leyde, 9
Ligne, Charles-Joseph, prince de, 231
Ligue, La, 12, 26. Voir également *La Henriade*
Lille, 13, 49
Lisbonne, 9, 72, 244
Livres sapientiaux (dans La Bible), 72
Locke, John, 116
Loge des Neuf Sœurs (à Paris), 105
Loire, la, 15
Lois de Minos, Les (Voltaire), 11, 98, 99
Londres, 12, 29, 30, 36, 36n, 43, 73, 83, 110, 125, 127, 130n, 137, 137n, 140, 141, 162, 163, 164n, 211, 233, 243, 243n, 244, 245
Lorraine, 32, 76
Louis XI (roi de France), 122
Louis XIII (roi de France), 123, 223
Louis XIV (roi de France), 16, 123, 124, 130, 131, 135, 147, 210, 211, 231, 234, 246
Louis XV (roi de France), 58, 60, 63, 64, 67, 75n, 76, 93, 94, 99, 101, 114, 132, 133, 138, 147, 166, 219

Louis XVI (roi de France), 99, 101n, 219, 227, 234

Louis-le-Grand, collège (à Paris), 27, 145n

Louis le Juste. *Voir* Louis XIII

Louise-Elisabeth de France, 147

Louvre, Le, 100, 123, 129, 131-32, 138, 141, 145n, 148

Lulli, Jean-Baptiste, 147, 164

Lunéville (Lorraine), 57, 165

Lyon, 30, 127, 132, 140

Lyttleton, George, baron, 83

Macao (ville des côtes chinoises), 10n

Madrid, 46, 127

Mairan, Jean-Jacques Dortous de, 144

Mairobert, Mathieu François Pidansat de, 144

Maisons, château de (Seine-et-Oise), 13, 26

Mahomet (Voltaire), 11, 49, 208, 232n

Mahomet, le prophète, 86n

Malesherbes, Chrétien Guillaume de Lamoignon de, 67

Malraux, André, 142

Manche, la, 14

Mandeville, Bernard de, 42, 50, 122

Mannheim, 69

Marais, Mathieu, 28, 237

Mariamne (Voltaire), 13, 29

Marie-Antoinette (reine de France), 103

Marie Leszczynska, Catherine-Sophie-Félicité, 55

Marin, Jean Louis Claude Marini, *dit* (responsable de la Librairie), 99

Marivaux, Pierre Carlet de Chamblain de, 158, 160, 183n, 193, 201, 201n

Marly *ou* Marly-le-Roi (Seine-et-Oise), 28

Marmontel, Jean-François, 97, 97n, 99, 191

Maroc, 9

Mars (planète), 10

Marseille, 132

Martin (personnage de Voltaire dans *Candide*), 9, 10, 15 1n, 200, 214

Maupeou, René Nicolas Charles Augustin de (chancelier de France), 121n, 133, 196

Maupertuis, Pierre-Louis Moreaude, 144

Maurepas, Jean-Frédéric Phélypeaux, comte de, 29, 32, 51, 100n

Mauriac, François, 242

Mauzi, Robert, 235, 235n

Mayenville, M. de (conseiller clerc), 32

Mazarin, Jules (cardinal-ministre), 117

Mecque, La (en Arabie), 86n

Meister, Jacob, 102

Mélanges (Voltaire), 73, 87, 87n, 88, 89, 116, 121, 122, 151, 155, 156, 161, 162, 166, 168, 178, 180, 198n, 199n, 201n, 203n, 212, 214n, 220, 222n

Melon, Jean-Francois, 42, 50, 122

Melpomène (divinité mythologique), 168

Memphis (Egypte ancienne), 18

Memnon (Voltaire), 194

Mémoires (Marmontel), 191n

Mémoires pour servir à la vie de m. de Voltaire, écrits par lui-même (Voltaire), 36n, 40n, 57, 58, 62, 76

Méprise, La (Marivaux), 158

Mercier, Louis Sébastien, 186, 192, 198n, 214, 220

Mercure de France, 99

mer Noire, 197

Mérope (Voltaire), 52, 173, 179n

Meslier, Jean, 240

Mézeray, François Eudes de (historien), 12

Micha, Hugues, 57, 66, 67n, 111, 118, 234n

Micromégas (Voltaire), 10, 11n, 39, 55, 228, 228n

Micromégas (héros de Voltaire dans *Micromégas*), 10, 11, 228, 228n

Militaire philosophe, ou difficultés sur la religion proposées au r.p. Malebranche, Le (attribué à Saint-Hyacinthe), 230

Minet (souffleur à la Comédie-Française), 58

Molière, Jean-Baptiste Poquelin, *dit*, 88, 147, 148, 164, 189, 210, 220

Monriond. *Voir* Montriond

Monde comme il va, Le (Voltaire), 49, 128n, 145, 191n, 204, 205

Montesquieu, Charles-Louis de Secondat, baron de La Brède et de, 46, 125, 158, 186

Montmartre, quartier de (à Paris), 186

Montmorency (Seine-et-Oise), 111

Montparnasse, quartier de (à Paris), 225

Montriond, 72

Moore, John, 48n

Morand, Hubert, 228n

Morand, Pierre de (auteur dramatique), 60

Morand, Pierre (serviteur subalterne de Voltaire), 108

More, Thomas, 137

Morellet, André, 90n

Morize, André, 44, 44n

Mornet, Daniel, 169n

Mort de Jules César, La (Voltaire), 34

Morville, Charles-Jean-Baptiste Fleuriau, comte de, 13

Moscou, 9

Môtiers (près de Neuchâtel, Suisse), 111

Moufle d'Angerville, 144

Moultou, Paul Claude, 102

Muralt, Béat Louis de, 184

Murray, Geoffrey, 17

Nabuchodonosor II (roi de Babylone), 125, 164

Nancy (Meurthe-et-Moselle), 32, 165

Nanine (Voltaire), 149, 150n

Nantes (Loire-Atlantique), 132

Napoléon Bonaparte, 12, 132

Napoléon III, 132, 141

Navarre, 11, 123

Naves, Raymond, 209n

Néaulme, Jean, 65

Necker, Suzanne Curchod, 96, 100

Neuilly, pont de (à Paris), 99

Newton, Isaac, 45, 49

Nil, 10n

Nonotte, Claude François (jésuite), 148, 210

Normandie, 32, 33, 167

Notebooks (Voltaire), 115n

Notre-Dame de Paris (cathédrale), 124, 130

Novi de Caveirac, Jean, 210

Obéide (héros de Voltaire dans la tragédie *Les Scythes*), 203

Observatoire, L' (à Paris), 130

Ode sur la félicité des temps ou éloge de la France (Voltaire), 166n

Ode sur la mort d'Adrienne Lecouvreur (Voltaire), 35, 156

Ode sur le Louvre (Voltaire), 132

Odes (Voltaire), 155

Œdipe (Voltaire), 24, 28, 144n, 238

Olivet, Pierre-Joseph Thouiler, abbé d', 155, 191n

Oreste (Voltaire), 207, 208

Origines de la France contemporaine, Les (Hippolyte Taine), 233n

Orléans, Philippe II, duc d' (prince régent), 144n

Ornoi. *Voir* Hornoy (château de)

Orosmane (héros de Voltaire dans sa tragédie *Zaïre*), 98

Orphelin de la Chine, L' (Voltaire), 11, 208, 215

Orsay, quai d' (à Paris), 105

Oural (chaîne de montagnes), 229

Oxus (fleuve d'Asie), 10n

Palestine, 11

Palissot de Montenoy, Charles, 148, 210, 212

Pangloss (personnage de Voltaire dans *Candide*), 9, 222

Pâris, François de, *ou* diacre Pâris, 225

Parnasse, Le, 36

Pascal, Blaise, 27, 30, 40, 69

Pays-Bas, 46, 47, 48

Pèdre, Don (héros de Voltaire dans la tragédie du même nom), 155

Pékin, 102

Pentateuque, Le, 45

Pergolèse, Jean-Baptiste, 219

Pérou, 11

Perrault, Claude, 131, 131n, 148

Perrette (personnage de Voltaire dans son premier *Discours en vers sur l'homme*), 178

Perronet, Rodolphe (ingénieur), 99

Perse, 50, 168

Persépolis (capitale de l'Empire perse achéménide), 10n, 18, 46, 49, 50, 109, 128n, 145, 146, 187, 188, 189

Pet-au-Diable, rue du (à Paris), 129

Petit de Bachaumont, Louis, 131, 132, 133n, 134n

Pétrarque, Francesco Petrarca, *dit*, 97

Phaéton, Le (Euripide), 117
Phidias, 138
Philippe d'Espagne, 147
Philippe le Bel (roi de France), 122
Philosophie de l'histoire, La (Voltaire), 224
Pidansat de Mairobert. *Voir* Mairobert
Pierre 1er (le Grand), 16, 245
Piron, Alexis, 43n, 65, 232n
Place-Royale (à Paris), 123
Plaidoyer de Ramponeau (Voltaire), 198n, 210n
Plaisance (résidence de campagne de Paris-Duverney), 58
Platon, 200
Plaute, Titus Maccius Plautus, *dit*, 88
Plombières-les-Bains (Vosges), 32, 68
Plutus (divinité mythologique), 22
Pococuranté (personnage de Voltaire dans *Candide*), 194
Poème sur la loi naturelle (Voltaire), 168, 222n
Poème sur le désastre de Lisbonne (Voltaire), 73
Poinsinet, Antoine Alexandre Henri, 85
Pologne, 12, 57, 76, 98
Pomeau, René, 65, 237n
Pomone (divinité mythologique), 168, 169
Pompadour, Jeanne-Antoinette Poisson Le Normant d'Etioles, marquise de, 55, 66, 67, 72, 75, 79n, 83, 91n, 93, 208, 214n
Pompignan, Jean-Jacques Le Franc, marquis de, 46, 148, 210, 212
Pont-de-Veyle, Antoine Feriol, comte de, 11, 60, 206
Pont-Neuf, le (à Paris), 130n
Pont-Royal, le (à Paris), 130n
Port-Royal (abbaye de), 27, 30
Potsdam, 60, 63, 69
Pour (Voltaire), 46, 212
Pour et contre (Prévost), 130n
Poussin, Nicolas, 43
Praslin, César-Gabriel de Choiseul, duc de, 169n
Praxitèle, 138
Précis du 'Cantique des cantiques' (Voltaire), 199n

Précis du Siècle de Louis XV (Voltaire), 205, 224, 225n
Préface de 'Julie' ou entretien sur les romans (Rousseau), 183
Prévost d'Exiles, Antoine-François, 130n, 177
Princesse de Babylone, La (Voltaire), 195n, 196n, 205, 216, 243
Princesse de Navarre, La (Voltaire), 11, 52
Prince travesti, Le (Marivaux), 158n
Projet d'une lettre sur les Anglais (Voltaire), 30
Projet patriotique sur les eaux (François d'Auxiron), 140
Promise, sœur (personnage de Voltaire dans l'article 'Convulsions' du *Dictionnaire philosophique*), 224
Propontide (l'actuelle mer de Marmara), 9, 55
Provence, 211
Proust, Marcel, 246
Prude, La (Voltaire), 153, 155
Prusse, 51, 60, 61, 64, 65n, 74, 100, 221, 244
Psaumes, Les, 72
Pucelle, La (Voltaire), 232n
Puero regnante (inscription attribuée à Voltaire), 24
Puisieux, Louis-Philoxène Brulart, marquis de, 60

Quand (Voltaire), 46
Que (Voltaire), 46
Quesnay, François, 169, 174
Questions sur l'Encyclopédie (Voltaire), 39, 111, 116, 117, 129n, 136, 137n, 153, 224, 225n
Qui (Voltaire), 46
Quinault, Philippe, 147

Racine, Jean, 87, 88, 148, 168, 210, 240
Racine, Louis, 144n, 211n
Ramponeau *ou* Ramponneau (cabaretier à Paris), 148, 210, 210n, 212
Ravaillac, François (assassin d'Henri IV), 220
Réflexions pour les sots (Voltaire), 122
Régence, La, 236
Regnier (le Normand), 122
Reims (Marne), 57

Relation du voyage de M. le baron de Gangan (Voltaire), 39
Religieuse, La (Diderot), 235n
Rennes (Ille-et-Vilaine), 41
Réponse au 'Supplément du Siècle de Louis XIV' (La Beaumelle), 65
Rescrit de l'impereur de la Chine à l'occasion du projet de paix perpétuelle (Voltaire), 199n
Restif de La Bretonne, Nicolas Restif, *dit*, 193
Revue de Paris, 225n
Rey, Marc-Michel, 77n, 109n
Rhea (divinité mythologique), 43n
Rhée. *Voir* Rhea
Rhin (fleuve), 148
Rica (personnage de Montesquieu dans *Les Lettres persanes*), 158
Richelieu, Armand-Jean Du Plessis, cardinal de, 123
Richelieu, Louis-François-Armand de Vignerot Du Plessis, duc de, 11, 32, 44, 51, 60, 67, 72, 90, 91, 98, 101
Ridgway, Ronald S., 18, 174n, 177, 177n
Riga (ville de Russie), 9
Rieu, Henri, 109n
Rive gauche (à Paris), 186
Rivière-Bourdet, La (domaine près de Rouen), 26, 28, 170, 178
Rohan-Chabot, Guy-Auguste, chevalier de, 25, 29, 30, 221, 237
Romagnesi (acteur au Théâtre-Italien), 220
Rome, 9, 11, 14, 15, 43, 86n, 88, 97, 124, 125, 127, 130, 131, 131n, 141, 142, 162, 163, 209, 215, 243
Rose, sœur (personnage de Voltaire dans l'article 'Convulsions' du *Dictionnaire philosophique*), 224
Rostock (ville d'Allemagne), 9
Rotterdam, 9
Rouen (Seine-Maritime), 28, 33, 34, 36, 40n, 65, 66, 157, 183
Rougon-Macquart, Les (Zola), 186
Rousseau, Jean-Baptiste, 236n
Rousseau, Jean-Jacques, 17, 56, 69n, 72, 84, 91, 111, 112n, 115, 125, 146, 146n, 157n, 158, 159-63, 164, 169, 171n, 174, 177, 180, 181, 182-85, 186, 193, 203, 204, 210, 231, 232, 232n, 234, 235, 236, 241, 242
Russe à Paris, Le (Voltaire), 49n, 213, 224
Russie, 74, 79, 230, 246
Rustan (héros de Voltaire dans *Le Blanc et le noir*), 10

Saadi, Moucharrif El-Dine (poète persan), 82, 83
Saint-Ange, château de, 26
Saint-Antoine, faubourg, 128
Saint-Barthélemy, massacre de la, 35, 36, 196, 222
Saint-Claude, les moines de, 175
Saint-Cloud (Seine-et-Oise), 197
Saint-Cyr (Ecole militaire), 124n
Saint-Denis, faubourg, 128
Saint-Denis, porte (à Paris), 130
Saint-Denis, rue (à Paris), 130
Saint-Domingue, île de, 196
Sainte-Chapelle (chapelle palatine, à Paris), 124
Sainte-Geneviève-du-Mont, abbaye de (à Paris), 145n
Sainte-Palaye, Jean-Baptiste de La Curne de, 144
Saint-Eustache, église de (à Paris), 222
Saint-Evremond, Charles de Marguetel de Saint-Denys de, 170
Saint-Germain, faubourg (à Paris), 32, 123, 128n, 130, 138, 242
Saint-Germain l'Auxerrois, église de (à Paris), 138, 223
Saint-Gervais, église (à Paris), 130, 138
Saint-Honoré, faubourg, 48
Saint James, cour de (à Londres), 30
Saint-Lambert, Jean-François, marquis de, 169, 171, 173, 175
Saint-Lazare, hôpital de (à Paris), 227
Saint-Marceau, faubourg, 128
Saint-Marc Girardin, Marc Girardin, *dit*, 233n
Saint-Maur, Dupré de, 144
Saint-Médard, église (à Paris), 225
Saint-Pétersbourg, 15, 74, 103, 243n, 244-45, 246
Saint-Pierre-aux-Bœufs, quartier de (à Paris), 129
Saint-Preux (héros de Rousseau dans *Julie ou la Nouvelle Héloïse*), 125, 157n, 162, 178, 182n, 183

Saints-Innocents, cimetière des (à Paris), 103, 139

Saint-Sulpice, église (à Paris), 129

Saint-Yves, abbé de (personnage de Voltaire dans *L'Ingénu*), 158

Saisons, Les (Saint-Lambert), 169-75

Saisons, Les (en anglais: *The Seasons*, de James Thomson), 169

Sallé, Marie, 36

Salomon du Nord, Le. *Voir* Frédéric II de Prusse

Santeüil (inscriptions de), 125

Sartre, Jean-Paul, 242

Satires (Boileau), 129n, 171n

Saturne (divinité mythologique), 43n

Saturnien, Le (personnage de Voltaire dans *Micromégas*), 10, 228

Saul et David (Voltaire), 11

Saurin, Bernard Joseph, 97

Saxe-Gotha, Louise Dorothée de Meiningen, duchesse de, 72n

Scaliger, mme (surnom de mme d'Argental). *Voir ce nom*

Scandinavie, 12

Scarmentado (héros de Voltaire dans *Histoire des voyages de Scarmentado*), 223

Sceaux (Seine), 26, 58

Schoepflin, Johann Daniel (érudit allemand), 66

Schwetzingen (résidence d'été de Théodore de Sulzbach, électeur palatin), 75

Scudéris, les, 87

Scythes, Les (Voltaire), 11, 49n, 91, 155, 203, 214, 215

Scythie (région au nord de la mer Noire), 11, 214, 243

Seine, 12, 35, 40, 103, 111, 130, 130n, 138

Sémiramis (Voltaire), 11, 130, 208

Sémiramis du Nord, La. *Voir* Catherine II de Russie

Sénac de Meilhan, Gabriel, 83, 84

Senones, abbaye de, 59, 66, 69

Sermons (Voltaire), 39

Serva padrona (Pergolèse), 219

Sibérie, 93

Siècle de Louis XIV, Le (Voltaire), 61, 62, 123, 124n, 128, 130, 131n, 135, 195, 222, 242

Silvia (héroïne de Marivaux), 183n

Sirius (étoile), 11

Sirven, Pierre Paul, 227, 227n

Sirven, les, 90, 175, 241

Smyrne (ville d'Asie Mineure), 9

Socrate, 200

Sodome (ville de la Pentapole), 51

Soissons, hôtel de (à Paris), 138

Somme théologique, La (Thomas d'Aquin), 228

Sorbon, Robert de, 89

Sorbonne, La (à Paris), 77, 111, 226, 227, 228, 244

Sozame (personnage de Voltaire dans la tragédie *Les Scythes*), 91

Staël-Holstein, Germaine Necker, baronne de, *dite* mme de Staël, 241n

Stances (Voltaire), 155

Stanislas 1er Leszczynski (roi de Pologne), 57, 58, 75, 98

Starobinski, Jean, 159

Strasbourg (Bas-Rhin), 66, 69

Stuttgart, 69

Suard, Amélie, 100, 221

Suède, 12, 98

Suisse, 11, 48, 71, 76, 83, 218n, 219

Sully-sur-Loire (Loiret), 13, 22, 23, 24, 29, 170

Supplément du Discours aux Welches (Voltaire), 87n

Supplément du Siècle de Louis XIV (Voltaire), 12

Surinam (Guyane hollandaise), 10n

Sur la nature de l'homme (6ème *Discours en vers sur l'homme* de Voltaire), 45

Sur la nature du plaisir (5ème *Discours en vers sur l'homme* de Voltaire), 44

Syracuse, 103

Syrie, 10

Tableau de Paris (Louis Sébastien Mercier), 192, 193n, 198n, 214, 221

Tableau de quelques circonstances de ma vie (Guy de Chabanon), 114n

Taine, Hippolyte, 233

Talon, m. (nom de code pour désigner Voltaire), 94

Tamise, 12, 14, 130n

Tancrède (Voltaire), 11, 91n, 103, 208

Tate, Robert, jr, 131n, 134n, 142

Taulès, chevalier Pierre de, 86

Temple, le (à Paris), 239

Temple de la gloire, Le (Voltaire), 111

Temple de l'amitié, Le (Voltaire), 153
Temple du goût, Le (Voltaire), 36, 124, 125n, 130, 138n, 156
Tencin, Claudine Alexandrine Guérin, marquise de, 51
Terence, Publius Terentius Afer, 88
Terpsichore (divinité mythologique), 36
Terrasse, Jean, 146n
Testament (Meslier), 240
Tertullien, Quintus Septimius Florens Tertullianus, *dit*, 210n
Théotime (personnage de Voltaire dans le *Dictionnaire philosophique*), 180
Thibouville, Henri Lambert d'Herbigny, marquis de, 60, 83, 101, 107, 207n
Thieriot, Nicolas-Claude, 11, 13, 25, 26, 29, 30, 32, 34, 35, 45, 48, 60, 83, 111, 206, 207n, 219
Thomas, Antoine Léonard, 86n
Thomas d'Aquin, 228
Thomson, James (poète écossais), 169, 171n, 175
Thunder-ten-Tronckh (château, dans *Candide*), 9
Tigre (fleuve d'Asie), 59
Toulouse, 15
Tournay (domaine de Voltaire à), 16, 162, 184
Tourneux, Maurice, 236n
Traité de métaphysique (Voltaire), 80, 121, 151
Traité sur la tolérance (Voltaire), 111, 221, 224
Traité sur le commerce (Jean-François Melon), 122
Traversine, rue (à Paris), 32
Tressan, Louis Elisabeth de La Vergne, comte de, 84
Trianon (château dans le parc de Versailles), 28
Tripoli (Libye), 9
Trivelin (personnage de Marivaux), 158
Tronchin, Théodore, 73, 107
Trublet, Nicolas Charles Joseph, 210
Tuileries, les (à Paris), 129, 130, 171
Turgot, Anne Robert Jacques (physiocrate et ministre), 169
Turgot, Michel Etienne (père du précédent), 139, 139n
Tunis (Tunisie), 9

Turquie, 12
Tyrconnel, Richard Talbot, comte, 60

Ukraine, 12
Usbek (héros de Montesquieu), 158
Utopie (Thomas More), 137
Utrecht, 9

Vadé, Antoine (prétendu auteur du *Discours aux Welches* de Voltaire), 87n
Vaines, Jean de, 102
Valade (libraire à Paris), 99
Valais (Suisse), 182
Valéry, Paul, 149
Vance McDonald, Christie, 184n
Van den Heuvel, Jacques, 11n, 41n, 45, 49, 54, 181
Vatican, le, 86n
Venise, 194
Vercruysse, Jeroom, 109n, 140n
Verdun, comte de, 237
Versailles, 16, 28, 29, 30, 47, 48, 53, 54, 64n, 65, 67, 93, 100, 107, 111, 114, 124, 141, 143n, 154, 176n, 215, 221
Vertumne (divinité mythologique), 169
Victoire, place des (à Paris), 135
Vie de Marianne, La (Marivaux), 201n
Vie de Molière (Voltaire), 130
Vie de Paris et de Versailles, La. Voir *Epître à madame Denis, nièce de l'auteur*
Vie de Voltaire (Condorcet), 36n, 64n, 100n
Vienne, 127
Villette, marquis de. *Voir* Du Plessis-Villette
Villars, château de, 13
Villecref, château de, 29
Vim, notaire de (nom de code pour désigner Louis xv), 94
Virgile, Publius Virgilius Maro, 65n, 86, 168, 177, 184
Vistule (fleuve en Pologne), 10n
Voisenon, Claude Henri de Fusée de, 144
Voyage aux environs de Paris (Voltaire), 150
Vrillière, duc de La. *Voir* La Vrillière

Wade, Ira, O., 39
Wagnière, Jean Louis, 107, 108, 109n

Walpole, Horace, 102
Walther, Georg Conrad, 61
Westphalie, 9, 128
Wismar (ville et port d'Allemagne), 9

Ximénès, Augustin Louis, marquis de, 161, 203

Yve-Plessis, R., 145n

Zadig (Voltaire), 11, 15 1n, 207, 213, 216
Zadig (héros de Voltaire dans *Zadig*), 10, 11, 55, 192, 213, 216
Zaïre (Voltaire), 11, 52, 73, 173, 174, 208, 219, 232n
Zaïre (héroïne de Voltaire dans la tragédie du même nom), 98, 100
Zenon (philosophe grec), 200
Zima (personnage de Diderot), 188n
Zola, Émile, 186